Timothy Radcliffe

Gemeinschaft im Dialog
Ermutigung zum Ordensleben

Dominikanische Quellen und Zeugnisse

herausgegeben von
THOMAS EGGENSPERGER OP
ULRICH ENGEL OP

in Verbindung mit
BARBARA HALLENSLEBEN, Freiburg i. Ue.
WOLFRAM HOYER OP, Wien – Ibadan
FRANZ MÜLLER OP, Zürich
GUIDO VERGAUWEN OP, Freiburg i. Ue. – Rom

Band 2
Timothy Radcliffe
Gemeinschaft im Dialog
Ermutigung zum Ordensleben

Timothy Radcliffe

Gemeinschaft im Dialog

Ermutigung zum Ordensleben

Herausgegeben von
Thomas Eggensperger und Ulrich Engel

benno VERLAG

Die Deutsche Bibliothek – CIP-Einheitsaufnahme

Radcliffe, Timothy:
Gemeinschaft im Dialog : Ermutigung zum Ordensleben / Timothy Radcliffe. Hrsg. von Thomas Eggensperger und Ulrich Engel. – Leipzig : Benno-Verl., 2001
(Dominikanische Quellen und Zeugnisse ; Bd. 2)
ISBN 3-7462-1450-5

Dieses Buch ist nach den neuen amtlichen Rechtschreibregeln gesetzt.

ISBN 3-7462-1450-2

Einbandgestaltung: Ulrike Vetter, Leipzig
Herstellung: Kontext – Satz & Layout, Lemsel
Printed in Czech Republic

INHALTSVERZEICHNIS

VORWORT DER HERAUSGEBER

Timothy Radcliffe vertraut auf die Macht des Wortes. Worte, so das Credo des 1992 auf dem Generalkapitel der Predigerbrüder in México-Stadt zum Ordensmeister gewählten Dominikaners, bergen die Kraft, Welt zu gestalten; Gespräche können unserem alltäglichen Zusammenleben humane Qualität verleihen; die Praxis des Dialogs begründet und erhält Gemeinschaft.

Dem aufgeklärten Zeitgenossen mag ein solches Vertrauen unzeitgemäß anmuten, schreibt Timothy Radcliffe doch an der Schwelle zum 3. Jahrtausend – was zum Beispiel heißt: 100 Jahre nach Hugo von Hofmannsthals imaginärem Lord Chandos-Brief an Francis Bacon, in dem der Bruch zwischen Wort und Welt literarisch manifest wurde.

Wo Jean-François Lyotard das Ende der großen Metaerzählungen proklamiert und George Steiner die „Zeit des Epilogs", also die Zeit nach dem Wort ausruft, da beharrt Timothy Radcliffe mit fast schon anti(post)modern anmutender Attitüde auf der Überzeugung, dass Wort und Rede, Diskurs und Dialog eben doch Bewusstsein, Sinn und Weltgehalt darzustellen und – positiv – zu gestalten vermögen.

Diese in den hier publizierten Texten deutlich aufscheinende Hoffnung auf die Wirksamkeit des Menschen-Wortes gründet wesentlich in des Autors Vertrauen auf das göttliche Wort: „Im Anfang war das Wort, und das Wort war bei Gott, und das Wort war Gott" (Joh 1,1). Das in Jesus Christus inkarnierte Gottes-Wort durchdringt und gestaltet unsere Welt: „Und das Wort ist Fleisch geworden und hat unter uns gewohnt" (Joh 1,14a).

Mit einem solchen Glauben an die Macht des Wortes und die Kraft des Dialogs befindet sich Timothy Radcliffe in guter Gesellschaft, war es doch gerade das Vertrauen in die Überzeugungskraft des Wortes, die Dominikus von Guzmán zu Beginn des 13. Jahrhunderts motivierte, die Gemeinschaft der Predigerbrüder und -schwestern zu gründen. Inmitten der politisch-religiösen Auseinandersetzungen um die häretischen Bewegungen in Südfrankreich setzte Dominikus auf die Macht des Dialogs – gegen alle in Kirche und Politik herrschenden Tendenzen, die hauptsächlich der blanken Macht des Schwertes trauten.

Es ist wohl nicht vermessen, die Spiritualität des Dominikus als eine Spiritualität des Dialogs zu kennzeichnen. Form und Gestalt gegeben hat er dieser im *ordo praedicatorum,* dem 1215 gegründeten Predigerorden, einer heute internationalen „Gemeinschaft im Dialog". Als Verkünderinnen und Verkünder des Evangeliums leben und praktizieren die Mitglieder der dominikanischen Gemeinschaft in demokratisch strukturierter Gemeinschaft die Nachfolge des Wanderpredigers aus Nazaret: zuerst und vor allem dem Wort der Guten Nachricht Jesu verpflichtet.

Timothy Radcliffe traut der sinnlich erfahrbaren Macht des fleischgewordenen Gotteswortes und deshalb auch der befreienden Kraft menschlicher Worte. Wie ein roter – oder besser: goldener Faden zieht sich diese Überzeugung durch alle seine Briefe und Ansprachen, Predigten und Grußworte. Das vorliegende Buch versammelt zum Ende seiner Amtszeit als Ordensmeister eine Auswahl solcher Texte aus den letzten neun Jahren (1992 - 2001) – Worte, die zum (Ordens-) Leben ermutigen, Worte, die von einer demokratischen und dialogfähigen Kirche träumen, Worte, die dazu auffordern, politische Grenzen und ideologische Ausgrenzungen zu überwinden, Worte, die allen Formen gewalttätig-todbringender Non-Kommunikation mutig widersprechen, Worte immer, die Gottes Liebe und Barmherzigkeit verkünden.

Dank

Wir danken allen, die am Zustandekommen der deutschsprachigen Ausgabe der Texte unseres Ordensmeisters mitgewirkt haben, allen voran den Übersetzern Wolfram Hoyer OP (Wien/Ibadan), Michael Lauble (Billerbeck), Friedhelm Schulz-Robson (Düsseldorf) und Christoph Staudinger (Düsseldorf). Für seine Hilfe bei der elektronischen Datenerfassung sei Hans-Josef Harbecke (Neuss) gedankt. Thomas McCarthy OP (Rom) war uns in der Curia generalitia des Ordens ein hilfreicher Berater; auch ihm gilt unser Dank. Besonders erfreut hat uns die spontane Zusage des Generaloberen der Gesellschaft Jesu, Peter-Hans Kolvenbach SJ (Rom), den Texten seines „Kollegen“ Timothy Radcliffe ein Geleitwort beizugesellen; ihm dafür ein herzliches Dankeschön! Ein besonderer Dank gebührt unserem Mitbruder Manuel Merten OP (Rom) für seine Mühen bei der wohlwollend-kritischen Durchsicht des Manuskripts. Last but not least sei dem St. Benno-Verlag Leipzig und seinem Geschäftsführer Michael Birkner für die unkomplizierte Betreuung des Buchprojekts gedankt.

Düsseldorf / Berlin / Brüssel, am 28. Januar 2001,
dem Fest des hl. Thomas von Aquin

Thomas Eggensperger OP
Ulrich Engel OP

GELEITWORT

Um auf eine gute und vielleicht sogar interessante Weise über die *Vita Consecrata*, das Gott geweihte Leben, zu schreiben, müsste man ein Meister des Wortes sein. Die offizielle Sprache, vor allem die des kanonischen Rechts, ist wenig kreativ. Sie trifft nicht genau genug, was das Gott geweihte Leben in seinem Reichtum und in seiner kraftvollen Schlichtheit ausmacht. Es gerät mehr und mehr in Widerspruch zu den Begriffen, mit deren Hilfe man es zu beschreiben versucht. Es ist schon unmöglich, sich über den Begriff „Gott geweihtes Leben" zu verständigen; unmöglich scheint es auch, mit Begriffen wie Keuschheit, Armut und Gehorsam die Lebensweise darzustellen, zu der uns die Liebe zu Gott und zu den Menschen inspiriert. Denn diese Begriffe sagen leicht das Gegenteil dessen, was wir eigentlich wollen. Es ist fast unmöglich, Begriffe zu finden, die die Vielstimmigkeit umfassen können, in der sich geistliches Leben und apostolisches Feuer ausdrücken. Sie sind es aber, durch die die Gaben des Geistes entfacht werden. Ohne die Gaben des Geistes würden die Begriffe gerade das einebnen, was der Geist verschiedenartig will. Es würde in eine einheitliche Sprache eingesperrt, was der Herr einem Menschen persönlich zuruft, um ihn für die Hingabe seines Lebens zu gewinnen. Im gewöhnlichen Alltag jedenfalls hat das Gott geweihte Leben keine komplizierten Begriffe nötig, um schlicht und frohgemut dem keuschen, armen und gehorsamen Herrn nachzufolgen. Die Mönche und Nonnen, die Brüder und Schwestern und alle, die ein Leben als Ordensleute führen, wissen das und leben es im Dienst an der Kirche des Herrn für die Welt von heute.

Aus diesem Grund hat der Ordensmeister der Dominikaner, P. Timothy Radcliffe, von der gebräuchlichen Fachsprache Abstand genommen. Stattdessen nähert er sich direkt dem Herzstück des Gott geweihten Lebens. Das sind die

Frauen und Männer, die ganz bewusst in unserer heutigen Zeit leben, tief berührt von den Freuden und Leiden, den Hoffnungen und Ängsten der jeweiligen geschichtlichen Stunde – was sicherlich überall dort geschieht, wo der Dominikanerorden am Werk ist. Das sind die Frauen und Männer, die inmitten der irdischen Geschichte die andere Geschichte bezeugen, in der – ganz entsprechend der Inspiration des hl. Dominikus – Gott der erste ist, dem die Hingabe gilt. Diese Annäherung P. Radcliffes an das Herzstück bringt eine Reihe von lebendigen Schilderungen hervor, die entstanden sind in der Auseinandersetzung mit Ideologien und Theorien, die getränkt sind mit Erfahrungen von Liebe und Gebet, von Autorität und Studieneifer, von Schlichtheit und Verlässlichkeit. Erfrischend und echt ist seine Ermunterung nicht nur für die, die ihr Gott geweihtes Leben erneuern wollen. Er bereichert auch all jene, die auf der Suche nach einem Leben aus tieferen Quellen sind.

Zusammen mit den Bildern der Bibel, immer jung, und mit den Worten der modernen Dichter, oft provozierend, ist es vor allem das, was P. Timothy auf seinen Besuchen bei den Dominikanern und Dominikanerinnen, seinen „Mitabenteurern", gesehen und gehört hat. Dort hat er erlebt, wie sich mitten in unserer leidenden Welt ein Windstoß erhebt, ein erfrischender Luftzug der Frohen Botschaft – dank des Gott geweihten Lebens, wo es frei und froh gelebt wird im Heiligen Geist.

Danke für diese Texte, die man gerne lesen wird, immer wieder.

Peter-Hans Kolvenbach SJ, Rom
Generaloberer der Gesellschaft Jesu

DER SENDUNG GEWEIHT

Ein Brief an den Orden

Einleitung

Zur Zeit des heiligen Dominikus strömte die Jugend zum Orden, weil Dominikus sie mit seiner Leidenschaft für die Predigt zur Teilnahme an einem Abenteuer einlud. Wem aber gilt unsere Leidenschaft, und welches sind die Abenteuer unserer Zeit? Wer sind die Kumanen von heute?* Wir übernehmen die Aufgabe, den Orden in Großteilen Asiens aufzubauen, wo die Hälfte der Menschheit lebt, und bereiten uns auf die Lehrtätigkeit in China vor. Sind junge Dominikaner bereit, Chinesisch zu lernen und sich selbst hinzugeben, auch wenn sie nicht wissen, was es sie kosten wird? In der ganzen Welt stehen wir vor dem Dialog mit dem Islam. Sind wir bereit, unser Leben dafür einzusetzen?

Wie Dominikus sehen auch wir uns vor die Aufgabe gestellt, in den neuen Städten das Evangelium zu predigen, aber für uns sind das die riesigen Superstädte, die einen immer größeren Prozentsatz der Menschheit beherbergen, wie die Dschungelstädte Los Angeles, São Paulo, México Ciudad, Lagos, Tokio, London usw. Es sind oft städtische Wüsten, gekennzeichnet von Verbrechen und Gewalttätigkeit, aber auch unermesslicher Einsamkeit derer, die von Millionen von Menschen umgeben und doch allein sind. Wie sollen wir unseren Weg hinein in die neue Welt der jungen, immer mehr zusammenwachsenden Welt mit ihrem religiösen Hunger und ihrer Skepsis, ihrer Achtung vor dem Indivi-

---

* Kumanen = untergegangenes Turkvolk im Gebiet der Ukraine, Russlands und Ungarns; der Überlieferung nach wollte Dominikus den Kumanen predigen (Anm. d. Hrsg.).

duum und ihrem Argwohn gegenüber Institutionen, ihrem Misstrauen gegen Worte und ihrer Faszination durch die Informationstechnik, ihrer Musik und ihren Liedern finden? Wie kommen wir in Kontakt mit allem, was in dieser neuen Kultur lebenskräftig und schöpferisch ist? Wie lernen wir davon, und wie können wir es für das Evangelium nutzen?

Vor allem: Wie werden wir Prediger der Hoffnung in einer Welt, die so oft von Verzweiflung und Fatalismus gekennzeichnet ist, die heimgesucht ist von einem Wirtschaftssystem, das die sozialen und ökonomischen Strukturen der meisten Länder der Welt untergräbt? Welches Evangelium können wir in Lateinamerika predigen oder in Afrika, wo der Orden aufgebaut, und in Osteuropa, wo er wiedergeboren wird? Dazu kommt das nicht endende intellektuelle Abenteuer des Studiums, das Ringen mit dem Wort Gottes, die Forderung nach Glaubwürdigkeit, das In-Frage-Stellen und Sich-In-Frage-Stellen-Lassen, endlich die Leidenschaft für echtes Verstehen. Das alles verdient einen weiteren Brief.

Doch an einem kann es keinen Zweifel geben, meine Brüder und Schwestern: Unsere Berufung als Prediger des Evangeliums ist notwendiger als je zuvor (Act. Cap. Gen. OP Avila 1986, Nr. 22). Wir können diesen Aufgaben gerecht werden, wenn wir mutige Menschen sind, die es wagen, alte Aufgaben aufzugeben, sodass wir für neue Initiativen frei werden, Menschen, die das Experiment wagen und das Scheitern riskieren.

Wir werden aber nie angemessen antworten können, wenn wir nicht einander Vertrauen und Mut schenken. Eine komplexe Struktur wie ein religiöser Orden kann entweder Pessimismus und das Gefühl des Scheiterns verbreiten oder ein Netzwerk der Hoffnung sein, in dem wir einander helfen, uns das Neue vorzustellen und es zu schaffen. Wenn der Orden von dieser letzten Art ist, dann müssen wir uns eine Reihe von Fragen stellen.

Wagen wir es, junge Leute in den Orden aufzunehmen, die bereit sind, die neuen Aufgaben mit Mut und Initiativgeist anzugehen, obwohl wir wissen, dass sie viel von dem in Frage stellen werden, was wir gewesen sind und getan haben? Würden wir in unsere eigene Provinz einen Mann wie Thomas von Aquin aufnehmen, der sich einer verdächtigen Philosophie widmete und harte und bohrende Fragen stellte? Würden wir einen Bruder wie Bartolomé de Las Casas mit seiner Leidenschaft für soziale Gerechtigkeit willkommen heißen? Würde es uns freuen, einen Fra Angelico zu haben, der neue Wege der Predigt des Evangeliums ausprobierte? Würden wir Katharina von Siena mit all ihrem Freimut eine Berufung zuerkennen? Würden wir mit Freuden einen Martin von Porres begrüßen, der den Frieden der Gemeinschaft stören könnte, weil er möglicherweise alle Arten von Armen einlüde? Würden wir Dominikus selbst akzeptieren? Oder würden wir Kandidaten bevorzugen, die uns in Frieden lassen? Und wie sieht das Ergebnis unserer Grundausbildung aus? Bringt sie Brüder und Schwestern hervor, die in Glauben und Mut gewachsen sind, die begierig sind, mehr zu versuchen und zu riskieren als dort, von wo sie zu uns kamen? Oder zähmen wir sie und wiegen sie in Sicherheit?

Wenn wir die gewaltigen, erregenden Aufgaben von heute anpacken und den erwähnten Sinn für das Abenteuer des Ordenslebens erneuern wollen, dann müssen wir zahlreiche Aspekte unseres Lebens als Orden bedenken. Dazu soll uns eine Reihe von Briefen dienen. Heute möchte ich zunächst nur eine Frage ausloten, die auf meinen Reisen überall im Orden gestellt wurde: Wie können die Gelübde, die wir abgelegt haben, zu einer Quelle von Leben und Dynamik werden und uns in unserer Predigt stützen? Die Gelübde sind nicht alles in unserem Ordensleben, doch gerade im Hinblick auf sie stellen die Brüder und Schwestern oft bohrende Fragen, die wir gemeinsam aufgreifen müssen. Man hat immer wieder gesagt, die Gelübde seien nur Mittel. Das stimmt, denn der Orden wurde nicht gegründet, damit wir unter Gelübden leben; vielmehr sollten wir das Evangelium predigen. Die Gelübde sind freilich kein bloßes Mittel im utilitaristischen

Sinn, so wie ein Auto dahin oder dorthin fahren kann. Die Gelübde sind Mittel, die uns helfen sollen, wahrhaft missionarische Menschen zu werden. Der hl. Thomas sagt, dass alle Gelübde die Liebe zum Ziel haben (z. B. S.th. II-II 184 a. 3), jene Liebe, die das eigentliche Leben Gottes ausmacht. Doch sie dienen ihrem Ziel nur, wenn sie uns helfen, in der Liebe zu wachsen, sodass wir mit Autorität vom Gott der Liebe sprechen können.

Die Gelübde stehen in grundlegendem Widerspruch zu den Werten eines Großteils der Gesellschaft, zumal zur Kultur des Konsumismus, die rasch zur beherrschenden Kultur unseres Planeten wird. Das Gelübde des Gehorsams widerspricht dem Verständnis des Menschseins, das in radikaler Autonomie und im Individualismus verwurzelt ist; arm sein ist ein Zeichen des Scheiterns und der Wertlosigkeit in unserer Kultur; Keuschheit aber scheint eine unvorstellbare Ablehnung des universalen Menschenrechtes auf sexuelle Erfüllung zu sein. Wenn wir also die Gelübde ablegen, besteht die Gefahr, dass es uns eines Tages hart ankommt, treu zu bleiben. Sie scheinen uns zur Frustration und Sterilität zu verurteilen. Wenn wir sie lediglich als Mittel zum Zweck, als notwendiges Übel im Leben eines Predigers sehen, scheinen sie ein Preis zu sein, den zu zahlen sich nicht lohnt. Doch wenn wir sie als auf die Liebe hingeordnet leben, als eine mögliche Weise, am Leben des Gottes der Liebe Anteil zu haben, dann sind wir auch befähigt, zu glauben, dass Leiden fruchtbar sein kann, und der Tod, den wir erleben, kann uns den Weg zur Auferstehung öffnen. Dann können wir wohl wie unser Bruder Reginald von Orléans sagen: „Ich glaube nicht, dass ich durch mein Leben in diesem Orden irgendein Verdienst gewonnen habe, denn ich habe hier immer so viel Freude gefunden" (Jordan von Sachsen, Libellus, 64*).

---

* *Meister Jordan*, Das Buch von den Anfängen des Predigerordens, übers. und hrsg. v. M. D. Kunst (Bücher für Glauben und Leben. Dokumentarische Reihe 1), Kevelaer 1949, Nr. 64 (Anm. d. Hrsg.).

In diesem Brief möchte ich einige schlichte Bemerkungen zu den Gelübden vortragen. Sie werden natürlich in hohem Maß durch meine eigenen Grenzen und die Kultur gekennzeichnet sein, die mich geprägt hat. Meine Hoffnung ist, dass sie zu einem Dialog beitragen, durch den wir zu einer gemeinsamen Sicht gelangen können, dass wir einander Mut machen und uns gegenseitig bestärken, ein Orden zu sein, der die Herausforderungen des nächsten Jahrhunderts annimmt.

Das Gelübde wagen

In vielen Teilen der Welt, zumal in den von westlicher Kultur geprägten, ist es zu einem tief reichenden Verlust des Zutrauens zu Versprechungen gekommen. Man sieht das am Scheitern der Ehen, an der hohen Zahl von Ehescheidungen oder auch in unserem Orden an den regelmäßigen Ersuchen um Dispens von den Gelübden, am langsamen, aber ständigen Abnehmen des Lebenssafts des Ordens. Welchen Sinn kann es haben, sein Wort zu geben *usque ad mortem* – bis zum Tod?

Ein Grund, warum uns ein gegebenes Wort nicht mehr als etwas Verbindliches erscheint, könnte unser geschwundener Sinn für die Bedeutsamkeit unserer Worte sein. Gelten in unserer Gesellschaft Worte noch viel? Können sie einen Unterschied begründen? Kann jemand sein Leben einem anderen anbieten – Gott oder, etwa in der Ehe, einem anderen Menschen, indem er ein paar Worte spricht? Wir sind als Prediger des Wortes Gottes Zeugen dafür, dass Worte etwas bedeuten. Wir sind nach dem Bild Gottes geschaffen, der ein Wort gesprochen hat, und Himmel und Erde sind ins Dasein getreten. Er hat ein Wort gesprochen, das zu unserer Erlösung Fleisch geworden ist. Die Worte, die Menschen zueinander sprechen, spenden Leben oder Tod, erbauen oder zerstören eine Gemeinschaft. Die schreckliche Einsamkeit in unseren Großstädten ist sicher das Zeichen einer Kultur, die eines

Tages aufgehört hat, an die Bedeutung der Sprache zu glauben, die nicht mehr glaubt, dass sie durch den Austausch von Worten Gemeinschaft aufbauen kann. Wenn wir in den Gelübden unser Wort geben, bezeugen wir die grundlegende Berufung des Menschen, Worte zu sprechen, die Gewicht und Autorität haben.

Und doch können wir nicht wissen, was unsere Gelübde bedeuten und wohin sie uns führen werden. Wie können wir es also wagen, sie abzulegen? Gewiss nur deshalb, weil unser Gott es so getan hat und wir seine Kinder sind. Wir wagen es zu tun, weil unser Vater es zuvor getan hat. Von Anfang an war die Heilsgeschichte die Geschichte eines Gottes, der Verheißungen gab, der dem Noah versprach, dass die Erde nie wieder von einer Flut überschwemmt würde, der dem Abraham Nachkommen verhieß, die zahlreicher als der Sand sein würden, und dem Mose versprach, sein Volk aus der Sklaverei herauszuführen. Der Gipfel und die Staunen erregende Erfüllung all dieser Verheißungen war Jesus Christus, Gottes ewiges Ja. Als Gottes Kinder wagen wir also unser Wort zu geben, auch wenn wir nicht wissen, was es bedeuten wird. Dieser unser Akt ist ein Zeichen der Hoffnung, weil es für viele Menschen nur Verzweiflung gibt. Wenn jemand in Verzweiflung gefangen, von Armut oder Arbeitslosigkeit am Boden zerstört ist oder wegen eines persönlichen Versagens im Gefängnis sitzt, dann kann er wohl auf nichts seine Hoffnung und sein Vertrauen setzen als auf Gott, der uns Verheißungen gegeben hat, der immer wieder der Menschheit seinen Bund angeboten und uns durch die Propheten gelehrt hat, das Heil zu erwarten (vgl. Viertes Eucharistisches Hochgebet).

In dieser so sehr von Verzweiflung angefochtenen Welt kann es wohl keine andere Quelle der Hoffnung geben als das Vertrauen auf Gott, der uns sein Wort gegeben hat. Und welches andere Zeichen für dieses gegebene Wort gibt es als Männer und Frauen, die Gelübde abzulegen wagen, das Gelübde der Ehe oder das im Ordensstand? Ich habe die Bedeutung unserer Gelübde nie wieder so klar verstanden wie damals, als ich ein Viertel am Stadtrand von Lissabon besuchte, wo wirklich die Ärmsten wohnten, die Vergessenen und für die Stadt Unsichtbaren. Ich fand das Viertel voller Leben und Freude, weil eine Schwester, die das Dasein der Menschen dort teilte, nun ihre feierliche Profess ablegen sollte. Es war ihrer aller Fest.

Man hat unsere Generation als „Generation des Jetzt" bezeichnet, als die Kultur, in der es nur den gegenwärtigen Augenblick gibt. Dies kann eine Quelle wunderbarer Spontaneität, Frische und Unmittelbarkeit sein, worüber wir uns freuen sollten. Doch wenn der gegenwärtige Augenblick aus Armut und Scheitern, Versagen oder Unterdrückung besteht, welche Hoffnung gibt es dann noch? Die Gelübde reichen ihrer Natur nach in eine unbekannte Zukunft hinein. Für den hl. Thomas war die Gelübdeablegung ein Akt radikaler Hochherzigkeit, weil man in einem einzigen Augenblick ein Leben hinschenkte, das dann die Zeit hindurch zu leben war (S.th. II-II 186, 6 ad 2).

Für viele Menschen in unserer Kultur mag diese Hingabe einer Zukunft, die sich nicht vorhersehen lässt, sinnlos sein. Wie kann ich mich bis zum Tode binden, wenn ich nicht weiß, wer oder was ich werde? Wer werde ich in zehn oder zwanzig Jahren sein? Wem werde ich begegnet sein, und was wird mein Herz anziehen? Für uns ist es ein Zeichen unserer Würde als Kinder Gottes und des Vertrauens auf Gottes Vorsehung, die uns unerwartet den im Gestrüpp gefangenen Widder schickt. Das Ablegen der Gelübde bleibt ein Akt von tiefster Bedeutung, ein Zeichen der Hoffnung auf Gott, der uns eine Zukunft verheißt, auch wenn sie außerhalb unserer Vorstellungskraft liegt, und der sein Wort hält.

Es stimmt, dass ein Bruder oder eine Schwester sich zuweilen für unfähig hält, die Gelübde, die er oder sie abgelegt hat, weiter zu halten. Der Grund kann in fehlender Klarheit zur Zeit der Grundausbildung liegen; oder einfach darin, dass sie dieses Leben ehrlicherweise nicht länger ertragen können. Dann gibt es das weise Angebot der Möglichkeit der Dispens von den Gelübden. Wir wollen wenigstens danken für das, was sie gegeben haben, und uns freuen über das, was wir mit ihnen teilen durften! Wir wollen uns auch fragen, ob wir in unseren Gemeinschaften alles getan haben, was wir konnten, um sie in ihren Gelübden zu stützen.

Gehorsam: die Freiheit der Kinder Gottes

Am Anfang der Verkündigung Jesu stand seine Proklamation, dass die Verheißung des Jesaja erfüllt war: Freiheit für die Gefangenen und Befreiung für alle Unterdrückten (vgl. Lk 4,16-30). Das Evangelium, das wir zu predigen haben, ist das der ununterdrückbaren Freiheit der Kinder Gottes. „Zur Freiheit hat Christus uns befreit" (Gal 5,1). Daher ist es paradox, wenn wir, um dieses Evangelium zu predigen, unser Leben dem Orden weihen, indem wir das Gehorsamsgelübde ablegen, das einzige, das wir Dominikaner bei der Profess kennen. Wie können wir von Freiheit sprechen, da wir doch unser Leben hingegeben haben?

Das Gelübde des Gehorsams ist ein Skandal in einer Welt, die Freiheit als höchsten Wert anstrebt. Doch was ist die Freiheit, nach der wir hungern? Diese Frage stellt sich besonders nachdrücklich in den Ländern, die vom Kommunismus befreit wurden. Sie sind in die „freie Welt" gelangt, aber ist dies die Freiheit, für die sie gekämpft haben? Sicher haben sie im politischen Prozess eine gewisse wichtige Freiheit gewonnen, aber die Freiheit des Marktes ist oft eine Enttäuschung. Sie bringt die verheißene Befreiung nicht, ja, sie zerreißt das Gewebe der menschlichen Gesellschaft sogar noch mehr. Vor allem ist unsere angeblich freie Welt oft von einem tiefen Gefühl des Fatalismus gekennzeichnet, von der Ohnmacht, unser Geschick in die eigenen Hände zu nehmen und wirklich unser Leben zu gestalten. Das lässt uns die Freiheit einer Kultur des Konsumismus in Frage stellen. Das Gelübde des Gehorsams ist also für uns nicht nur organisatorisch angebracht und nicht nur ein Mittel zum Zweck. Es konfrontiert uns zwangsläufig mit einer Frage: Worin besteht die Freiheit, nach der wir uns in Christus sehnen? Wie kann unser Gelübde das zum Ausdruck bringen und uns als Predigern des Himmelreiches helfen, die großartige Freiheit der Kinder Gottes vorzuleben?

Als die Jünger Jesus am Brunnen mit der Samariterin sprechen sahen, sagte er zu ihnen: „Meine Speise ist es, den Willen dessen zu tun, der mich gesandt hat" (Joh 4,34). Der Gehorsam Jesu gegenüber dem Vater ist keine Einschränkung seiner Freiheit oder seiner Autonomie. Er ist die Speise, die ihm Kraft gibt und ihn stark macht. Er ist sein Verhältnis zum Vater, die Hingabe alles dessen, was er ist, sein eigentliches Sein.

Diese tiefe Freiheit Jesu, seine Zugehörigkeit zum Vater, ist genau der Rahmen, in dem wir darüber nachdenken, was es für uns bedeutet, frei zu sein und unser Leben dem Orden zu weihen. Es geht dabei nicht um die Freiheit des Konsumenten mit seiner uneingeschränkten Möglichkeit der Wahl zwischen Waren oder Tätigkeiten; es geht um die Freiheit, zu sein, die Freiheit dessen, der liebt. Innerhalb unserer eigenen dominikanischen Tradition ist diese Zusammengehörigkeit in gegenseitigem Gehorsam durch eine Spannung zwischen zwei Eigenheiten gekennzeichnet: einer bedingungslosen Hingabe unseres Lebens an den Orden und der Suche nach Konsens auf der Grundlage der Diskussion und der gegenseitigen Aufmerksamkeit und Achtung. Beide sind notwendig, wenn wir Prediger der Freiheit Christi sein sollen, der Freiheit, nach der die Welt dürstet. Wenn wir es an echter bedingungsloser Hingabe an den Orden fehlen lassen, werden wir zu einer Gruppe von unabhängigen Individuen, die nur gelegentlich zusammenarbeiten; wenn der Gehorsam als bloße Durchsetzung des Willens der Oberen ohne Bemühen um eine gemeinsame Auffassung erfahren wird, dann wirkt unser Gelübde entfremdend und unmenschlich.

Gehorsam und Hinhören

Gehorsam ist nach unserer Tradition im Grunde nicht die Unterwerfung des Willens eines Bruders oder einer Schwester unter einen Oberen. Weil es ein Ausdruck unserer gegenseitigen Brüderlichkeit ist, gründet sich das gemeinsame Leben innerhalb des Ordens auf Dialog und Diskussion. Wie schon häufig bemerkt, stammt das Wort *oboedire* von *ob-audire*, hören. Echter Gehorsam beginnt, wenn wir es wagen, unseren Bruder oder unsere Schwester sprechen zu lassen, und sie anhören. Das ist das „Prinzip der Einheit" (LCO 17, 1). Gehorsam kommt auch ins Spiel, wenn wir aufgerufen sind, durch unsere Aufmerksamkeit für andere als Menschen zu wachsen. Verheiratete Leute haben nur die Option, sich durch ihre Kinder bzw. den Ehegefährten über sich selbst hinausheben zu lassen. Unser Lebensweg mit seinem Schweigen und seiner Einsamkeit kann uns zum Wachstum in Aufmerksamkeit und Hochherzigkeit helfen; wir laufen aber auch Gefahr, uns in uns selbst und unseren eigenen Sorgen einzuschließen. Ordensleben kann Menschen hervorbringen, die entweder sehr selbstlos oder tief egoistisch sind – was davon abhängt, ob wir wirklich hingehört haben. Es erfordert unsere ganze Aufmerksamkeit und vollständige Empfänglichkeit. Der fruchtbare Augenblick unserer Erlösung war der Gehorsam Mariens, die es gewagt hat, auf den Engel zu hören.

Dies ist ein Hören, das den Einsatz unserer Intelligenz verlangt. In unserer Tradition gebrauchen wir unsere Vernunft nicht so sehr, um über den andern zu herrschen, sondern um ihm nahe zu kommen. Wie P. Rousselot OP gesagt hat, ist Intelligenz die „Fähigkeit für den anderen". Sie öffnet unsere Ohren zum Hören. Herbert McCabe OP schrieb:

„Er ist in erster Linie eine Offenheit des Geistes, wie sie bei allem Lernen nötig ist. Gehorsam wird nur dann vollkommen, wenn der Befehlende und der Gehorchende eines Sinnes werden. Der Begriff des blinden Gehorsams hat in unserer Tradition nicht mehr Sinn als blindes Lernen. Eine gänzlich gehorsame Gemeinschaft wäre also eine, in der niemand je gedrängt wird, etwas zu tun."[1]

Folglich ist der erste Ort, wo wir Gehorsam praktizieren, in der dominikanischen Tradition das Kapitel der Kommunität, in dem wir miteinander argumentieren. Die Funktion der Diskussion beim Kapitel ist das Anstreben von Einheit von Herz und Sinn beim Suchen nach dem Gemeinwohl. Als gute Dominikaner diskutieren wir nicht so sehr, um zu siegen, sondern in der Hoffnung, voneinander zu lernen. Was wir suchen, ist nicht der Sieg der Mehrheit, sondern wenn immer möglich die Einmütigkeit. Dieses Suchen nach Einmütigkeit, selbst wenn diese zuweilen nicht erreichbar ist, bringt nicht einfach nur den Wunsch zum Ausdruck, miteinander in Frieden zu leben. Radikaler ist es eine Form der Leitung, entstanden aus dem Glauben, dass auch jene, mit denen wir nicht übereinstimmen, etwas zu sagen haben, wir also die Wahrheit nicht allein erreichen können. Wahrheit und Gemeinschaft sind untrennbar voneinander. Malachy O'Dwyer OP schrieb:

„Warum hat Dominikus so viel Vertrauen und Zuversicht auf seine Gefährten gesetzt? Die Antwort ist einfach. Er war in der Tiefe ein Mann Gottes, überzeugt, dass die Hand Gottes auf allem und auf jedem ruhte (…). Wenn er überzeugt war, dass Gott zu ihm tatsächlich durch andere Stimmen als seine eigene sprach, musste er seine Familie so organisieren, dass alle in ihr gehört werden konnten."[2]

Es folgt daraus, dass innerhalb unserer Tradition Leiten Zeit braucht. Die meisten von uns haben viel zu tun, und so könnte diese Zeit als verschwendet erscheinen. Warum sollten wir Zeit verwenden auf das Gespräch miteinander, wenn wir predigen und lehren könnten? Wir tun es, weil gerade dieses Leben des Austausches, diese gelebte Solidarität uns zu Predigern macht. Wir können von Christus nur sprechen von

---

[1] *H. McCabe*, God Matters, London 1987.

[2] *M. O'Dwyer*, Pursuing Communion in Government. The Role of the Community Chapter, in: Dominican Monastic Search, Vol. II, Winter 1992, 41.

dem her, was wir leben, und die Mühe, ein Herz und eine Seele zu sein, schult uns dafür, mit Autorität von Christus zu sprechen, in dem alle Versöhnung begründet ist.

Gehorsam ist für uns keine Flucht vor der Verantwortung. Er strukturiert nur die je verschiedene Art, wie wir sie teilen. Oft ist die Aufgabe eines Priors schwer, weil einige Mitbrüder glauben, nachdem sie ihn einmal ins Amt gewählt haben, müsse er die Last allein tragen. Dies würde aber auf eine kindische Haltung zur Autorität hindeuten. Gehorsam verlangt, dass wir unsere eigene Verantwortung wahrnehmen, denn sonst werden wir nie auf die Herausforderungen antworten, die der Orden vor sich hat. Bei der Tagung der europäischen Provinziale in Prag habe ich 1993 gesagt:

„Ver-Antwortung ist die Fähigkeit zu antworten. Wollen wir wirklich antworten? In meiner eigenen Erfahrung als Provinzial habe ich das ‚Geheimnis der verschwindenden Verantwortung' erlebt. Es ist genauso mysteriös wie eine Geschichte von Sherlock Holmes! Ein Provinzkapitel stellt ein Problem fest und beauftragt den Provinzial, es aufzugreifen und zu lösen. Es muss eine harte Entscheidung getroffen werden. Er sagt also dem Provinzialrat, man müsse überlegen. Der Rat ernennt eine Kommission, die überlegt, was zu tun ist. Diese braucht zwei oder drei Jahre zur genauen Klärung des Problems und legt es dann dem nächsten Provinzkapitel vor, und so dreht sich das Rad der Unverantwortlichkeit weiter."

Was den Orden manchmal lähmt und uns davon abhält, neue Dinge zu wagen, ist die Furcht, Verantwortung zu übernehmen und Scheitern zu riskieren. Wir müssen aber alle unsere Verantwortung wahrnehmen, selbst wenn das schmerzlich ist und wir Gefahr laufen, die falsche Entscheidung zu treffen; andernfalls sterben wir an Bedeutungslosigkeit.

Man mag einwenden, unser Leitungsstil sei nicht das wirksamste. Eine stärker zentralisierte, autoritärere Leitungsform würde uns befähigen, schneller auf Krisen zu reagieren und aufgrund gründlicher Kenntnis des Ordens kluge Entscheidungen zu fällen. Immer wieder zeigt sich ein Drang zur

Zentralisierung der Autorität. Doch vor 70 Jahren schrieb Bede Jarrett OP:

„Für diejenigen, die unter ihrem Schatten leben, ist die Freiheit bei der Wahl einer Leitung etwas zu Segensreiches, als dass man sie beiseite lassen dürfte, selbst auf die Gefahr geringerer Effizienz hin. Trotz all der ihr anhaftenden Schwäche ist Freiheit für die Menschen besser als Autokratie, wie wohltätig diese auch sein mag, denn sie macht die menschliche Vernunft unabhängig und stärkt den menschlichen Willen. Demokratie mag Ergebnisse behindern, aber sie bildet Menschen heran."[3]

Sie mag zuweilen zur Ineffizienz führen, aber sie bringt Prediger hervor. Unsere Leitungsform ist zutiefst verbunden mit unserer Berufung als Prediger, denn wir können mit Autorität über unsere Freiheit in Christus nur dann sprechen, wenn wir sie untereinander leben. Unsere überlieferte Demokratie und Dezentralisierung darf jedoch nie als Entschuldigung für Unbeweglichkeit und Unverantwortlichkeit herhalten. Sie darf kein Weg sein, den Herausforderungen unserer Sendung auszuweichen.

Gehorsam als Selbstgabe

Die demokratische Tradition des Ordens, unsere Betonung geteilter Verantwortung, der Diskussion und des Dialogs könnte die Vermutung nahe legen, die Ansprüche des Gehorsams an uns seien weniger total als in einem autokratischeren und stärker zentralisierten System. Ist Gehorsam denn nicht immer ein Kompromiss zwischen meinen Wünschen und dem, was der Orden fordert? Könnte man nicht um eine gewisse eingeschränkte Autonomie feilschen? Ich glaube nicht, dass es so ist. Brüderlichkeit fordert von uns alles, was wir sind. Weil sie wie alle Gelübde auf die *caritas*, einen Ausdruck der Liebe, hinge-

---

[3] *B. Jarrett*, The Life of St. Dominic, London 1924, 128.

ordnet ist, muss sie aus ganzem Herzen erfolgen. Unvermeidlich wird es zu einer Spannung kommen zwischen dem Prozess des Dialogs, der Suche nach Konsens und dem Augenblick, da man sich selber in die Hände der Mitbrüder gibt, doch es ist eher eine fruchtbare Spannung als ein ausgehandelter Kompromiss. Ich spreche vor allem von meiner Leitungserfahrung mit den Brüdern, doch ich hoffe, dass viel von dem, was folgt, auch unseren Schwestern hilfreich ist.

Ich habe zu Beginn von den gewaltigen Herausforderungen gesprochen, vor denen wir als Orden stehen. Wir können sie nur meistern, wenn wir fähig sind, neue gemeinsame Projekte zu bilden und Apostolate aufzugeben, die uns als Einzelnen oder Provinzen vielleicht lieb und teuer sind. Wir müssen neue Experimente wagen und Scheitern riskieren. Wir müssen manchmal den Mut haben, Institutionen aufzugeben, die in der Vergangenheit wichtig waren und noch bedeutsam sind. Tun wir es nicht, so werden wir zu Gefangenen unserer Vergangenheit. Wir müssen den Mut zum Sterben haben, wenn wir leben wollen. Das wird Beweglichkeit an Geist und Herz und Leib von den Provinzen und von den Einzelnen erfordern. Wenn wir eigene Zentren für Ausbildung und Studium in Afrika und Lateinamerika schaffen, den Orden in Osteuropa neu aufbauen und die Herausforderungen in China annehmen wollen, wenn wir in einer Welt der Jugend predigen wollen und den Dialog mit dem Islam und anderen Religionen suchen, dann wird es unvermeidlich Apostolate geben, die wir aufgeben müssen. Sonst werden wir nie etwas Neues tun.

Für mich ist diese Hingabe des eigenen Lebens aus ganzem Herzen für die Brüder mehr als bloß die notwendige Flexibilität, die eine komplexe Organisation zur Bewältigung neuer Aufgaben braucht. Sie gehört zur Freiheit in Christus, die wir predigen. Sie gehört zum Gesetz der Freiheit (S.th. I-II q. 108, 4), zum Gesetz der Freiheit des Neuen Bundes. In der Nacht, da er verraten wurde, da sein Leben zum Scheitern verurteilt war, nahm Jesus Brot, brach es, reichte es seinen Jüngern und sprach: „Das ist mein Leib, der für euch hingegeben wird." Angesichts seines Schicksals – „denn der Menschensohn musste ausgeliefert werden" – vollzog er diese höchste Tat der Freiheit und gab sein Leben hin. Unsere Profess, mit der wir unser Leben in die Hände des Provinzials legen, ist eine eucharistische Geste höchster Freiheit. Dies ist mein Leben, ich gebe es dir hin. Wir geben damit uns selber für die Sendung des Ordens hin, „der als Ganzer für die vollständige Verkündigung des Wortes Gottes da ist" (LCO 111).

Wenn ein Mitbruder sein Leben in unsere Hände legt, gehört dazu, dass wir eine entsprechende Verpflichtung übernehmen. Wir müssen es wagen, viel von ihm zu fordern. Ein Provinzial muss den Mut haben zu glauben, dass die Mitbrüder seiner Provinz fähig sind, wunderbare Dinge zu tun, mehr als sie sich je vorstellen können. Unser Leitungsstil muss ein Staunen erregendes Zutrauen zueinander zum Ausdruck bringen, so wie Dominikus seine Zeitgenossen ärgerte, als er die Novizen zum Predigen aussandte mit den Worten: „Geht mit Zuversicht, denn der Herr wird bei euch sein und die Worte der Predigt in euren Mund legen" (Acta canonizationis S. Dominici, 124*). Wenn ein Mitglied des Ordens sein Leben frei hingegeben hat, dann erweisen wir dieser Gabe Ehre, indem wir in Freiheit einander fordern, selbst wenn das bedeutet, ein Projekt hinter sich zu lassen, das man sehr geliebt und das auch geblüht hat. Sonst wird der Orden gelähmt. Wir sollten einander auffordern, unser Leben für neue Projekte hinzugeben, es zu wagen, die Herausforderungen der Stunde anzunehmen, und uns nicht nur für den Erhalt von Institutionen oder Gemeinschaften einsetzen, die für unsere Predigt nicht mehr lebensnotwendig sind.

Heute liegen Aufgaben vor uns, auf die der ganze Orden antworten muss. Die Evangelisierung Chinas könnte dazu gehören. In solchen Fällen muss der Ordensmeister die Pro-

---

* Acta canonizationis S. Dominici, hrsg. von A. Walz, in: Monumenta historica S. P. Dominici (MOPH XVI), Rom 1935, 123-167, hier 124 (Anm. d. Hrsg.).

vinzen zur Hochherzigkeit aufrufen, sodass sie Brüder für neue Missionsaufgaben hergeben, selbst wenn das schwer zu ertragende Folgen hat. Ich bat einmal einen Provinzial, die Hergabe eines Bruders für unser neues Generalvikariat in Russland und der Ukraine zu diskutieren. Ich tat es sehr zögernd, weil ich wusste, es handelte sich um einen Bruder, den die Provinz nur schwer missen konnte. Der Provinzial sagte mir: „Wenn Gottes Vorsehung den Bruder für diese Aufgabe vorbereitet hat, dann müssen wir uns auch auf Gottes Vorsorge für unsere Bedürfnisse verlassen.“

Es kann nichts Neues entstehen, wenn wir nicht aufzugeben wagen, was sich bewährt hat, zugunsten von etwas anderem, das vielleicht scheitert. Man kann das ja nicht im Voraus wissen. Unsere Gesellschaft drängt dahin, dass einer Karriere macht und ein Leben führt, das irgendwie läuft. Wer aber sein Leben für die Predigt des Evangeliums hingibt, muss auf diese Sicherheit verzichten. Wir sind Menschen, die keine Karriere und keine festen Pläne vor uns haben. Darin besteht unsere Freiheit. Ich denke an den Mut unserer Mitbrüder, die den Orden in Korea auszubauen und mit einer neuen Sprache und mit einer unbekannten Kultur zu ringen haben, ohne jede vorherige Garantie, dass diese Hingabe ihres Lebens Frucht bringt. Frucht ist einzig ein Geschenk des Herrn, so wie die Auferstehung nach dem Scheitern am Kreuz. Ein echtes Geschenk ist seiner Natur nach eine Überraschung.

Eine Art, diese Hochherzigkeit vorzuleben, ist die Annahme der Wahl als Prior, Provinzial oder Mitglied eines Haus- oder Provinzialrates. In manchen Provinzen findet man nur schwer fähige Mitbrüder, die auf die Annahme eines Amtes vorbereitet sind. Die Suche nach einem Oberen läuft darauf hinaus, jemanden zu finden, der bereit ist, seinen Namen dem Kapitel vorschlagen zu lassen. Wir suchen nach Kandidaten. Und doch scheint mir, der einzige gute Grund für die Annahme einer solchen Position sei der Gehorsam gegen den Wunsch der Mitbrüder und nicht der Wunsch, Kandidat zu werden. Es mag gute objektive Gründe gehen, das Amt abzulehnen, und sie müssen ernst genommen, möglicherweise angenommen werden, wenn die höhere Autorität es bestätigt hat. Aber es sollten schwerwiegende Gründe und nicht nur die Tatsache sein, dass man von dem Gedanken an ein Amt nicht angetan ist.

Auf dem Berg der Verklärung ist Petrus von der Schau der Herrlichkeit, die ihm zuteil wurde, fasziniert. Er möchte Zelte bauen und dableiben. Er widersetzt sich der Aufforderung Jesu, den Weg nach Jerusalem zu gehen, wo er leiden und sterben muss. Er sieht nicht, dass in diesem Tod am Kreuz die Herrlichkeit offenbart werden soll. Zuweilen sind wir vom Ruhm unserer Vergangenheit fasziniert, vom Ruhm der Institutionen, die unsere Mitbrüder für uns errichtet haben. Unsere Dankbarkeit gegen sie sollte aber in der Suche nach Wegen zum Ausdruck kommen, wie wir den Aufgaben von heute entsprechen können. Wie Petrus sind wir vielleicht gebannt und gelähmt und empfinden ein Widerstreben bei der Aufforderung, aufzustehen und weiterzugehen, Tod und Auferstehung zu unserem Schicksal zu machen. Jede Provinz muss in jeder Generation dem Tod ins Auge schauen; jedoch gibt es zum einen den unfruchtbaren Tod derer, die auf dem Berg der Verklärung zurückbleiben, nachdem der Herr gegangen ist, und es gibt zum anderen den fruchtbaren Tod derer, die sich mit Jesus auf den Weg zum Kalvarienberg gemacht haben, auf jenen Weg, der zur Auferstehung führt.

Armut: die Hochherzigkeit des gnädigen Gottes

Armut ist das Gelübde, für das sich am schwersten Worte finden lassen, die wahr klingen, und das aus zwei Gründen. Jene Brüder und Schwestern, die dem wirklichen Armsein am nächsten gekommen sind, weigern sich oft am standhaftesten, über sie zu sprechen. Sie wissen, wie viel von dem, was wir über die Armut und die Option für die Armen sagen, leere Rhetorik ist. Sie wissen außerdem, wie schrecklich das Leben der Armen ist, die oft keine Hoffnung haben und die täglich zermürbende Gewalt, Stumpfsinn, Unsicherheit und Abhängigkeit ertragen müssen. Jene von uns, die selbst aus der Ferne gesehen haben, wie Armut wirklich aussieht, sind in der Regel misstrauisch gegenüber leicht dahergesagten Worten. Können wir je wirklich wissen, was es heißt, in dieser Erniedrigung, Unsicherheit und Hoffnungslosigkeit zu leben?

Ein zweiter Grund, warum sich so schwer über Armut schreiben lässt, liegt darin, dass das Armsein von einer Gesellschaft zur anderen so verschieden ist und abhängt von der Natur der Familienbande, der Wirtschaftsform, der sozialen Fürsorge durch den Staat usw. Armut in Indien ist eines, denn dieses Land kennt die lange Tradition des heiligen Bettlers; etwas anderes ist sie in Afrika, wo Reichtum in den meisten Kulturen als Segen Gottes verstanden wird; und wieder etwas anderes ist sie in der Konsumkultur des Westens. Die Bedeutung, die das Armutsgelübde für uns hat, ist stärker kulturell bestimmt, als es bei Gehorsam oder Keuschheit der Fall ist. Größe und Standort der Kommunität wie auch die Apostolate der Mitbrüder bringen unterschiedliche Zwänge mit sich, die uns vor zu leichtfertigen Urteilen darüber warnen sollten, wie andere dieses Gelübde leben.

Wie alle Gelübde ist die Armut zunächst ein Mittel. Es schenkt uns die Freiheit, überallhin zu gehen und zu predigen. Man kann kein Wanderprediger sein, wenn man jeweils seine ganze Ausrüstung mitschleppen muss. In der Bulle *Cum Spiritus fervore* von 1217 schrieb Papst Honorius III., dass Dominikus und seine Brüder „in der Glut des Geistes, der sie erfüllte, die Last der Reichtümer dieser Welt hinter sich gelassen haben, aber von Eifer brannten, das Evangelium zu verbreiten, und, da dies mit dem Amt der Predigt geschah, sich in den schlichten Stand freiwilliger Armut begeben hatten und sich zahlreichen Leiden und Gefahren um der Rettung anderer willen aussetzten“[4].

[4] Zit. nach *M.-H. Vicaire*, The Order of St. Dominic in 1215, in: *P. B. Lobo*, The Genius of St. Dominic, 75.

Wir sind aufgefordert, nicht nur den Wohlstand um der Nachfolge Christi willen aufzugeben, sondern Brüder und Schwestern, Mütter und Väter „um meinetwillen“ (Mt 10,39). Zum Verzicht, der uns Freiheit schenkt, gehört auch ein radikaler Bruch mit unseren Familienbanden, eine Enterbung. Die Folgen dieser Notwendigkeit müssen mit viel Takt bedacht werden, da sich in vielen Gesellschaften die Natur der Familie geändert hat. Unsere Familien sind heute oft durch Ehescheidung und Wiederheirat gekennzeichnet, und in einigen Gesellschaften sind immer mehr von unseren Brüdern und Schwestern Einzelkinder. Wir haben reale Verpflichtungen gegenüber unseren Eltern, aber wie lassen sich diese mit der radikalen Selbsthingabe vereinbaren, in der wir durch unsere Gelübde im Orden unser Leben der Predigt des Evangeliums geweiht haben? Es ist paradox, dass gerade die Familienmitglieder, die in Ordensgelübden stehen, häufig als „frei“ gelten, ihre alten oder kranken Eltern zu betreuen. Wir müssen darüber mit sehr viel Takt nachdenken.

Das Armutsgelübde verschafft uns die Freiheit der vorbehaltlosen Selbsthingabe an die Predigt des Evangeliums, doch es ist nicht einfach nur ein Mittel im engeren und utilitaristischen Sinn. Wie die anderen Gelübde ist es nach den Worten des hl. Thomas auf die *caritas* hingeordnet, die Liebe, die das eigentliche Leben Gottes ausmacht. Wie können wir ihm so nachleben, dass wir mit Autorität über Gott sprechen können?

Eine mögliche Antwort wäre es, zu erforschen, inwiefern die Armut grundlegende Aspekte des Sakramentes der Liebe, der Eucharistie, berührt. Denn die Eucharistie ist das Sakrament der Einheit, die von der Armut zerstört wird; sie ist das Sakrament der Verwundbarkeit, die der Arme zu tragen hat; sie ist die Stunde der Hingabe, die unsere Konsumkultur verweigert. Zu fragen, wie wir arm sein können und sollen, heißt fragen, wie wir eucharistisch leben sollen.

Unsichtbarkeit

In der Nacht vor seinem Tod versammelte Jesus seine Jünger um den Tisch, um den neuen Bund zu feiern. Das war die Geburt einer Heimat, zu der alle gehören sollten, weil zu ihr auch alles gehörte, was menschliche Gemeinschaft zerstören kann: Verrat, Verleugnung und sogar der Tod. Der Skandal der Armut liegt darin, dass sie trennt, was Christus vereint hat. Armut ist nicht einfach eine wirtschaftliche Lage, das Fehlen von Speise, Kleidung und Arbeit. Sie spaltet die Menschheitsfamilie. Sie entfremdet uns unseren Schwestern und Brüdern. Lazarus vor der Tür des Hauses des reichen Prassers ist nicht nur von der Teilhabe an den Speisen ausgeschlossen, sondern vom Sitzen am Tisch des Reichen. Der unüberbrückbare Abgrund, der sie nach dem Tod trennt, zeigt lediglich, was in ihrem Leben geschehen ist. In unserer heutigen Welt wird der Riss zwischen reichen und armen Ländern und innerhalb dieser Länder selbst immer schärfer. Selbst innerhalb der reichen Länder der Europäischen Union gibt es fast zwanzig Millionen Arbeitslose. Der Leib Christi ist zerrissen.

Die freiwillige Armut, die wir geloben, hat nicht deswegen Wert, weil es irgendwie gut wäre, arm zu sein. Armut ist etwas Schreckliches. Sie stimmt nur dann, wenn sie über die Grenzen hinweg, die Menschen voneinander trennen, unseren getrennten Brüdern und Schwestern nahe ist. Welche mögliche Autorität könnten unsere Worte über unsere Einheit in Christus haben, wenn wir diesen Weg nicht wagen? Im letzten Jahr habe ich gesehen, wie viel unsere Schwestern den Brüdern durch ihre schlichte Präsenz unter den Armen in so vielen Teilen der Welt zu sagen haben. Sie wissen genau, wie wichtig ihre Anwesenheit als Zeichen für das Reich Gottes dort ist.

Die Eucharistie ist die Grundlegung des universalen Hauses für alle Menschen. Würde sich ein Armer in unseren Gemeinschaften zu Hause und willkommen fühlen? Hätte er den Eindruck, dass seine Würde geachtet wird? Oder würde er sich eingeschüchtert und klein fühlen? Ziehen unsere Häuser an, oder stoßen sie ab? Eine Methode, wie die Armen aus der Gemeinschaft der Menschen entfernt werden, besteht darin, dass sie unsichtbar werden und nicht mehr zu hören sind. Sie verschwinden einfach, diese *desaparecidos*, die wie Lazarus vor der Tür des Reichen liegen. Wenn man im Bahnhof von Kalkutta ankommt, springen die Bettler auf und zeigen einem ihre Missbildungen. Sie wollen gesehen werden, sie wollen sichtbar sein. Scheuen wir uns hinzusehen aus Furcht, wir könnten einen Bruder oder eine Schwester erblicken?

Verwundbarkeit

Beim letzten Abendmahl hat Jesus sein Leiden und seinen Tod angenommen. Er hat die letzte Verwundbarkeit des Menschen akzeptiert, diese Möglichkeit, verwundet und getötet zu werden. Unser Armutsgelübde fordert uns zweifellos auf, unsere menschliche Verwundbarkeit anzunehmen. In der Bulle des Papstes Honorius III., die ich oben zitiert habe, werden Dominikus und die Mitbrüder nicht bloß deswegen, weil sie arm sind, gerühmt, sondern weil „sie sich selber zahllosen Leiden und Gefahren um des Heiles anderer willen aussetzen". In welchem Sinn teilen wir auch nur ein wenig die Verwundbarkeit der Armen?

Wie wenig wir auch essen, uns bleibt immer ein Ausweg, wenn wir es nicht mehr aushalten. Der Orden wird uns nicht vor Hunger sterben lassen. Und doch bin ich Brüdern und Schwestern begegnet, die es wagten, so weit zu gehen, wie sie konnten, zum Beispiel in einem der gewalttätigsten Viertel von Caracas. Tag für Tag ertragen sie die Gefahr und die Erschöpfung eines Lebens in einer Welt, in der Gewalt alles durchdringt. Das ist echte Verwundbarkeit, die sie ihr Leben kosten könnte. Ich denke an unsere Brüder und Schwestern in

Haiti, deren tapferes Eintreten für Gerechtigkeit ihr Leben gefährdet. In Algerien und Kairo entschieden sich unsere Mitbrüder trotz aller Gefahren zum Bleiben als Zeichen ihrer Hoffnung auf die Versöhnung zwischen Christen und Muslimen. In Guatemala tragen unsere einheimischen Schwestern die Kleidung ihres eigenen Volkes, sodass sie auch ihre tägliche Demütigung teilen. Würden sie einen traditionellen Habit tragen, so würden sie sich das ersparen. Es gibt natürlich innerhalb des Ordens verschiedene Aufgaben. Doch wir können sie unterstützen, auf sie hören und von ihnen lernen. Ihre Erfahrung ist das Saatbeet unserer Theologie.

Der Ruf Christi zu Verwundbarkeit muss Fragen danach stellen, wie wir gemeinsam das Gelübde der Armut leben. Wagen wir es, die Verwundbarkeit zu leben, die unser Gemeinschaftsleben voraussetzt? Leben wir wirklich aus der gemeinsamen Kasse? Leben wir in der Ungesichertheit, die darin besteht, dass wir der Gemeinschaft alles abliefern, was wir erhalten, und uns dem Risiko aussetzen, dass sie uns nicht alles gibt, was wir nötig zu haben glauben? Wie können wir aber von Christus sprechen, der sich selbst in unsere Hände gegeben hat, wenn wir das nicht tun? Sind unsere Gemeinschaften in finanzielle Klassen geteilt? Gibt es dort einige, die zu mehr Geld Zugang haben als andere? Wird wirklich der Wohlstand zwischen den Gemeinschaften einer Provinz oder zwischen Provinzen geteilt?

Geschenk

Im Mittelpunkt unseres Lebens steht die Feier jenes Augenblicks tiefster Verwundbarkeit und Hochherzigkeit, da Jesus Brot nahm, es brach und seinen Jüngern reichte mit den Worten: „Nehmt und esst alle davon, das ist mein Leib, der für euch hingegeben wird.“ Im Mittelpunkt des Evangeliums steht ein Augenblick reinster Gabe. Hier wird die *caritas*, das Leben Gottes, am meisten greifbar. Eine Hochherzigkeit, die unsere Gesellschaft nur schwer begreift, denn sie ist ein Markt, auf dem alles gekauft und verkauft wird. Welchen Sinn bekommt hier ein Gott, der ruft: „Auf, ihr Durstigen, kommt alle zum Wasser! Auch wer kein Geld hat, soll kommen" (Jes 55,1a). Alle menschlichen Gesellschaften haben ihre Märkte, sie kaufen und verkaufen und tauschen Güter aus. Die westliche Gesellschaft unterscheidet sich darin, dass sie ein Markt *ist*. Er ist das Grundmodell, das unsere Auffassung von der Gesellschaft beherrscht und formt, aber auch das Bild von der Politik und sogar von uns selbst. Alles ist käuflich. Die unbegrenzte Fruchtbarkeit der Natur, der Boden und das Wasser sind Gebrauchsgüter geworden. Selbst wir Menschen stehen auf dem „Arbeitsmarkt". Diese Konsumkultur droht die ganze Welt zu verschlingen und fordert das sogar im Namen der Freiheit. Doch sie sperrt uns auch in eine Welt ein, in der nichts mehr frei ist. Selbst wenn wir die Not der Armen bemerken und darauf zu reagieren versuchen, ist *caritas* so oft zu Geld geworden, zur Liebestätigkeit, bei der die Hergabe von Geld das Teilen des Lebens der Armen ersetzt.

Wie können wir Prediger eines gnädigen und barmherzigen Gottes sein, der uns sein Leben schenkt, wenn wir in dieser alles durchdringenden Kultur aufgehen? Eine der radikalsten Forderungen des Armutsgelübdes besteht mit Sicherheit darin, dass wir so einfach leben, dass wir die Welt mit anderen Augen sehen und ein wenig von dem überaus gnadenreichen Gott erfassen. Das Leben unserer Gemeinschaften sollte von einer Einfachheit gekennzeichnet sein, die uns frei werden lässt von den Verheißungen unserer Konsumkultur und der „beherrschenden Stellung des Wohlstandes" (LCO 31, I). Die Welt sieht sich anders an aus einem Mercedes als vom Sattel eines Fahrrads. Jordan von Sachsen sagt, Dominikus sei „ein wahrer Liebhaber der Armut" gewesen, vielleicht nicht deswegen, weil Armut an sich liebenswert ist, sondern weil sie uns unsere tiefsten Wünsche erschließen kann. Wie oft war ich betroffen von der Freude und Spontaneität unserer Brüder und Schwestern, die in Einfachheit und Armut leben.

In einigen Teilen des Ordens kann uns sogar die Sprache, mit der wir unser gemeinsames Leben beschreiben, vor der Gefahr warnen, die Werte der Geschäftswelt zu übernehmen. Die Brüder und Schwestern werden dort „Personal"; wir haben „Personalräte"; die Rolle des Oberen wird zur Funktion des „Managements" oder der „Verwaltung", und wir studieren „Managementtechniken". Kann man sich wirklich Dominikus als den ersten Vorstandsvorsitzenden der Predigerorden AG vorstellen? Wie oft hindert ein Provinzial einen Bruder an der Suche nach neuen und schöpferischen Wegen für Predigt und Unterricht, weil die Provinz finanziell leiden würde?

Die Gebäude, in denen wir leben, sind Geschenke. Leben wir in ihnen und behandeln wir sie mit Dankbarkeit? Übernehmen wir Verantwortung für das, was uns geschenkt wird, für den Zustand unserer Häuser, für das, was wir bekommen? Brauchen wir die Gebäude, die wir haben? Ließen sich unsere Gebäude besser nutzen? Die Schatzmeister haben oft eine undankbare Aufgabe, obwohl sie eine lebenswichtige Rolle spielen, indem sie uns helfen, verantwortlich gegenüber denen zu leben, die großherzig sind.

Keuschheit: die Freundschaft Gottes

Wir müssen im Orden dringend gemeinsam über den Sinn des Gelübdes der Keuschheit nachdenken. Es berührt Dinge, die für unser Menschsein zentrale Bedeutung haben: unsere Sexualität und Körperlichkeit, unser Bedürfnis, Zuneigung auszudrücken und zu empfangen, und doch fürchten wir oft das Sprechen darüber. Oft ist unser Ringen in diesem Bereich ein einsames Tun, denn wir fürchten das Urteil und Unverständnis anderer.

Es stimmt natürlich, dass dieses Gelübde wie die anderen ein Mittel ist. Es schenkt uns die Freiheit zu predigen, die nötige Beweglichkeit, um auf die Bedürfnisse des Ordens zu antworten. Doch bei diesem Gelübde ist es vielleicht besonders wichtig, dass wir es nicht bloß als harte Notwendigkeit ertragen. Wenn wir nicht lernen – und das kann viel Zeit und Leiden kosten –, es positiv zu bejahen, kann es unser Leben vergiften. Wir können es aber bejahen, weil es wie alle Gelübde auf die *caritas* hingeordnet ist, auf jene Liebe, die das Leben Gottes selber ist. Es ist ein besonderer Weg der Liebe. Wenn es das nicht ist, führt es uns zu Frustration und Unfruchtbarkeit.

Die erste Sünde gegen die Keuschheit ist das Versagen in der Liebe. Von Dominikus sagte man: „Weil er alle liebte, wurde er auch von allen geliebt" (Jordan von Sachsen, Libellus, 107, vgl. LCO 25). Und wieder steht die Autorität unserer Predigt auf dem Spiel. Wie können wir vom Gott der Liebe sprechen, wenn dies nicht das Geheimnis ist, das wir leben? Tun wir es aber, verlangt es von uns Tod und Auferstehung. Die Versuchung ist die Flucht. Ein gängiger Fluchtweg ist der Aktivismus, bei dem wir uns in hektischer Arbeit verlieren, selbst wenn es gute und wichtige Arbeit ist, sodass wir die Einsamkeit fliehen. Wir können sogar versucht sein, vor der Tatsache unserer Sexualität und Körperlichkeit zu fliehen. Und doch entstand der Orden gerade im Kampf gegen solchen Dualismus. Dominikus war es, der gegen die Trennung von Leib und Seele, Geist und Materie predigte. Sie bleibt eine moderne Versuchung. Ein Großteil der modernen Kultur ist tief dualistisch. Pornografie, das scheinbare Vergnügen an der Sexualität, ist in Wirklichkeit eine Flucht vor ihr, ein Ablehnen jener Verwundbarkeit, die menschliche Beziehungen erfordern. Der Voyeur hält Distanz, ist unverwundbar und hat die Kontrolle, leider.

Gerade unsere Körperlichkeit wurde in der Menschwerdung gesegnet und geheiligt. Wenn wir Prediger des fleischgewordenen Wortes sein wollen, können wir das, was wir sind, nicht leugnen oder vergessen. Sorgen wir für den Leib unserer Mitbrüder, indem wir sicherstellen, dass sie genug zu essen haben, betreuen wir sie in kranken Tagen, sind wir zärtlich zu ihnen, wenn sie alt sind? Bede Jarrett OP schrieb einem jungen Benediktiner, der die ersten Leiden der Freundschaft mitmachte, zur Ermutigung:

„Ich bin froh, denn ich glaube, dass Ihre Versuchung in die Richtung von Puritanismus, Enge und einer gewissen Unmenschlichkeit ging. Sie hatten die Neigung, die Heiligung der Materie zu leugnen. Sie haben Gott geliebt, aber nicht eigentlich seine Menschwerdung. Sie haben wirklich Angst gehabt."[5]

Grundlage unserer Keuschheit darf niemals Angst sein, Angst vor unserer Sexualität, Angst vor unserer Körperlichkeit, Angst vor Menschen des anderen Geschlechtes. Angst ist nie eine gute Grundlage für das Ordensleben. Denn der Gott, der uns nahe gekommen ist, hat es gewagt, Fleisch und Blut zu werden, obwohl das zur Kreuzigung führte. Letztlich verlangt dieses Gelübde von uns, dorthin zu folgen, wohin Gott vor uns gegangen ist. Unser Gott ist menschlich geworden, und er fordert uns auf, es ebenfalls zu werden.

Der hl. Thomas von Aquin macht die überraschende Bemerkung, unsere Beziehung zu Gott sei freundschaftlich, *amicitia*. Die Frohbotschaft, die wir predigen, betont unsere Teilhabe am unendlichen Geheimnis der Freundschaft von Vater und Sohn, die der Geist ist. Und tatsächlich sagt Thomas, die evangelischen Räte seien Räte, die Christus in Freundschaft uns angeboten hat (S.th. I-II 108, 4). Eine Art, diese Freundschaft zu leben, ist das Gelübde der Keuschheit. Um besser bedenken zu können, was es von uns verlangt, wollen wir kurz über zwei Aspekte der trinitarischen Liebe nachdenken. Sie ist ganz und gar großherzig und will nicht besitzen, und sie ist eine Liebe zwischen Gleichen.

Eine Liebe, die nicht besitzen will

In dieser ganz und gar großherzigen Liebe, die nicht besitzen will, schenkt der Vater alles, was er ist, dem Sohn, einschließ-

[5] The Letters of Bede Jarrett OP, hrsg. von B. Bailey, A. Bellenger und S. Tugwell (Dominikanische Quellen in Englisch, Bd. 5), Bath 1989, 180.

lich seiner Gottheit. Diese Liebe ist kein Gefühl oder eine Stimmung, sondern Liebe, die das Sein des Sohnes garantiert. Alle menschliche Liebe, von Verheirateten oder Ordensleuten, sollte dieses Geheimnis zu leben und zu teilen suchen in seiner Großherzigkeit, die nicht besitzen will.

Wir müssen ganz eindeutig sein bei dem, was dieses Lieben von uns, die wir Keuschheit gelobt haben, verlangt. Es meint nicht bloß, dass wir nicht heiraten, sondern dass wir uns der sexuellen Betätigung enthalten. Das verlangt von uns wirkliche Entsagung und Aszese. Wenn wir etwas anderes vorgeben und willentlich Kompromisse eingehen, betreten wir einen Weg, den wir am Ende unmöglich durchhalten können und der uns und andere tief unglücklich macht.

Das Erste, was von uns verlangt wird, ist der Glaube, dass das Gelübde der Keuschheit wirklich ein Weg der Liebe sein kann und dass es, trotz Stunden der Frustration und Trostlosigkeit, ein Weg ist, der zu unserem Aufblühen als ganzheitliche, der Gefühle fähige Menschen führt. Die älteren Mitglieder unserer Gemeinschaft sind oft Zeichen der Hoffnung für uns. Wir begegnen Männern und Frauen, die durch die Prüfungen der Keuschheit hindurchgegangen und zur Freiheit derer gelangt sind, die in Freiheit lieben können. Sie können für uns ein Zeichen sein, dass bei Gott nichts unmöglich ist.

Zu dieser freien Liebe, die nicht besitzen will, hinzugelangen, braucht Zeit. Es kann sein, dass wir auf unserem Weg Versagen und Entmutigung durchmachen. Heute, da viele Leute in den Orden eintreten, die schon älter sind und sexuelle Erfahrungen hinter sich haben, dürfen wir Keuschheit nicht so sehr als Unschuld sehen, die wir verlieren können, sondern als Integrität des Herzens, zu der wir heranwachsen können. Mit der Gnade Gottes können sogar Stunden des Versagens zu dem Weg gehören, auf dem wir reifen, denn wir wissen: „Denen, die Gott lieben, gereicht alles zum Besten“ (Röm 8,28).

Unsere Gemeinschaften sollten Stätten sein, wo wir einander Mut machen, wenn das Herz zaudert, Verzeihen gewähren, wenn einer fehlgeht, und Vertrauen schenken, wenn

Selbsttäuschung uns versucht. Wir müssen an das Gutsein unserer Brüder und Schwestern glauben, wenn sie es selbst von sich nicht mehr glauben. Nichts vergiftet so sehr wie Selbstverachtung. Damian Byrne OP[6] hat in seinem Brief über das Gemeinschaftsleben geschrieben:

„Das innerste Heiligtum unserer Herzen gehört Gott, aber wir haben auch andere Bedürfnisse. Er hat uns so geschaffen, dass ein weiter Bereich unseres Lebens für andere zugänglich ist und von anderen benötigt wird. Jeder von uns braucht die Erfahrung echten Interesses der anderen Mitglieder der Gemeinschaft, ihre Zuneigung, Hochachtung und Freundschaft (…). Zusammenleben heißt, das Brot unseres Geistes und Herzens miteinander zu brechen. Wenn Ordensleute das in ihren Gemeinschaften nicht finden, werden sie es anderswo suchen."[7]

Zuweilen verlangt die wirkliche Freiheit und Integrität des Herzens, dass wir durch das Tal des Todes gehen, dass wir uns, wie es scheinen mag, nur mit Sterilität und Frustration konfrontiert sehen. Ist es wirklich möglich, diesen Weg ohne Gebet zu meistern? Da ist an erster Stelle das gemeinsame Gebet in der Gemeinschaft, das tägliche Gebet, das für unser Leben grundlegend ist. Es gibt aber auch das schweigende und private Gebet, das uns vor Gottes Angesicht stellt in Stunden unabweisbarer Wahrheit und Staunen erregender Gnade. Hier kann man Hoffnung lernen. Dominikus selbst hat unterwegs zuweilen die Mitbrüder aufgefordert, vorauszugehen, sodass er allein war und beten konnte, und in einer frühen Fassung der Konstitutionen sagt er, der Novizenmeister solle seine Novizen lehren, schweigend zu beten (Älteste Konstitutionen, Dist. I, c. XIII). Unsere Nonnen können die Mitbrüder viel über den Wert des schweigenden Gebetes lehren.

---

6 Ordensmeister 1983-1992, gestorben im Februar 1996.

7 *D. Byrne*, A Pilgrimage of Faith, Dublin 1991, 44-45.

Die Liebe, die Gleichheit schenkt

Die Liebe im Herzen Gottes ist letztlich zutiefst fruchtbar. Sie zeugt, sie schafft alles, was da ist. Womit wir bei der Keuschheit ringen, ist nicht so sehr das Bedürfnis nach Zuneigung, vielmehr das Verlangen zu zeugen, etwas hervorzubringen. Zu unserer Sorge füreinander gehört mit Sicherheit die Aufmerksamkeit für die Kreativität eines jeden von uns, die unser Leben als Dominikaner für das Evangelium frei machen sollte. Es mag die Kreativität eines Bruders oder einer Schwester sein, die innerhalb einer Pfarrei eine Gemeinschaft ins Dasein rufen, es mag die intellektuelle Arbeit eines Theologen sein, es können die Pränovizen in El Salvador sein, die ein Stehgreiftheaterstück aufführen. Unsere Keuschheit darf niemals unfruchtbar sein.

Die Liebe, die Gott ist, ist derart fruchtbar, dass sie Gleichheit schafft. In der Trinität gibt es weder Vorherrschaft noch Manipulation. Sie kennt weder Vorrang noch Herablassung. Diese Liebe sollen wir mit unserem Gelübde der Keuschheit leben und predigen. Wie Thomas geschrieben hat: Findet Freundschaft oder schafft Gleichheit (In I Ethicorum 1, 8, s. 7)! Die Brüderlichkeit unserer dominikanischen Tradition, die demokratische Leitungsform, deren wir uns erfreuen, ist nicht einfach Ausdruck eines Weges zur Organisation unseres Lebens und der Entscheidungsfindung, sondern drückt etwas vom Geheimnis des Lebens Gottes aus. Dass die Brüder als *Ordo fratrum praedicatorum* bekannt sind, schließt das ein, was wir predigen, das Geheimnis jener Liebe vollkommener Gleichheit, das die Trinität ist.

Dies sollte alle unsere Beziehungen kennzeichnen. Die dominikanische Familie mit ihrer Anerkennung der gegenseitigen Würde und der Gleichheit aller Mitglieder der Familie gehört zu der Weise, wie wir dieses Gelübde leben. Auch das Verhältnis zwischen Schwestern und Brüdern, Ordensleuten und Laien sollte eine „heilige Predigt“ sein. Sogar unsere Ausschau nach einer gerechteren Welt, in der die Würde eines jeden menschlichen Wesens geachtet wird, ist nicht nur ein moralischer Imperativ, sondern Ausdruck des Geheimnisses der Liebe, des Lebens der Dreifaltigkeit, das wir teilen sollen.

Schluss

Wenn Dominikus durch Dörfer zog, in denen sein Leben durch die Albigenser gefährdet war, pflegte er laut zu singen, sodass jeder wusste: Er war da. Die Gelübde haben nur dann Wert, wenn sie uns frei machen für die Sendung des Ordens und uns etwas von dem Mut und der Freude des Dominikus schenken. Sie sollten keine schwere Last sein, die uns niederdrückt, sondern uns frei machen zum unbeschwerten Wandern auf neue Orte und neue Aufgaben zu. Was ich in diesem Brief geschrieben habe, ist nur ein unzureichender Ausdruck dessen, wie sie zu leben sind. Ich hoffe, dass wir gemeinsam eine von allen geteilte Sicht unseres der Sendung geweihten Lebens als Dominikaner aufbauen können, die uns auf unserem Weg stärkt und uns unbeschwert singen lässt.

JURASSIC PARK UND DAS LETZTE ABENDMAHL

Letztes Jahr hatte ich vor der Vereinigung der Generaloberen – das sind die Leiterinnen und Leiter der religiösen Orden – eine zehnminütige Ansprache über die Anforderungen unserer Mission als Ordensleute in der westlichen Welt zu halten. Es schien mir ein ziemlich unmögliches Unterfangen. Was konnte man schon in zehn Minuten sagen? Dann sah ich den Film *Jurassic Park* – und schlagartig wurde mir klar, dass er ein hervorragendes Bild für die Welt ist, in der wir heute leben. Er ist einer der erfolgreichsten Filme, die je gedreht wurden. In Italien lief er zeitweilig in einem Drittel aller Kinos, der französische Kulturminister hat ihn für eine nationale Gefahr erklärt, und unsere Kinder können in Autobahnraststätten Dinosaurierkekse kaufen. Warum war *Jurassic Park* so erfolgreich? Sicher auch, weil jede Kultur von Geschichten lebt, von Erzählungen, die unsere Wahrnehmung von der Welt und von uns selbst prägen, die uns sagen, was es heißt, Mensch zu sein. Und dies ist eben eine Erzählung, in der sich Millionen von Menschen, vielleicht unbewusst, wiederfinden.

Wir Christen treten mit dem Anspruch auf, dass wir von einer anderen Geschichte leben. Jeden Sonntag versammeln wir uns, um sie neu in Erinnerung zu rufen und neu in Szene zu setzen. Es ist die Geschichte vom Letzten Abendmahl, von jenem Menschen, der seine Freunde um sich sammelte und mit ihnen das Mahl teilte, der ihnen sich selbst, seinen Leib und sein Blut gab. Es ist die Geschichte, die mehr als alles andere unser Leben und unser Selbstbewusstsein prägen sollte. Darum besteht die Herausforderung des Christseins für uns nicht einfach in dem Versuch, gut zu sein. Es gibt keinen Beweis dafür, dass Christen, aufs Ganze gesehen, bessere Menschen als andere wären, und Jesus hat ja nicht die Heiligen, sondern die Sünder berufen. Die Herausforderung heißt vielmehr: von und aus einer Geschichte zu leben, die manche Zeitgenossen für recht befremdlich halten mögen und die eine ganz andere Sicht von der Welt und vom Menschsein beinhaltet.

So möchte ich nur auf einige Unterschiede zwischen diesen beiden Geschichten hinweisen.

Ich nehme an, die meisten von Ihnen haben *Jurassic Park* gesehen. Sie haben vermutlich Ihre Kinder mitgenommen – unter dem Vorwand, Sie gingen nur ins Kino, um ihnen eine Freude zu machen, aber in Wirklichkeit haben Sie sich selbst großartig unterhalten. Und falls Sie den Film nicht gesehen haben – hier ist die Geschichte: Ein Millionär (Richard Attenborough) macht Experimente mit DNA, um die Dinosaurier ins Leben zurückzurufen. Er erschafft einen mesozoischen Zoo, in dem alle Dinosaurier frei umherlaufen können. Leider brechen sie aus und fangen an, die Besucher zu töten. Die Menschen müssen die Insel aufgeben und fliehen. Sie lassen einen Dschungel zurück. Das hat für Sie vielleicht nicht viel mit dem Leben in den Londoner Vorstädten zu tun, es sei denn, die Dinge hätten sich sehr verändert, seit ich nach Rom gegangen bin, aber ich werde aufzeigen, dass es an wichtige Elemente unserer zeitgenössischen Kultur rührt.

Gewalt

Der erste Punkt, den ich ansprechen möchte, gehört schon der alltäglichen Erfahrung an. *Jurassic Park* erzählt uns von einer Welt der Gewalt, von Horden von Dinosauriern, die über die Ebenen trampeln und alles verschlingen, was sie antreffen. Es ist eine Gewalt, auf die die Menschen nur mit noch größerer Gewalt antworten können. Unsere andere Geschichte, die Geschichte vom Letzten Abendmahl, ist ebenfalls eine Geschichte von Gewalt, der Gewalt, die über Jesus verhängt wird und die er erträgt: „Wie ein Lamm, das man zum Schlachten führt, so tat auch er seinen Mund nicht auf" (Jes 53,7).

Als ich unlängst eine Gruppe von amerikanischen Dominikanerbrüdern und -schwestern fragte, worin denn die Hauptherausforderung für unsere Verkündigung bestehe, antworteten sie ohne Zögern: in der Gewalt. In den letzten Monaten habe ich Ruanda, Burundi, Haiti, Angola, Kroatien und New York besucht, und überall bin ich mit der rohen Gewalt konfrontiert worden, die große Bereiche unserer Welt kennzeichnet. Ich nehme an, dass die Menschheitsgeschichte überhaupt über weite Strecken gewalttätig war, und abgesehen von den Schrecken der beiden Weltkriege dürfte unsere Zeit nicht viel schlimmer als andere sein. Viele Gesellschaften der Vergangenheit haben die Gewalt glorifiziert. Ich denke, auch die unsere tut das, und zwar auf eine Weise, die sehr subtil ist und kaum ausdrücklich wird.

Jurassic Park zeigt uns einen zu neuem Leben erwachten Darwinschen Dschungel, in dem die Lebewesen ums Überleben kämpfen. Die Schwachen fallen und sterben und werden ausgelöscht wie die Dinosaurier. Der gewalttätige Wettbewerb um Nahrung und Revier ist Teil des Schöpfungsprozesses, durch den wir ins Leben gelangen. Dieser brutale Kampf bringt uns zur Existenz. Er ist unsere Wiege. Letztlich sagt uns der Film, Gewalt sei etwas Fruchtbares. Doch Darwins Evolutionstheorie, von der ich allerdings nicht behaupten kann, ich hätte sie jemals gründlich studiert, interessiert uns hier nur als ein Symptom für eine tief greifende Veränderung in unserem Verständnis vom Sinn des Menschseins, die in den letzten zweihundert Jahren eingetreten ist. Ich meine damit das Auftreten der Überzeugung, dass die ganze menschliche Gesellschaft funktioniert und floriert dank diesem wilden Kampf zwischen konkurrierenden Lebewesen, die allesamt ihren jeweiligen Eigennutzen verfolgen. Die Metapher vom Überleben der am besten Angepassten, vom Leben als einem Darwinschen Dschungel spukt allenthalben durch unsere Sprache. William Graham Sumner, der Sozialwissenschaftler aus Yale, hat sogar geschrieben, Millionäre seien ein Produkt der natürlichen Selektion. Man könne sie als die gesellschaftlichen Akteure betrachten, die von der Natur für eine bestimmte Aufgabe ausgelesen worden seien.

Eines der ersten Anzeichen für diese tiefe Veränderung in unserem Verständnis der menschlichen Gesellschaft war eine kleine Parodie, genannt die *Bienenfabel*, die ein Mann namens Mandeville im 18. Jahrhundert verfasst hat. Er behauptete, Habsucht, Neid, Hochmut, all die traditionellen Laster, könnten in Wirklichkeit sehr nützlich sein. Sie seien es, was die Welt am Laufen halte und die menschliche Gesellschaft gedeihen lasse. Sie seien vielleicht private Laster, aber eben öffentliche Tugenden. Die Politik des habgierigen Wettbewerbs reicht weit zurück. Genau dieses Verständnis vom Menschsein macht aus unseren Städten urbane Jurassic Parks, gewalttätige innerstädtische Dschungel, in denen die Schwachen vernichtet werden. Unsere Geschichte, die Erzählung vom Letzten Abendmahl, stellt eine große Herausforderung dar, nicht nur weil in ihr der Mensch auftritt, der die Gewalt erduldet und es ablehnt, sie weiterzugeben. Sie zeigt uns ein radikal anderes Bild dessen, was es heißt, Mensch zu sein. Er schenkt uns seinen Leib. Das ist der neue Bund, unser Heim und unsere Wohnstatt. Der Sinn unseres Lebens liegt nicht darin, dass wir unser Eigeninteresse verfolgen, sondern darin, dass wir das Geschenk der Gemeinschaft empfangen.

Ich denke, dem würden die meisten von uns zustimmen, und es ist ja auch oft gesagt worden, die Herausforderung unserer Zeit bestehe darin, die Faszination zu durchbrechen, die ein letztlich verhängnisvolles und destruktives Menschenbild ausübt, ein Bild, das uns als einsame Monaden darstellt, die immer nur ihrem individuellen Wohl hinterherjagen. Wir sind Fleisch vom Fleisch der anderen, eine Gemeinschaft, die ihre Vollendung findet in jenem Fleisch, das Christus hingibt, in seinem Leib. Was wir suchen, ist in letzter Radikalität das Gemeingut, das gemeinsame Gute. Die Frage ist, wie wir die Fesseln des falschen Mythos von unserem Menschsein sprengen können. Was sollen wir tun? Wie David Marquand es in seinem Buch „The Unprincipled Society" („Die skrupellose Gesellschaft") dargestellt hat:

„Wie kann eine zersplitterte Gesellschaft wieder ganz werden? Wie kann eine von possessivem Individualismus durchsetzte Gesellschaft die Bande der Gemeinschaft wieder herstellen? Angenommen, der Common sense von annähernd zweihundert Jahren ist das Haupthindernis für eine erfolgreiche ökonomische und politische Korrektur – wie kann dann der Common sense neu definiert werden?"[1]

Die Geschichte vom Letzten Abendmahl kann unsere Phantasie befreien. Sie ist die Geschichte einer Gemeinschaft, die radikal zerbrochen ist und in deren Mitte ein Mensch steht, der schon bald erleben muss, dass er verraten und verleugnet wird. Es wird nicht mehr lange dauern, und alle seine Freunde werden auseinander laufen. Dies ist aber auch die Geschichte von der Geburt einer Gemeinschaft, die jede Form von Entfremdung, Verrat, ja Tod überwindet. Sie macht uns Hoffnung.

Worte

Die zentrale Handlung Jesu besteht darin, dass er ein machtvolles, verwandelndes Wort spricht: „Das ist mein Leib, der für euch hingegeben wird." Er spricht ein Wort. In *Jurassic Park* sind Worte nicht so wichtig. Dort wird massenhaft gegrunzt und gebrüllt, man hört Knochen krachen, aber man wird nicht gerade ermuntert, mit einem Tyrannosaurus Rex zu plaudern. Ein Russe oder Chinese könnte den Film auf Englisch genauso gut anschauen und würde nicht viel vermissen. Dieser Unterschied ist bezeichnend. Ich würde sagen, einer der Wege, auf denen wir die menschliche Gesellschaft schaffen und dieser Falle eines possessiven Individualismus

---

[1] *D. Marquand*, The Unprincipled Society. New Demands and Old Politics, Glasgow 1988, 288.

entkommen, besteht darin, dass wir die Achtung vor den Worten und vor ihrer Fähigkeit wieder gewinnen, Gemeinschaft zu stiften und aufrechtzuerhalten.

Wir sind menschliche Wesen, und wir gehören zueinander, weil wir miteinander sprechen können. Eine Gesellschaft, in der das Wort verachtet wird, ist eine Gesellschaft im Zerfall. Als ich in San Salvador war, habe ich den Raum in der Universität aufgesucht, in dem am 16. November 1989 die Jesuiten ermordet worden sind. Die Mörder haben auch auf die Bücher der Patres gefeuert. Man sieht dort ein Exemplar von Kittels „Theologisches Wörterbuch zum Neuen Testament“, aufgeschlagen auf der Seite über den Heiligen Geist, die Quelle aller Weisheit, und durchsiebt von Kugeln. Ich denke an die Bibliothek eines Priesters in Haiti: Alle Bücher waren zerfetzt und zerrissen. Ich denke an ein kleines Dorf an der Grenze zwischen Kroatien und Serbien, aus dem Dasein gebombt, die Leichen aus den Gräbern gezerrt und überall hingeworfen, und das Messbuch in der Kirche aufgeschlitzt und mit Obszönitäten besudelt. All diese Vorfälle sprechen von zwei Dingen: von dem Hass auf die Worte und von dem dunklen Wissen um ihre Macht.

Wenn ich auf meinen Reisen in England lande, um mich vom *Jetlag* zu erholen und meine Kleidung zu reinigen, lese ich zwar nichts über Maschinenpistolen, mit denen Menschen in die Zimmer anderer Menschen feuern und die Bibliotheken von Andersdenkenden zerfetzen, aber ich bekomme doch den Eindruck, dass wir in einer Kultur leben, in der wir mit Worten aufeinander schießen, ohne auf die Folgen zu achten – wie Kinder, die Cowboy und Indianer spielen, ohne daran zu denken, dass die Waffen, mit denen sie hantieren, echt sind. Es ist, als hätten wir vergessen, dass Sprechen ein moralischer Akt ist, der tiefste Verantwortung fordert. Ich musste einfach staunen über den Unterschied zwischen dem, was man über diesen feinen Menschen John Smith vor und was man nach seinem Tod über ihn gesagt hat. Waren das alles nur leere Worte? Unsere tiefe soziale Krise besteht unter anderem auch darin, dass wir das Vertrauen verloren haben, dass Worte die Dinge wirklich zeigen, wie sie sind. Wir haben Augustins Ehrfurcht verloren, mit der er sagte: „Worte sind die kostbaren Gefäße von Sinn."

Das Buch Genesis erzählt uns, es sei die Berufung Adams gewesen, alle Dinge bei ihrem Namen zu nennen. Gott hat Adam zum Helfer bei der Schöpfung gemacht. Er hat ihm einen Löwen oder ein Kaninchen gezeigt, und Adam hat ihnen ihren Namen gegeben. Er wusste, was die Dinge waren, und so half er Gott, aus dem Chaos eine sinnvolle Welt entstehen zu lassen. Seine Namen waren nicht irgendwelche beliebige, auf die Dinge geklebte Etiketten, sodass er ein Kaninchen genauso gut einen Hasen hätte nennen können, nein, sie hatten teil an der den Worten Gottes eigenen Macht, etwas ins Sein und ins Licht zu bringen. Sprechen, Worte gebrauchen – das ist eine fast göttliche Berufung. Sie gibt uns die Macht über Leben und Tod. Sie ist etwas Religiöses.

Die Gewalt in unserer Gesellschaft durchtränkt die Sprache, die wir sprechen. Der Präsident der Tschechischen Republik, Vaclav Havel, stellt die Worte Salman Rushdies den Worten Ayatollah Khomeinis gegenüber: „Worte, die die Gesellschaft durch ihre Freiheit und Wahrhaftigkeit elektrisieren, werden durch Worte neutralisiert, die hypnotisieren, verrückt machen, betören, Worte, die schädlich, ja sogar tödlich sind. Das Wort als Pfeil."[2] Und George Steiner hat geschrieben:

„In den Worten gibt es, wie in der Teilchenphysik, Materie und Antimaterie. Es gibt Konstruktion und Vernichtung. Eltern und Kinder, Männer und Frauen, die einander beim Sprechen gegenüberstehen, gehen das äußerste Risiko ein. Ein Wort kann eine menschliche Beziehung lahm legen, kann Hoffnungen zerstören. Die Messer der Sprache schneiden am tiefsten. Doch dasselbe lexikalische, syntaktische, semantische Instrument ist das Instrument der Offenbarung, der

---

[2] Zit. in: *The Independent* vom 9. Dezember 1989, 29.

Ekstase, des Wunders des Verstehens, das Gemeinschaft heißt."[3]

Eine Dominikanerin aus Taiwan erzählte von einem Mädchen, das ein Kind auf dem Rücken trug. Jemand sagte zu ihr: „Kleines Mädchen, du trägst eine schwere Last." Sie antwortete: „Ich trage keine Last, ich trage meinen Bruder." Ein Wort, das verwandelt.

Die Fürsprecher der *Political correctness* wollen etwas Richtiges, aber auf dem falschen Weg. Sie haben ganz richtig gesehen, dass es entscheidend darauf ankommt, welche Worte ich gebrauche, denn meine Worte können Dolche sein, die Menschen töten. Doch die menschliche Gesellschaft lässt sich nicht einfach dadurch heilen, dass uns der Gebrauch bestimmter Wörter verboten wird. Robert Hughes hat es so beschrieben: „Wir möchten eine Art Sprach-Lourdes schaffen, wo Böses und Unglück mit einem Eintauchen in die Wasser des Euphemismus vertrieben werden." Er zeigt auf, dass sich die Schrecken des Todes nicht durch Regelungen besiegen lassen, wie sie das *New England Journal of Medicine* vorschlägt, dass nämlich von einer Leiche als von einer „nichtlebenden Person" gesprochen werden solle. Eine dicke Leiche, sagt er, würde damit zu einer „andersgewichtigen nichtlebenden Person"! Die Leitung der Universität von San Francisco in Santa Cruz war im Irrtum, als sie meinte, man könne des Rassismus Herr werden, wenn man bestimmte Ausdrücke mit dem Bann belege, zum Beispiel: „There is a nip in the air",[*] oder: „chink in one's armour",[**] weil sie in

---

[3] *G. Steiner,* Real Presence. Is There Anything in What We Say? London 1989, 58 (deutsch vom Übers.). Deutsche Ausgabe: Von realer Gegenwart. Hat unser Sprechen Inhalt? Aus dem Englischen von J. Trobitius, München 1990.

[*] „Es ist ganz schön frisch heute." – Das Wort *nip* (Kniff) könnte als das Äquivalent des deutschen Ausdrucks *Japs* (despektierlich für Japaner) aufgefasst werden (Anm. d. Übers.).

[**] „Der schwache Punkt von jemandem". – Das Wort *chink* (Ritze, Spalt, Schlitz) könnte als das Äquivalent des deutschen Ausdrucks *Schlitzauge* (despektierlich für Chinese) aufgefasst werden (Anm. d. Übers.).

manchen Zusammenhängen rassistisch herabsetzend klingen könnten!

Wir schaffen Gemeinschaft und heilen Wunden, nicht indem wir schlimme Wörter meiden, sondern indem wir Worte gebrauchen, die Gemeinschaft stiften, die den Fremden willkommen heißen, die Distanz überwinden. Im Zentrum unserer typischen Geschichte vom Letzten Abendmahl steht ein Mensch, der Worte spricht, die eine Gemeinschaft ins Leben rufen: „Dies ist mein Leib, der für euch hingegeben wird." Und wenn die Lehre von der Realpräsenz, dass nämlich diese Worte wahr und zutiefst verwandelnd sind, vielen unserer Zeitgenossen töricht und absurd scheint, dann sicherlich deshalb, weil wir vergessen haben, wie machtvoll Worte sind. Emily Dickinson hat geschrieben:

> *„Erriete ein sterblicher Mund*
> *die verborgene Fracht*
> *eines gesprochenen Worts,*
> *er zerbräche unter ihrem Gewicht."*[*]

Die Wandlungsworte Christi erschließen, wonach jedes menschliche Sprechen verlangt: Gnade, die die Natur vollendet.

Als im finsteren Mittelalter die Mönche an die Westküste Irlands flohen, nahmen sie die Texte der Evangelien mit. Sie haben sie abgeschrieben und erneut abgeschrieben und ausgeschmückt und verehrt. Sie haben Gemeinschaften gegründet, die die Verehrung für diese heiligen Worte wach hielten. Vielleicht sind ja auch wir genau dazu aufgerufen: Gemeinschaften zu bilden, in denen diese Ehrfurcht vor der Sprache lebendig ist, vor wahren Worten, vor Worten, die Gemeinschaft stiften. Wenn die Kirche der Ort sein soll, an dem die Menschen wieder entdecken können, was Menschsein heißt, was es heißt, in unserer tiefsten Identität eins miteinander zu sein, dann müssen wir vor allem eine Gemeinschaft sein, in

---

[*] „Could mortal lip divine / The undeveloped freight / Of a delivered syllable, / 'Twould crumble at the weight."

der Worte mit Ehrfurcht und Verantwortung gebraucht werden.

Das bedeutet, dass wir eine Gemeinschaft von Menschen sein müssen, die es wagen, miteinander zu debattieren, zu argumentieren und zu dialogisieren auf der Suche nach der Wahrheit, die wir niemals zu beherrschen vermögen. So häufig ist in unserer geliebten Kirche eine Furcht vor Auseinandersetzung zu bemerken. Ich spreche nicht von Uneinigkeit. Lautstarke Uneinigkeit gibt es reichlich. Ich meine jene schwierige Auseinandersetzung mit den anderen, in der es uns um gegenseitige Erhellung geht, jene leidenschaftliche Argumentation, in der einer mit dem anderen genau deshalb ringt, weil er von ihm zu lernen hofft. In seiner *Summa theologiae* beginnt Thomas von Aquin stets mit den Einwänden seiner Gegner, nicht einfach um zu beweisen, dass sie falsch sind, sondern um herauszufinden, worin genau sie zutreffen. Wir kämpfen mit unserem Gegenüber, wie einst Jakob mit dem Engel gerungen hat, sodass auch wir verlangen dürfen, gesegnet zu werden.

Ehrfurcht vor den Worten impliziert Demut vor der Wahrheit und vor dem anderen Menschen. Die Worte, die wir in der Kirche und in der Gesellschaft machen, triefen so oft von Arroganz. Dazu noch ein letztes Zitat von Steiner:

„Wir sollten alle gegen arrogante Worte kämpfen und ein waches Auge haben auf alle tückischen Keime von Arroganz in scheinbar bescheidenen Worten. Das ist natürlich keine Aufgabe der Linguistik. Verantwortung für die Worte und gegenüber Worten ist eine zuinnerst ethische Aufgabe. Als solche jedoch ist sie jenseits des Horizonts der sichtbaren Welt angesiedelt, in jenem Reich, in dem das WORT wohnt, das im Anfang war und das nicht das Wort des Menschen ist."[4]

---

4 *G. Steiner*, Real Presence, a. a. O., 58.

Vergebung

Wenn wir uns am Sonntag versammeln, um erneut unsere Gründungserzählung zu hören, dann sind die machtvollen Worte, die wir vernehmen, Worte der Vergebung, Worte von dem Blut, das zur Vergebung der Sünden vergossen wird. Das Wort ist ein Wort, das heilt und losspricht. Doch in unserer Kultur gibt es einen starken Widerstand gegen den Begriff der Vergebung. Zum Teil rührt das, wie ich vermute, von dem Verdacht her, Leute, die immer noch von Vergebung reden, besonders die Katholiken, müssten von ungesunden Schuldgefühlen besessen sein. Bei dem Katholizismus, in dem ich aufgewachsen bin – ich habe meine Erziehung bei den Benediktinern, wirklich humanen Leuten, erhalten –, war das überhaupt nicht der Fall. Ich frage mich aber noch grundsätzlicher, ob unsere Kultur nicht faktisch deshalb so misstrauisch gegenüber der Vergebung ist, weil wir argwöhnen, diese sei möglicherweise doch nichts ganz so Gutes. Könnte es nicht sein, dass in unserer heutigen Kultur ein Glaube herrscht, außer im privatesten, persönlichsten Bereich sei Vergebung schädlich, ja sogar gefährlich? Wenn es zu viel davon gäbe, könnte die Gesellschaft auseinander fallen. Wie Butter und Schokolade und andere leckere Dinge sollte sie strikt rationiert werden! Und dennoch ist sie zentral für unseren Glauben.

Nach Dachau und Auschwitz, nach Dresden und Hiroshima kann man gegenüber einer allzu raschen Rede von Vergebung gewiss Bedenken haben. Als ob mit ihr solche Schrecken einfach vergessen werden könnten. Doch unser Zögern wurzelt vielleicht noch tiefer, und in *Jurassic Park* finden wir Anhaltspunkte dafür. Im Darwinschen Dschungel gibt es keine Vergebung. Die notwendige Folge von Schwäche und Verfehlung ist die Auslöschung. Und es ist gut, dass es so läuft; sonst gäbe es keine Evolution. Wir Menschen sind das Ergebnis eines gnadenlosen Prozesses, der zahllose Arten ausgesondert hat, weil sie sich nicht anpassen konnten, aber er führt nun einmal zu uns. Was uns Menschen hervorgebracht hat, ist eine Geschichte, die keine Vergebung kennt. In *Jurassic Park* werden die Dinosaurier vor dem Tod gerettet, und sehr schnell bemerken wir, dass das ein schwerer Fehler war. Wir hätten ihre DNA doch besser in einem Bernsteintropfen ruhen lassen sollen.

Ich kann leider keinen Sachverstand in Wirtschaftsdingen für mich in Anspruch nehmen. Wenn die Prioren früher ihre Berichte auf Englisch vortrugen, dauerte es nicht lang, und ich war verloren. Jetzt, da ich in Rom im Kloster Santa Sabina lebe und die Berichte auf Italienisch erfolgen, herrscht für mich totale Finsternis. Ich vermute, dass das Bild vom Überleben der Bestangepassten ähnlich gnadenlos in vielen zeitgenössischen ökonomischen und politischen Zusammenhängen wirkt und dass eine der Funktionen von Leitung darin besteht, jeden möglichen Schutz für schwache und schlecht angepasste Industrien zu beseitigen. Pardon soll nicht gegeben werden. Die Schwachen sollen untergehen, und Mitleid ist ein gefährliches Gefühl. Ich weiß, dass das eine starke Vereinfachung ist und dass wir an Sicherheitsnetze glauben und den Traum von der sozialen Marktwirtschaft und vom wohlwollenden Kapitalismus träumen, und doch rührt dies hier an einen tiefen Instinkt unserer heutigen Sensibilität.

Diese Gnadenlosigkeit scheint unsere Kultur tief zu durchdringen. Eine der Freuden meines Wanderdaseins – sechzig Länder seit Juli 1992 – ist, neben der Lektüre von *The Tablet**, eine englische Zeitung in die Finger zu bekommen. Sie kann ruhig ein paar Wochen alt sein, aber ich falle über sie her wie ein Verhungernder. Und doch ist es niederschmetternd, wie oft darin die Rede von Anklage und Verurteilung ist. Das herrschende Modell des Zugangs zur Wahrheit ist das des Bloßlegens, des Aufzeigens fremder Sünden. Zweifellos wird all das gesagt im Namen der Moral, der Rückbesinnung auf die Grundlagen. Doch man muss sich fragen: Was wird denn

---

* Zeitung in England, in welcher der vorliegende Artikel erstveröffentlicht wurde (Anm. d. Hrsg.).

in Wirklichkeit bloßgelegt? Was wird enthüllt und entlarvt? Ein Zugang zur Wahrheit anderer Menschen mit all ihren Tugenden und Lastern, ihrer Güte und Schlechtigkeit lässt sich einzig und allein durch geduldige Aufmerksamkeit erreichen. Man muss sehr sorgfältig hinhören und die anderen sich selbst erschließen lassen. Wahrheit schenkt sich nicht durch Bloßstellung, sondern in einem Augenblick von Offenbarung. Sie braucht Zartheit, nicht Denunziation. Das wahrheitsliebende Auge ist stets das mitleidende Auge, ja das liebende Auge, denn, wie Thomas von Aquin uns gelehrt hat, das Wahre und das Schöne sind eins. Der Journalist, der einen Knüller bringt, erinnert mich an Pompejus, der den Tempel in Jerusalem stürmt, weil er sehen will, was hinter dem Vorhang vor dem Allerheiligsten ist. Und wenn er ihn herunterreißt, ruft er: „Aber da ist ja nichts, überhaupt nichts!" Es war tatsächlich nichts da, was er sehen konnte.

Die Vergebung des Letzten Abendmahls ist nicht in erster Linie so etwas wie Vergessen. Sie garantiert uns nicht, dass unser Gott geneigt ist, über all unsere Fehler einfach hinwegzusehen. Sie ist ein zutiefst schöpferischer Akt der Heilung. Vergebung ist in unserer Tradition jener wahrhaft schöpferische Augenblick, in dem Jesus von den Toten auferstanden ist. Sie ist nichts, was uns vergessen lässt. Sie macht Erinnerung möglich. Sie ist das Mysterium des immer fruchtbaren Gottes, der, im mittelalterlichen Bild ausgedrückt, aus dem toten Holz des Kreuzes Blumen sprießen lässt und unser totes Leben neu aufblühen lassen kann. Unsere beiden Geschichten, *Jurassic Park* und das Letzte Abendmahl, unterscheiden sich am deutlichsten in ihrer Vorstellung vom Schöpferischen. In der einen werden die Menschen geschaffen in einem gnadenlosen Prozess, der die Schwachen vernichtet; in der anderen ist es ein schöpferisches Wort, das heilt und erlöst und uns ganz macht.

Die Helden von *Jurassic Park* sind die Dinosaurier. Natürlich sind sie auch die Opfer, diejenigen, die durch den Evolutionsprozess zum Untergang bestimmt sind. Und sie sind auch die passenden Helden in unserer Kultur, in der das Opfer so häufig einen Heldenstatus hat. Und Zorn und Bitterkeit der Opfer über Beleidigung, Belästigung oder Ungerechtigkeit rührt sicher oft von dem Gefühl her, dass sich der Schaden durch nichts jemals wieder gutmachen lässt, dass sie oder wir dazu verdammt sind, für immer die Wunden zu tragen, dass wir Verletzte sind. Da von der Möglichkeit einer Vergebung zu reden, würde den Schmerz trivialisieren und den Zorn nur noch verstärken. Das einzige, was zu tun bleibt, ist, den Übeltäter auszustoßen. Mit Sicherheit kann nur ein Glaube an einen überaus fruchtbaren Gott, der aus nichts alles geschaffen und Jesus aus dem Tod erweckt hat, uns den Mut verleihen, an die zu denken, die wir verletzt oder die uns verletzt haben, und auf Vergebung zu hoffen.

Beim Letzten Abendmahl ist Vergebung nicht einfach eine private Absolution, sondern die Geburt einer Gemeinschaft. Sie ist nicht einfach das Angebot persönlichen inneren Friedens, sondern des Friedens, den wir gemeinsam leben. Das konnte man in Europa sehen, wo das Sakrament der Versöhnung jenes Sakrament war, in dem die Gemeinschaft geheilt wurde; es war ein öffentliches Ereignis bis nach dem Trienter Konzil, als wir den Beichtstuhl erfanden.

Eines der bewegendsten Beispiele dieser gegenseitigen Versöhnung habe ich letztes Jahr in Burundi während der Massaker erlebt. Die Konflikte zwischen Tutsi und Hutu, die Ruanda dezimiert hatten, hatten bereits auch in Burundi begonnen. Unsere Brüder kamen aus beiden ethnischen Gruppen, und jeder von ihnen hatte Familienmitglieder verloren. Es war eine Zeit tiefen Leids für unsere Brüder. Wie konnten wir eine religiöse Gemeinschaft aufrechterhalten, in der traditionell verfeindete Menschen miteinander lebten? Das war unsere oberste Priorität. Ich durchquerte das Land zusammen mit dem Assistenten des Ordensmeisters für Afrika, einem Hutu, und dem örtlichen Superior, einem Tutsi. Wir sahen fast niemanden unterwegs, außer hin und wieder eine Bande von Bewaffneten, die nach Feinden Ausschau hielten. Wir besuchten die Flüchtlingslager und fanden die Familien unserer Brüder und Schwestern. Es war ungeheuer wichtig, dass sie, Tutsi und Hutu gemeinsam, die beiden Brüder akzeptierten. Es war die erste Geste der Versöhnung und gegenseitiger Vergebung. Und bevor ich dann die Hauptstadt Bujumbura verließ, setzten wir uns alle hin und versuchten miteinander zu reden. Es ging nicht um Worte der Denunziation und Anklage, sondern jeder hatte zuzuhören, hinzuhören auf das, was der andere durchgemacht hatte, sodass er ein Bruder bleiben konnte und kein Fremder werden musste. Es war vielleicht der außerordentlichste Augenblick der Aufmerksamkeit, den ich je erlebt habe, das Angebot eines offenen Ohrs für den, der aus einer anderen Welt zu sprechen schien. Es war ein Augenblick tiefer Stille, jener Art von Stille, die Worte begleitet, die schwer zu finden und hart zu hören sind. Vergebung ist hier nicht Amnesie, sondern das schier unmögliche Geschenk der *Communio*.

Fatalismus

Der letzte Gegensatz zwischen *Jurassic Park* und dem Letzten Abendmahl, den ich aufzeigen möchte, ist mit der Möglichkeit von Vergebung aufs Engste verknüpft. Es geht um das unterschiedliche Verständnis von Freiheit, das beide haben. *Jurassic Park* ist wie die Geschichte von Frankenstein eine Art Parabel über die Unfähigkeit unserer Wissenschaftskultur, ihre Träume von absoluter Kontrolle zu verwirklichen. Es ist eine Geschichte vom Verlust der Kontrolle, vom Fehlschlag der Freiheit. Im Buch zum Film wird das ziemlich deutlich gemacht, wenn der Kontrollraum des Parks außer Funktion gerät und deshalb alle Dinosaurier entweichen können. Einen Augenblick lang nachdenklich geworden, als das Chaos über ihm zusammenschlägt, sagt der Held: „Seit Newton und Darwin hat uns die Wissenschaft immer die Vision von totaler Kontrolle geliefert. Die Wissenschaft hat die

Macht beansprucht, aufgrund ihrer Kenntnis der Naturgesetze schließlich alles und jedes kontrollieren zu können. Aber im 20. Jahrhundert ist dieser Anspruch ein für allemal zerbrochen."[5] Am Ende bleibt unseren Helden als einzige Freiheit die Freiheit, davonzurennen, dem Durcheinander, das sie angerichtet haben, zu entkommen. (Das heißt natürlich auch, dass wir mit einem *Jurassic Park Teil II* rechnen können.) Es ist die Freiheit, nichts und niemandem zugehörig zu sein, die letzte Freiheit unseres modernen Menschseins, jenes isolierten und einsamen Daseins, für das Zugehörigkeit das Gleiche ist wie Gefangenschaft.

Wunderbare Dinge haben sich in diesen letzten Jahren ereignet, unerwartete Freiheiten sind errungen worden. Wir haben die Berliner Mauer fallen sehen, Nelson Mandela ist zum Präsidenten von Südafrika gewählt worden. Vielleicht sind wir sogar auf dem Weg zum Frieden im Nahen Osten. Doch trotz alldem werden wir manchmal von einem schlimmen Fatalismus angefochten, von einem Gefühl, dass nichts, was wir tun, die wachsende Armut, die Grausamkeit und den Tod wirklich besiegen kann. Es ist, mit Vaclav Havels Worten, „die allgemeine Unfähigkeit der modernen Menschheit, ihre eigene Situation zu meistern". Vielleicht ist dieses Gefühl des Fatalismus nicht einfach darauf zurückzuführen, dass die Wissenschaft nicht alle Antworten zu liefern vermag. In „The Culture of Contentment" behauptet der amerikanische Wirtschaftswissenschaftler John Kenneth Galbraith, dieser Fatalismus sei ein innerer Bestandteil unseres Wirtschaftssystems, das durch die Philosophie des *laissez faire* seit rund zweihundert Jahren einen tief greifenden Einfluss auf unsere Politik ausgeübt habe. Es bedeute, dass jede Einmischung in den Markt schädliche Folgen habe. Wir müssten den Markt nach seinen eigenen Prinzipien funktionieren lassen und so werde am Ende alles gut werden. „Das Wirtschaftsleben verfügt über die Fähigkeit, seine eigenen Probleme zu lösen und

[5] *M. Crichton*, Jurassic Park, 313 (deutsch vom Übers.).

letztlich für alle das Beste zu bewirken."[6] Das ist eine Philosophie, die uns auffordert, rein kurzfristig zu denken, denn, wie Keynes einst sagte: „Auf lange Sicht sind wir alle tot."

Aber genau im Angesicht des Todes, der uns über kurz oder lang bevorsteht, schenkt uns das Letzte Abendmahl Freiheit. Es bringt uns die Erinnerung an einen zum Tode verurteilten Menschen. Es ist notwendig – eines der zentralen Worte im Markusevangelium -, dass der Menschensohn ausgeliefert wird, um zu leiden und zu sterben. Es ist sein Schicksal. Und doch vollzieht er, im Angesicht der Vernichtung, in der Nacht, bevor er ausgeliefert wird, einen Akt verrückter Freiheit. Er nimmt sein Leiden und seinen Tod auf sich, er ergreift sein Schicksal und macht ein Geschenk daraus. „Dies ist mein Leib, der für euch hingegeben wird." Schicksal wird in Freiheit verwandelt. Die Art, wie das geschieht, steht in krassem Gegensatz zu dem, was in *Jurassic Park* vorgeht. Es geschieht gerade dadurch, dass Jesus es ablehnt, den Jüngern, die ihn verraten und verleugnen werden, zu entkommen. Er gibt sich selbst in ihre Hand. Er lässt sie mit ihm tun, was sie wollen. Das ist eine ganz andere Freiheit als die der Helden aus *Jurassic Park*, die in ihrem Flugzeug vor dem Chaos der tobenden Dinosaurier flüchten. Es ist die Freiheit der Zugehörigkeit. Es ist die tiefste Freiheit, die wir haben, weil wir, was immer zu denken wir versucht sein mögen, Fleisch vom Fleisch der anderen sind und nicht allein gedeihen können. Die Freiheit des Entkommens ist die Flucht vor unserem tiefsten Wesen.

Wenn Sie mich nun fragen, was das Wichtigste von dem ist, was ich in diesen zwei Jahren als Ordensmeister auf der Reise von Flughafen zu Flughafen gelernt habe, so würde ich sagen: Ich habe ein klein wenig von dem gelernt, was Freiheit der Zugehörigkeit bedeuten kann. Was ich erlebt habe, sind zahllose Menschen, Männer wie Frauen, Ordensleute, aber auch viele Laien, die es gewagt haben, diese Freiheit der

---

[6] *J. K. Galbraith*, The Culture of Contentment, London 1992, 79.

Zugehörigkeit zu ergreifen, ihr Leben wegzugeben, ihr Leben zum Geschenk zu machen. Ich habe ein bisschen mehr darüber gelernt, was es heißt, Eucharistie zu feiern.

Einmal bin ich aus Algerien zurückgekommen, wo die Brüder beschlossen haben zu bleiben, trotz Todesdrohungen von Seiten islamischer Fundamentalisten. Das ist ein Zeichen von Hoffnung und künftiger *Communio*. Für diese Brüder steht jede Eucharistiefeier im Zeichen den Todes.

Ich denke an einen Tag in Nordruanda, im Kriegsgebiet, noch vor den heutigen Schwierigkeiten und Leiden. Ich hatte ein Flüchtlingslager mit dreißigtausend Menschen besucht und gesehen, wie Frauen versuchten, ihre Kinder zu füttern, die eben die Nahrungsaufnahme eingestellt hatten, weil sie nicht weiterleben mochten. Ich hatte das von den Schwestern geleitete Hospital besucht und Station für Station Kinder und junge Leute mit ihren Gliederstümpfen gesehen. Ich erinnere mich an ein Kind, acht oder neun Jahre alt, dem man beide Beine weggeschossen hatte, und an seinen Vater, der weinend an seinem Bett saß. Wir gingen zurück zum Schwesternhaus. Es gab nichts zu sagen. Wir fanden keine Worte, nicht ein einziges. Aber wir konnten die Eucharistie feiern, wir konnten uns jenes Letzte Abendmahl in Erinnerung rufen. Es war das einzige, was wir tun konnten und was diesen Schwestern den Mut verlieh, zu bleiben und dorthin zu gehören.

Lassen Sie mich schließen mit der Frage: Wie lässt sich dieser Griff, diese Benommenheit aufbrechen, die unsere Kultur gefangen hält? Wie können wir von diesem neuen Mythos frei werden, dem zufolge wir alle bloß einsame Wesen sind, die alle in heißem Konkurrenzkampf ihr eigenes Wohl verfolgen? Wie können wir, wie Marquand gesagt hat, den *common sense* der letzten zweihundert Jahre neu definieren und entdecken, dass wir Brüder und Schwestern sind, Kinder des einen Gottes und Geschwister in Christus, die vom selben Fleisch sind und als isolierte Wesen keine wahre Befriedigung finden können?

Die tiefste Wahrheit unserer menschlichen Natur ist nicht, dass wir habgierig und egoistisch sind, sondern dass wir hungern und dürsten nach Gott und dass wir in Gott einander finden werden. Alaisdair MacIntyre empfiehlt, wir sollten das Beispiel unserer Vorfahren im Mittelalter befolgen und lokale Gemeinschaften bilden, „in denen das sittliche Leben aufrechterhalten werden könnte, sodass Sittlichkeit und Zivilisiertheit das kommende Zeitalter der Barbarei und Finsternis zu überleben vermöchten“[7]. Mit Sicherheit besteht eine Art, wie wir bezeugen können, was menschlich sein heißt, darin, dass wir uns in kleinen örtlichen Gemeinschaften versammeln und die Geschichte vom Letzten Abendmahl mit ihrem Mysterium von Freiheit und Vergebung neu in Szene setzen. In England nennen wir einige dieser kleinen Gemeinschaften Pfarreien. Weltweit haben sie ganz unterschiedliche Formen. Auf jeden Fall sollten sie Gemeinschaften sein, in denen wir in dem Wissen gestärkt werden, dass das Gute, das wir suchen, nicht unsere private Befriedigung ist, sondern das gemeinsame Gute, das Gemeinwohl. Es dürfen aber keine introvertierten Gruppen sein, die bloß ihre eigene Kameraderie feiern. Ich persönlich könnte das nicht ertragen. Worum es uns in diesen Gemeinschaften gehen sollte, ist etwas anderes: ein weiter ausgreifendes Zugehörigkeitsempfinden zu pflegen und unsere *Communio* mit allen anderen Menschen zu spüren, mit Heiligen und Sündern, mit Lebenden und Toten.

---

7 *A. MacIntyre*, After Virtue. A Study of Moral Theory, London 1981, 244.

DIALOG UND COMMUNIO

Im Folgenden möchte ich die Frage von Dialog und *Communio* aufwerfen, die in Teil III des *Instrumentum laboris** behandelt wird.

Als Ignatius von Loyola ans Krankenlager gefesselt war, verbrachte er seine Zeit damit, Abenteuergeschichten von Rittern und Entdeckern zu lesen. Aber sie schenkten ihm keine rechte Befriedigung. Da fragte er sich schließlich selbst: „Was, wenn ich täte, was die seligen Franziskus und Dominikus taten?" Und er entdeckte das wahre Abenteuer der Nachfolge Christi. Jede Berufung zum Ordensleben lässt sich auf dieses Abenteuer ein, und niemand weiß im Voraus, was es von ihm verlangen oder wohin es ihn führen wird. Sein Abenteuer kann darin bestehen, Christus auf den Straßen von Kalkutta zu entdecken, es kann das intellektuelle Abenteuer eines Thomas von Aquin oder das mystische Abenteuer eines Johannes vom Kreuz sein.

Es ist ein Abenteuer, das Mut verlangt, besonders heute, wo unsere Gelübde so sehr im Widerspruch zu den Werten unserer Gesellschaft stehen, wo lebenslanges Engagement vielen unverständlich ist und wo das Ordensleben häufig die Gefahr des Martyriums mit sich bringt. Was viele Ordensleute von dieser Synode erhoffen, ist, dass sie uns ermutigt, die Zuversicht und Kreativität unserer Gründer zu entwickeln.

Wenn wir Ordensleute dem mit ganzer Leidenschaft entsprechen, wird es zwangsläufig zu Momenten der Spannung kommen, wie das *Instrumentum laboris* eingesteht. Eine Erneuerung des Ordenslebens, ein kühnes Experiment, wird häufig als bedrohlich und suspekt angesehen. Als die Dominikaner im 13. Jahrhundert an die Universität von Paris kamen,

---

* Offizielles Arbeitspapier zur Vorbereitung auf die Bischofssynode über das Ordensleben, die im November 1994 in Rom abgehalten wurde (Anm. d. Hrsg.).

mussten Truppen gerufen werden, um sie vor dem Diözesanklerus zu schützen! Eine der Herausforderungen an diese Synode lautet: herauszufinden, wie wir diese Augenblicke der Spannung fruchtbar leben können, nämlich als Teil unseres Weges zum Gottesreich, als Aufbau des Leibes Christi und nicht als seine Zerstörung. Vor allem müssen wir in der Kirche das Klima des gegenseitigen Vertrauens stärken.

Das *Instrumentum laboris* fordert uns auf, den Momenten der Spannung durch den Dialog zu begegnen: „Zuweilen treten (…) Schwierigkeiten auf. Sie müssen in der Suche nach allen geeigneten Mitteln für einen aufrichtigen Dialog in der Liebe zueinander überwunden werden, indem man immer das Wohl der Kirche anstrebt" (72). Das Kennzeichen wahrer Liebe ist, dass sie uns von Furcht heilt, denn „die vollkommene Liebe vertreibt die Furcht" (1 Joh 4,18). Furcht zersetzt jede *Communio*. Allzu oft sind wir in der Kirche ängstlich, bang vor Auseinandersetzung. Es gibt keinen Grund zur Furcht. Seit den Pfingsttagen sind Spannungen der Kirche vertraut. Die Gemeinde von Jerusalem, die „ein Herz und eine Seele" war (Apg 4,32), rang doch um die Verteilung von Geld und um die richtige Interpretation des Gesetzesgehorsams. Das Mysterium unserer *Communio* im Geist, dessen sichtbares Zeichen die Hierarchie ist, bedeutet keine fugenlose Einhelligkeit. Debatten und Argumente sind das Kennzeichen einer Kirche, die immerfort vom Geist erneuert wird. Eine perfekte Einmütigkeit wäre dagegen das Zeichen tödlicher Unbeweglichkeit.

Gaudium et spes spricht davon, dass die Kirche eine Sendung zum Dialog hat, die, „bei Anerkennung aller rechtmäßigen Verschiedenheit, gegenseitige Hochachtung, Ehrfurcht und Eintracht" verlangt (92). Der Dialog ist fruchtbar, wenn er das Bemühen ist, vom anderen zu lernen. Die mittelalterliche *disputatio*, wie sie der hl. Thomas praktizierte, basierte auf der Annahme, dass der jeweilige Opponent in einem gewissen Sinn immer auch Recht hatte. Es ist leicht, die Fehler anderer Leute zu identifizieren. Haben wir aber auch den

Mut, zu hören, was sie uns lehren können? Das Ringen des Dialogs ist wie der Kampf Jakobs mit dem Engel: Man geht daraus verwundet und gesegnet hervor. Das verlangt Verletzlichkeit von uns. In vielen Ordensgemeinschaften gibt es die Praxis des Kapitels, in dem man den gegenseitigen Gehorsam des Hinhörens auf den Bruder oder die Schwester lernt. Auch wenn dies nur ein Modell von Gehorsam ist, das sich in einem spezifischen Kontext entwickelt hat, stellt es doch eine reiche Tradition dar, die der Kirche viel zu bieten hat.

Vor allem aber können wir diese schwierigen Augenblicke der Erkenntnis nur dann fruchtbar durchleben, wenn wir eine tiefe Demut unser eigen nennen. Wir sind berufen, uns selbst ganz und gar jenem Absoluten hinzugeben, der Gott ist, der aber jenseits aller Worte ist und über dessen Wahrheit wir niemals herrschen. Daher sollte jede Debatte und jede Argumentation in der Kirche durch eine tiefe Demut vor dem Geheimnis Gottes und unserer Erlösung gekennzeichnet sein, durch das, was Johannes vom Kreuz die „Leere des Glaubens" nennt.

Überall in der Welt können wir heute die Krise der Machtlosigkeit beobachten. Zwei Drittel der Menschheit leben in politischen und wirtschaftlichen Situationen, in denen sie nicht selbst über ihr Leben bestimmen können und sich zu einer schrecklichen Passivität verurteilt fühlen. Gerade Frauen fühlen sich häufig sprachlos und schwach. Selbst in den reichen Ländern ist das Leben der meisten Menschen dem allmächtigen Markt unterworfen. Die große Versuchung unserer Zeit ist Passivität, Fatalismus.

Doch Petrus sagt zu dem Krüppel im Tempel: „Im Namen Jesu Christi (…), geh umher!" (Apg 3,6). Petrus ist derjenige, der berufen ist, seine Brüder zu stärken. Die Kirche ist aufgefordert, das Pfingstmysterium als eine Gemeinschaft zu leben, in der dieser Fatalismus bestritten wird, in der jedes Kind Gottes ermächtigt sein sollte, mehr zu tun, als wir je für möglich hielten. Wie der Heilige Vater, an die Ordensleute von England und Wales gewandt, sagte, sind unsere Gelübde eine „Befreiung von den Zwängen der Konsumgesellschaft“[1]. Der Heilige Geist ist, wie Paulus sagt, „nicht ein Geist der Verzagtheit“ (2 Tim 1,7) und sollte uns allen Zuversicht einhauchen. Mögen wir Ordensleute den Mut haben, wie Franziskus und Dominikus und Teresa vor uns aufzubrechen zur Nachfolge Christi, Neues zu wagen und unser Leben einzusetzen.

---

[1] *Johannes Paul II*, Ansprache bei der Begegnung mit den Ordensleuten im Digby-Stuart-College in London, 29. Mai 1982, Nr. 7.

DIE QUELLE DER HOFFNUNG

Studium und Verkündigung der Guten Nachricht

Als der hl. Dominikus in Lebensgefahr durch den Süden Frankreichs wanderte, sang er fröhlich vor sich hin. „Er schien immer glücklich und fröhlich zu sein, ausgenommen, wenn er Mitleid verspürte für irgendwelche Schwierigkeiten, die seinen Nächsten betrafen.“[1] Und diese Freude des Dominikus ist untrennbar verbunden mit unserer Berufung, Prediger der Guten Nachricht zu sein. Wir sind aufgefordert, Rechenschaft abzulegen von der Hoffnung, die wir in uns tragen (vgl. 1 Petr 3,15). Heutzutage, in einer von Leiden, Gewalt und Armut gekreuzigten Welt, ist unsere Berufung schwerer und notwendiger denn je. Überall in der Welt herrscht eine Krise der Hoffnung.

Wie können wir als Menschen unserer Zeit die Freude des Dominikus leben und die Krisen unserer Völker sowie die Stärken und Schwächen unserer Kultur teilen? Wie können wir eine tiefe Hoffnung hegen, die in dem unerschütterlichen Versprechen Gottes von Leben und Glück für seine Kinder begründet ist? Meine Überzeugung, die ich in diesem Schreiben an den Orden sondieren möchte, ist, dass ein Leben des Studiums einer der Wege ist, auf dem wir in der Liebe wachsen, die „alles erträgt, alles glaubt, alles hofft, allem standhält“ (1 Kor 13,7).

Es ist an der Zeit, das Liebesverhältnis zwischen Orden und Studium zu erneuern. Ein Anfang ist gemacht. Überall in der Welt erlebe ich die Eröffnung neuer Zentren für Studien und theologische Reflexion, in Kiew, Ibadan, São Paolo, Santo Domingo oder Warschau, um nur einige zu nennen. Diese sollten nicht nur eine intellektuelle Bildung vermitteln.

---

[1] *Cecilia,* Miracula B. Dominici 15, in: *Archivum Fratrum Praedicatorum* 37, Rom 1967, 5 ff.

Das Studium ist ein Weg zur Heiligkeit, der unsere Herzen und Sinne für jeden öffnet und uns zu denen macht, die zuversichtlich das Kommen des Reiches verkünden.

Die Verkündigung

Das Studium selbst ist ein Akt der Hoffnung, da es unserer Zuversicht Ausdruck verleiht, dass unser Leben und die Leiden der Völker einen Sinn haben. Und dieser Sinn kommt zu uns als ein Geschenk, ein Wort der Hoffnung, das Leben verheißt. In der Geschichte unserer Erlösung gibt es einen Augenblick, in dem eindringlich klar gemacht wird, was es bedeutet, dieses Geschenk der Guten Nachricht zu erhalten; es ist die Verkündigung an Maria. Diese Begegnung, dieses Gespräch ist ein mächtiges Symbol dafür, was es bedeutet, ein Student zu sein. Ich werde es benutzen als Leitmotiv für unsere Reflexion darüber, wie das Studium unsere Hoffnung begründet.

Vor allen Dingen ist es ein Augenblick der Aufmerksamkeit. Maria horcht auf die Gute Nachricht, die ihr verkündet wird. Dies ist der Beginn all unserer Studien: Aufmerksamkeit gegenüber dem in der Heiligen Schrift verkündeten Wort der Hoffnung. „Mündlich und schriftlich ermahnte Bruder Dominikus die Brüder, unablässig das Neue und das Alte Testament zu studieren.“[2] Wir lernen, dem Einen zuzuhören, der da sagt: „Freu dich, du Unfruchtbare, die nie gebar, du, die nie in Wehen lag, brich in Jubel aus und jauchze!“ (Jes 54,1). Vermitteln unsere Studien uns die eiserne Disziplin zu lernen, die Gute Nachricht zu hören?

An zweiter Stelle ist es ein Augenblick der Fruchtbarkeit. Da ist sie nun, dargestellt von Fra Angelico, mit dem Buch auf ihren Knien, aufmerksam, wartend, hörend. Als Frucht ihrer Aufmerksamkeit trägt sie ein Kind, das Fleisch gewordene Wort. Ihr Zuhören setzt ihre ganze schöpferische Kraft,

---

[2] Verfahren zur Heiligsprechung, Nr. 29.

ihre weibliche Fruchtbarkeit frei. Unser Studium, die Aufmerksamkeit gegenüber dem Wort Gottes, sollte die Quellen unserer Fruchtbarkeit freisetzen, Christus in unsere Welt zu tragen.

Mitten in einer Welt, die oft verloren und unfruchtbar zu sein scheint, lassen wir die Geburt Christi durch ein Wunder schöpferischer Kraft geschehen. Wann immer das Wort Gottes gehört wird, spricht es nicht nur von Hoffnung, sondern von einer Hoffnung, die Fleisch und Blut wird in unserem Leben und in unseren Worten. Yves Congar zitierte gerne Charles Péguys Worte: „Nicht die Wahrheit, sondern die Realität (…) Das heißt die historische Wahrheit mit ihrem konkreten Zustand in der Zukunft, in der Zeit." Dies ist der Prüfstein unserer Studien: Wird dadurch Christus wiedergeboren? Sind unsere Studien Augenblicke echter schöpferischer Tätigkeit, von Inkarnation? Studienhäuser sollten wie Entbindungsstationen sein!

Drittens: In einem Augenblick, in dem Gottes Volk verlassen und ohne Hoffnung zu sein scheint, schenkt Gott seinem Volk eine Zukunft, zeigt ihm den Weg zum Reich. Die Verkündigung hat die Art und Weise, wie Gottes Volk seine Geschichte verstehen konnte, grundlegend verändert. Anstatt in Knechtschaft und Verzweiflung zu führen, eröffnet sie einen Weg ins Reich Gottes. Bereiten unsere Studien den Weg für das Kommen von Christus? Verwandeln sie unsere Wahrnehmung der Geschichte der Menschheit so, dass wir diese nicht vom Gesichtspunkt des Siegers aus verstehen, sondern aus der Sicht der Kleinen und Unterdrückten, die Gott nicht vergessen hat und die Er schützen wird?

Zuhören lernen

„Der Engel trat bei ihr ein und sagte: Sei gegrüßt, du Begnadete, der Herr ist mit dir. Sie erschrak über die Anrede und überlegte, was dieser Gruß zu bedeuten habe" (Lk 1,28-29).

Maria hört diese Worte des Engels, die Gute Nachricht von unserer Erlösung. Das steht am Anfang eines jeden Studiums. Beim Studium geht es nicht darum zu lernen, wie man clever ist, sondern darum zu lernen, wie man zuhört. Simone Weil hat einmal an P. Perrin OP geschrieben, „die Entwicklung der Fähigkeit zur Aufmerksamkeit [bilde] den wahren Gegenstand und nahezu das einzige Interesse am Studium“[3]. Diese Aufnahmefähigkeit, diese Öffnung des Ohrs, die alle Studien kennzeichnet, ist letztendlich tief mit dem Beten verbunden. Beide verlangen von uns, still zu sein und darauf zu warten, dass Gottes Wort zu uns dringt. Beide verlangen von uns eine Leere, damit wir von unserem Herrn das erwarten, was Er uns gibt. Denken wir an das Bild des Fra Angelico von Dominikus, das ihn lesend am Fuß des Kreuzes zeigt. Studiert oder betet er? Aber ist das überhaupt eine Frage von Belang? Echtes Studieren macht Bettelbrüder aus uns. Wir machen die erregende Entdeckung, dass wir nicht wissen, was dieser Text bedeutet, dass wir unwissend und bedürftig geworden sind, und so warten wir mit kluger Aufnahmebereitschaft auf das, was uns geschenkt wird.

Die *École Biblique* in Jerusalem war für ihren Gründer M. J. Lagrange OP, den großen Exegeten aus dem Dominikanerorden, ein Zentrum biblischer Studien, weil sie ein Haus des Gebetes war. Der Lebensrhythmus der Gemeinschaft war eine Bewegung zwischen Zelle und Chor. Er schrieb: „Ich höre so gerne, wenn der Diakon am Ambo das Evangelium singt, mitten in den Wolken aus Weihrauch: Die Worte durchdringen meine Seele um so tiefer, wenn ich ihnen in einem Satz wieder begegne.“[4]

Unsere Klöster sollten eine wichtige Rolle im Studienleben unseres Ordens spielen, als Oasen der Ruhe und Orte aufmerksamer Betrachtung. Das Studium in unseren Klöstern ist Teil der Askese des dominikanischen Klosterlebens. Dies

---

[3] *S. Weil*, Attente de Dieu, Paris 1950, 71.

[4] Zit. nach *B. Montagne*, Le Père Lagrange, Paris 1995, 57.

kann nicht nur den Brüdern vorbehalten bleiben. Jeder Nonne steht eine solide intellektuelle Bildung als Teil ihres Ordenslebens zu. In den Konstitutionen der Nonnen heißt es: „Den ersten Nonnen empfahl der selige Dominikus ein gewisses Studium als glaubwürdige Einhaltung der Ordensregeln. Nicht nur fördert es die Kontemplation, sondern es räumt die Hindernisse weg, die durch Unwissenheit entstehen, und führt zu einer praktischen Urteilsbildung" (LMO 100 II).

Maria hörte auf die Verheißung, die der Engel ihr gab, und sie wurde schwanger mit dem Wort des Lebens. Das scheint so einfach. Was brauchen wir noch mehr, als uns dem in der Heiligen Schrift gesprochenen Wort Gottes zu öffnen? Warum sind so viele Studienjahre erforderlich, um Prediger der Guten Nachricht heranzubilden? Warum müssen wir Philosophie studieren, dicke und schwierige Bücher der Theologie lesen, wenn wir doch Gottes eigenes Wort haben? Ist es nicht ganz einfach, Rechenschaft zu geben über die Hoffnung, die in uns ist? Gott ist Liebe, und Liebe hat den Tod besiegt. Was gibt es da noch zu sagen? Begehen wir keinen Verrat an dieser Klarheit durch unsere komplizierten Diskussionen?

Aber so einfach war es nicht für Maria. Die Geschichte beginnt mit ihrer Verwirrung. „Sie erschrak über die Anrede und überlegte, was dieser Gruß zu bedeuten habe." Zuhören beginnt dann, wenn wir es wagen, uns irritieren und beunruhigen zu lassen. Die Geschichte nimmt ihren Fortgang mit Marias Frage an den Boten. „Wie soll das geschehen, da ich keinen Mann erkenne?" (Lk 1,34)

Das Vertrauen zum Studium

Vom hl. Albert dem Großen wird folgende Geschichte erzählt: Er saß einmal beim Studium in seiner Zelle. Da erschien ihm der Teufel in Gestalt eines seiner Mitbrüder und versuchte ihn davon zu überzeugen, dass er mit dem Studium weltlicher Wissenschaften seine Zeit und Kraft vergeudete.

Dies sei seiner Gesundheit nicht zuträglich. Albert schlug das Kreuzzeichen, und die Erscheinung verschwand.[5] Leider sind die Brüder nicht immer so leicht zu überzeugen! Alle Wissenszweige – Literatur, Poesie, Geschichte, Philosophie, Psychologie, Soziologie, Physik etc. –, die versuchen, unserer Welt einen Sinn zu geben, sind unsere Verbündeten in unserer Suche nach Gott. „Es muss möglich sein, Gott in der Kompliziertheit menschlicher Erfahrungen zu finden."[6] Unsere Welt mit all ihrem Schmerz und Leid ist letzten Endes die Frucht „jener göttlichen Liebe, die erstmals all die schönen Dinge bewegte"[7]. Die Hoffnung, die uns zu Predigern der Guten Nachricht macht, ist kein vager Optimismus, keine herzliche Fröhlichkeit, kein Pfeifen in der Dunkelheit. Sie ist der Glaube daran, dass wir letztlich in unserem Leben einen Sinn entdecken können, einen Sinn, der ihm nicht aufgedrückt wird, sondern da ist und darauf wartet, entdeckt zu werden.

Daraus folgt, dass das Studium vor allen Dingen ein Vergnügen sein sollte, das schiere Entzücken, herauszufinden, dass Dinge trotz aller gegenteiligen Beweise sinnvoll sind, ob es unser eigenes Leben ist, die Geschichte der Menschheit oder der Teil der Heiligen Schrift, mit dem wir den ganzen Morgen gerungen haben. Unsere Studienzentren sind Schulen der Freude, weil sie auf dem Glauben beruhen, dass es möglich ist, zu einem gewissen Verständnis unserer Welt und unseres Lebens zu gelangen.

Die Geschichte des Menschen ist nicht der sinnlose und endlose Konflikt von *Jurassic Park* um das Überleben des Tüchtigsten. Diese Schöpfung, in der wir leben und von der wir ein Teil sind, ist nicht zufällig entstanden. Vielmehr ist sie die Tat der Weisheit, die vor Gottes Thron tanzte. Sie ist das Werk Christi: „Alles ist durch ihn und auf ihn hin geschaffen. Er ist vor aller Schöpfung, in ihm hat alles Bestand" (Kol 1,16 f.).

---

5 Thomas von Chantrimpé.

6 *C. Ernst*, Multiple Echo, hrsg. von F. Kerr und T. Radcliffe, London 1979, 1.

7 *Dante*, Inferno, Canto I, 40.

Die Weisheit tanzt vor dem Throne Gottes, während sie die Welt schafft. Das Ziel aller Studien ist, an ihrem Vergnügen teilzuhaben. Im April 1942 schrieb Simone Weil an P. Perrin OP: „Nur das Verlangen vermag die Intelligenz zu leiten. Damit Verlangen sein kann, müssen Vergnügen und Freude sein. Für das Studium ist die Freude am Lernen genauso unerlässlich wie das Atmen für das Laufen."[8] Die Konstitutionen sprechen von unserer *propensio* zur Wahrheit (LCO 77), einer natürlichen Neigung des menschlichen Herzens. Studieren sollte einfach Teil der Freude sein, mit voller Kraft am Leben teilzunehmen. Die Wahrheit ist die Luft, die wir einatmen dürfen.

Herrlich ist diese Vorstellung. Geben wir aber unumwunden zu, dass sie weit entfernt ist von der Erfahrung, die viele von uns machen. Für einige Dominikaner, Brüder wie Schwestern, waren die Studienjahre alles andere als eine Zeit, in der sie die Hoffnung lernten, vielmehr eine Zeit der Verzweiflung. Wie oft habe ich Studenten erlebt, die sich mit Büchern herumschlugen, die ihnen reizlos und weit entfernt von ihren Erfahrungen zu sein schienen, die sich danach sehnten, dass nur endlich alles vorbei wäre, damit sie sich dem Predigen zuwenden könnten, die schworen, wenn sie erst einmal ihrem Studium entronnen wären, würden sie nie wieder ein Theologiebuch aufschlagen. Schlimmer noch als die Trockenheit ist für einige die demütigende Erfahrung, dass sie sich ohne Erfolg mit hebräischen Verben herumschlagen, dass sie es nie schaffen, den Unterschied zwischen Arianern und Apollinaristen zu begreifen, und dass sie schließlich auch noch an der deutschen Philosophie scheitern!

Warum fällt einigen von uns das Studieren so schwer? Zum Teil liegt es daran, dass wir von einer Kultur gezeichnet sind, die das Vertrauen verloren hat, das Studium als eine lohnende Tätigkeit anzusehen, und die bezweifelt, dass uns eine Diskussion die ersehnte Wahrheit bringen könnte. Dass das

[8] *S. Weil*, Attente de Dieu, a. a. O., 71.

20. Jahrhundert so sehr durch Gewalt charakterisiert ist, ist sicherlich teilweise darin begründet, dass es das Vertrauen in unsere Fähigkeit verloren hat, gemeinsam die Wahrheit zu erreichen. Gewalt ist die letzte Zuflucht in einer Kultur, die kein Vertrauen in die gemeinsame Suche nach Wahrheit mehr hat. Dachau, Hiroshima, Ruanda oder Bosnien sind Symbole für den Zusammenbruch des Glaubens an die Möglichkeit, durch Dialog ein gemeinsames Haus der Menschheit zu errichten. Dieses mangelnde Vertrauen kann zwei Erscheinungsformen annehmen: einen Relativismus, der daran zweifelt, jemals zur Wahrheit zu gelangen, und einen Fundamentalismus, der behauptet, dass man bereits die volle Wahrheit besitze.

Angesichts der Verzweiflung in Gestalt des Relativismus feiern wir die öffentliche Verkündigung, damit die Wahrheit bekannt wird und in der Tat als ein Geschenk zu uns gekommen ist. Mit dem hl. Paulus können wir sagen: „Denn ich habe vom Herrn empfangen, was ich euch dann überliefert habe" (1 Kor 11,23). Studieren ist eine eucharistische Handlung. Wir öffnen unsere Hände zum Empfang der Geschenke der an Wissen so reichen Tradition. Die Kultur des Westens ist von einem tiefen Misstrauen gegenüber allem Lehren gekennzeichnet, da dieses mit Indoktrination und Bigotterie gleichgesetzt wird. Die einzig gültige Wahrheit ist diejenige, die man selbst entdeckt hat oder die auf den eigenen Gefühlen beruht. „Es ist dann o. k., wenn mein Gefühl mir sagt, dass es für mich richtig ist." Die Lehre soll uns aber befreien aus den engen Grenzen unserer Erfahrung und unserer Vorurteile und uns die weit geöffneten Räume einer Wahrheit erschließen, die niemand beherrschen kann. Ich kann mich für meine Zeit als Student an die schwindelerregende Aufregung erinnern, als ich entdeckte, dass das Konzil von Chalcedon nicht das Ende unserer Suche nach dem Verständnis des Mysteriums Christi war, sondern ein neuer Anfang, durch den all die winzigen zusammenhängenden Lösungen hinweggefegt wurden, in die wir ihn einzupferchen versucht hatten. Doktrinen sollten uns nicht indoktrinieren, sondern uns zur Fortsetzung unserer Reise befreien.

Es gibt aber auch die steigende Flut des Fundamentalismus, der einer tiefen Furcht vor dem Denken entstammt und der „die falsche Sicherheit eines Glaubens ohne Zweideutigkeiten" anbietet (Act. Cap. Gen. OP Oakland 1989, Nr. 109). Innerhalb der Kirche zeigt sich dieser Fundamentalismus in der gedankenlosen Wiederholung überlieferter Worte, einer Weigerung, an der niemals endenden Suche nach Verstehen teilzunehmen, einer Intoleranz gegenüber allen, für die Tradition nicht nur eine Offenbarung, sondern auch eine Einladung bedeutet, sich dem Mysterium zu nähern.

Dieser Fundamentalismus mag den Eindruck vermitteln, er stehe in felsenfester Treue zur Rechtgläubigkeit, er widerspricht aber einem fundamentalen Grundsatz unseres Glaubens, der besagt, dass wir, wenn wir streiten und diskutieren, unseren Schöpfer und Erlöser ehren, der uns Verstand gab, um zu denken und uns Ihm zu nähern. Niemals werden wir eine gute Theologie treiben können, wenn wir nicht über die Demut und den Mut verfügen, den Argumenten derer zuzuhören, mit denen wir nicht übereinstimmen, und sie ernst zu nehmen. Wie es beim hl. Thomas heißt: „Da niemand einen Fall beurteilen kann, solange er nicht die Gründe beider Seiten hört, so ist derjenige, der sich Philosophie anhören muss, besser im Stande, ein Urteil zu fällen, wenn er sich alle Gründe beider Seiten anhört."[9] Wir müssen jene Gewissheiten preisgeben, die unbequeme Wahrheiten mit dem Bann belegen, wir müssen beide Seiten eines Argumentes sehen und die Fragen stellen, die uns in Furcht versetzen könnten. Der hl. Thomas war ein Mann der Fragen, der lernte, jede Frage ernst zu nehmen, egal wie töricht sie scheinen mochte.

Unsere Studienzentren sind Schulen der Hoffnung. Kommen wir zum Studieren zusammen, so ist unsere Gemeinschaft eine „heilige Predigt". In einer Welt, die das Vertrauen

---

[9] Metaph III lect. 3.

in den Wert der Vernunft verloren hat, legt sie Zeugnis ab für die Möglichkeit einer gemeinsamen Suche nach der Wahrheit. Es kann sich dabei um ein Universitätsseminar handeln, das über einen Fall aus der bio-medizinischen Ethik streitet, oder um eine Gruppe pastoraler Vertreter in Lateinamerika beim gemeinsamen Studium der Bibel. Hier sollten wir lernen, Vertrauen füreinander zu haben als Partner im Dialog, als Kameraden im Abenteuer. Demütigung darf keinen Platz im Studium finden, wenn wir uns gegenseitig Mut machen sollen für die Reise. Keiner kann lehren, sofern er nicht von innen heraus die Panik versteht, die einen anderen beim Aufschlagen eines neuen Buches oder beim Ringen mit einer neuen Idee befallen kann. Der Lehrer ist nicht dazu da, die Köpfe der Schüler mit Fakten zu füllen, sondern sie zu stärken in ihrer tiefen menschlichen Neigung zur Wahrheit und sie in dieser Suche zu begleiten. Wir müssen lernen, mit unseren eigenen Augen zu sehen und auf unseren Füßen zu stehen. Als P. Lagrange OP an der *École Biblique* lehrte, pflegte er seinen Schülern zu sagen: „Hören Sie, Sie werden nicht sagen: Pater Lagrange hat dies oder das gesagt, denn Sie werden es selbst gesehen haben."[10] Vor allem aber sollte ein Lehrer den Studenten ermutigen, Fehler zu machen, ruhig etwas falsch zu machen. Meister Eckhart hat gesagt: „Selten findet man, dass Menschen etwas Gutes erreichen, sofern sie sich nicht erst einmal geirrt haben." Kein Kind wird jemals das Gehen erlernen, sofern es nicht mehrmals auf die Nase gefallen ist. Ein Kind, das sich fürchtet, wird niemals aufrecht gehen!

Das Zerbrechen von Götzenbildern

In den Anfängen konzentrierte sich das Studium der Brüder im Wesentlichen auf die Heilige Schrift als Vorbereitung auf

---

[10] Zit. nach *B. Montagne*, Le Père Lagrange, a. a. O., 54.

das pastorale Wirken, vor allem auf das Sakrament der Buße. Die ersten theologischen Arbeiten des Ordens waren Beichtmanuale. Als aber der hl. Thomas im Konvent Santa Sabina zu Rom diese Anfänger in Theologie unterrichtete, wurde ihm klar, dass unser Predigen nur dann der Rettung von Seelen dienlich sein könne, wenn die Brüder eine umfassende theologische und philosophische Ausbildung erhielten. Dies aus zwei Gründen.

Erstens verlangen gerade die einfachsten Fragen das umfassendste Nachdenken: Sind wir frei? Wie können wir Gott um Dinge bitten? Zweitens, weil nach der biblischen Tradition nicht so sehr der Atheismus, sondern die Götzenanbetung zwischen uns und einer wirklichen Gottesverehrung steht. Menschen neigen dazu, sich falsche Götter zu schaffen und sie dann anzubeten. Der Exodus aus dieser Götzenanbetung verlangt eine beschwerliche Reise von uns, was unsere Art zu leben und zu denken angeht. Es reicht nicht aus, einfach nur dazusitzen und dem Wort Gottes zu lauschen. Wir müssen die Macht brechen, die jene falschen Bilder von Gott über uns haben, und unsere Ohren verstopfen.

Sein ganzes Leben hindurch bewegte den hl. Thomas die Frage: Was ist Gott? Nach Meinung von Herbert McCabe OP lag seine Heiligkeit genau darin, dass er sich von dieser Frage bezwingen ließ. Im Mittelpunkt der Lehre des Aquinaten steht dieses radikale Nichtwissen, denn wir sind mit Gott verbunden „als mit einem, der sozusagen unbekannt ist“[11]. Wir müssen von einem Gottesbild frei werden, das ihn als ein sehr mächtiges und unsichtbares Wesen zeigt, das die Ereignisse unseres Lebens manipuliert. Ein derartiger Gott wäre letztlich ein Tyrann und ein Rivale der Menschheit, gegen den wir uns auflehnen müssten. Stattdessen müssen wir Gott als die unaussprechliche Quelle meines Seins, das Herzstück meiner

[11] S.th. I q. 13 a. 8 ad 1. Vgl. Act. Cap. Gen. OP Caleruega 1995, Nr. 32. Dieser Text verursachte eine der lebhaftesten Debatten beim Kapitel. Es tat gut, die Brüder zu erleben, wie sie über Theologie miteinander debattierten!

Freiheit erkennen. Verlieren müssen wir Gott, um Ihn zu entdecken; mit den Worten des hl. Augustinus: „Innerlicher mir, als ich mir selbst bin.“[12]

Theologie zu dozieren ist also nicht nur die Vermittlung von Information, sondern die Begleitung von Studenten, wenn sie dem Verlust Gottes, dem Verschwinden einer vertrauten und geliebten Person ins Auge schauen, um Gott als Quelle aller Dinge zu entdecken, der sich uns durch seinen Sohn geschenkt hat. Dann dürfen wir in der Tat sagen: „Selig sind die Trauernden, denn sie sollen getröstet werden.“ McCabe schreibt: „Eine der besonderen Freuden des Lehrens in unserem Studium ist es, auf den Augenblick zu achten, den jeder Student früher oder später erlebt – man könnte ihn den Zeitpunkt der Bekehrung nennen –, wenn er erkennt, dass (...) Gott nicht weniger als die Quelle aller meiner freiwilligen Handlungen und der Grund ist, warum sie meine eigenen sind.“[13] Die intellektuelle Disziplin unseres Studiums hat diesen höchsten Zweck, nämlich uns zu diesem Augenblick der Bekehrung hinzuführen, in dem unsere falschen Bilder von Gott vernichtet werden, damit wir uns dem Mysterium nähern können. Doch Denken allein ist nicht genug. Dominikanische Theologie nahm ihren Anfang, als Dominikus von seinem Pferd stieg und ein armer Prediger wurde. Die intellektuelle Armut eines Thomas vor dem Mysterium Gott ist nicht zu trennen von seiner Wahl eines Ordens armer Prediger. Ein Theologe muss ein Bettler sein, der weiß, wie man die frei gewährten Geschenke des Herrn bekommt.

Von uns, die dem Wort lauschen, ist gefordert, dass wir uns von den falschen Ideologien unserer Zeit befreien. Wer sind unsere falschen Götter? Sicherlich gehört dazu die Anbetung des Staates, auf dessen Altären in diesem Jahrhundert Millionen Unschuldiger geopfert wurden; die Verehrung des Marktes; das Streben nach Reichtum. Oft habe ich über die Gefah-

---

[12] Confessiones III 6.

[13] *H. McCabe*, God Matters, London 1987, 241.

ren des Mythos des Konsumismus geschrieben. Unsere ganze Welt wird von einer Mythologie verführt, die da sagt, dass aber auch alles gekauft und verkauft werden kann. Alles ist in Waren verwandelt worden, alles hat seinen Preis. Die Welt der Natur, die Fruchtbarkeit der Böden, die zerbrechliche Ökologie der Wälder, all das wird zum Verkauf angeboten. Selbst wir, Söhne und Töchter des Allerhöchsten, sollen auf dem Arbeitsmarkt gekauft und verkauft werden. Ganze Gemeinschaften wurden durch die industrielle Revolution entwurzelt, von ihrem Grund und Boden verjagt, in den neuen Städten versklavt. Diese massenhafte Migration ist auch heute noch im Gange. Das brennendste und skandalöseste Beispiel war die Versklavung unserer Brüder und Schwestern aus Afrika, die man in vermarktbare Ware für Gewinn und Export verwandelte. Wie es im Kapitel von Caleruega heißt: „Männer und Frauen dürfen nicht als Ware behandelt werden, noch dürfen ihr Leben und ihre Arbeit, ihre Kultur und ihre Chancen zum Gedeihen in der Gesellschaft als veräußerbare Gegenstände im Spiel von Gewinn und Verlust betrachtet werden“ (Act. Cap. Gen. OP Caleruega 1995, Nr. 20,5).

Unsere Studienzentren sollten Orte sein, an denen wir von dieser reduktionistischen Sicht der Welt befreit werden, wo wir wieder lernen, in Dankbarkeit über die guten Gaben Gottes zu staunen. Durch das Studium, in dem Versuch, die Dinge und uns zu verstehen, gewinnen wir wieder einen neuen Sinn für das Staunen über das Wunder der Schöpfung. Simon Tugwell OP schreibt dazu: „Wenn wir den Dingen auf den Grund gehen, mit unseren Sinnen an ihr wahres Wesen rühren, stellen wir fest, dass Gottes schöpferisches Werk ein unerforschliches Geheimnis bleibt (...). Wirklich etwas zu wissen, bedeutet, dass wir kopfüber in ein Staunen gestürzt werden, das weit über bloße Neugier hinausgeht.“[14] In der Tat: Die Wahrheit macht uns frei. Diese intellektuelle Befreiung geht Hand in Hand mit der realen Freiheit in Armut. Wie Domini-

[14] *S. Tugwell*, Reflexions on the Beatitudes, London 1979, 100.

kus und Thomas müssen wir Bettler werden, um Gottes gute Gaben zu empfangen. Das Gelübde der Armut und die Nähe zu den Armen sind die richtige dominikanische Umgebung für das Studium.

Bei unserem Bemühen, uns von der falschen Weltwahrnehmung zu befreien, ist es eine echte Hilfe, dass wir wirklich ein weltweiter Orden sind. Viele Kulturen teilen nicht jene Sicht der Wirklichkeit, die auf Herrschen und Beherrschen beruht. Unsere Brüder und Schwestern aus Afrika können uns zu einer Theologie verhelfen, die mehr auf Gegenseitigkeit und Harmonie beruht. Die religiösen Traditionen Asiens können uns zu einer kontemplativen Theologie verhelfen. In diesen anderen Kulturen sollten wir nicht einfach nur so präsent sein, dass wir das Evangelium inkulturieren, sondern auch so, dass sie uns helfen, das Geheimnis der Schöpfung und Gottes, des Gebers aller guten Dinge, zu verstehen.

Die Geburt der Gemeinschaft

„Da sagte der Engel zu ihr: Fürchte dich nicht, Maria; denn du hast bei Gott Gnade gefunden. Du wirst ein Kind empfangen, einen Sohn wirst du gebären: dem sollst du den Namen Jesus geben“ (Lk 1,30 f.).

Zweck unserer Studien ist nicht lediglich die Verbreitung von Informationen, sondern die Geburt Christi in unserer Welt zu verwirklichen. Bei unseren Studien geht es nicht so sehr darum, gut informiert zu sein, sondern darum, dass sie uns fruchtbar machen. Jedes Neugeborene ist eine Überraschung, selbst für seine Eltern. Sie können nicht im Voraus wissen, wen sie zur Welt bringen. Daher sollte unser Studium uns darauf vorbereiten, uns überraschen zu lassen. In jeder Generation kommt Christus unter uns auf eine Art, die wir niemals hätten vorausahnen können, die wir allenfalls nur ganz allmählich als authentisch erkennen können, so wie die

Kirche Zeit brauchte, die neue schockierende Theologie des hl. Thomas anzunehmen. In unserem Zentrum für Reflexion über Inkulturation, AK'KUTAN, in Coban in den Bergen Guatemalas versuchen die Brüder und Schwestern, den Orden mit der einheimischen Kultur zur Welt kommen zu lassen. In Takamori, hinter dem Fujiyama, versucht unser Mitbruder Oshida Christi Geburt in der Welt Japans zu verwirklichen. Oder nehmen wir unseren Mitbruder Michael Shirres in Neuseeland, der sich seit zwanzig Jahren bemüht, den fruchtbaren Samen der Maori-Spiritualität mit dem christlichen Glauben zu verschmelzen. Das alles kann auf ganz unakademische Weise vor sich gehen. In Kroatien leitet einer unserer Mitbrüder, Anto Boba√ OP, eine Rockband mit dem Namen „Glacnici Nade" – „Botschafter der Hoffnung". In Japan durfte ich mir die wunderschönen Bilder unserer Brüder Petit und Carpentier anschauen. Oder es geschieht durch die wundersame Geburt einer Gemeinschaft in einem Dorf Haitis.

Wie kann unsere Predigt Christi Geburt unter den Drogensüchtigen New Yorks oder in den Elendsvierteln Londons verwirklichen? Um dieser Inkarnation des Wortes Gottes in jeder Kultur willen muss die Errichtung von Studienhäusern und die Sicherung erstklassiger theologischer Qualität eine Priorität des Ordens sein.

Ich möchte behaupten, dass ein Studienleben Gemeinschaft stiftet und dadurch ein Heim schafft, in dem Christus mitten unter uns wohnt. Es gibt keine grausamere Erfahrung der Verzweiflung als die der absoluten Einsamkeit, bei der ein Mensch nur sich selbst zugewandt ist. Wenn unsere Gesellschaft so oft von Verzweiflung heimgesucht wird, dann vielleicht deshalb, weil dies das beherrschende Bild vom Menschen in unserer Welt ist: ein Einzelgänger in Verfolgung seiner persönlichen Wünsche und seines eigenen Vorteils. Der radikale Individualismus unserer Zeit erscheint zunächst wie eine Befreiung, aber er kann uns in eine einsame Hoffnungslosigkeit stürzen. Die Gemeinschaft bietet uns eine

„Ökologie der Hoffnung“[15]. Nur gemeinsam dürfen wir auf eine erneuerte Welt hoffen.

Vielleicht erscheint gerade der Wissenschaftler als perfektes Beispiel für einen einsamen Menschen: allein mit seinen oder ihren Büchern, mit dem Computer-Bildschirm und einem Schild an der Tür mit der Aufschrift: „Nicht stören“. Natürlich verlangt das Studium oftmals von uns, allein zu sein und mit abstrakten Fragen zu ringen. Doch das ist ein Dienst, den wir unseren Brüdern und Schwestern leisten. Die Frucht dieser einsamen Arbeit ist der Aufbau von Gemeinschaft durch die Erschließung der Geheimnisse von Gottes Wort. Durch das Studium lernen wir, dass wir zueinander gehören, und so lernen wir zu hoffen.

Die Verwandlung von Herz und Sinnen

Sogar noch die Vorstellung vom Selbst als einem ganz auf sich gestellten, als isoliertem Einzelnen, steht auf dem Prüfstand. Denn die Schöpfungslehre zeigt, dass unser Schöpfer uns viel näher ist, als jedes andere Wesen es sein könnte, weil Er ja die immer gegenwärtige Quelle unseres Seins ist. Wir können nicht allein sein, denn allein könnten wir überhaupt nicht sein!

Die westliche Kultur ist geradezu behext von der Selbsterkenntnis. Wie kann ich mich aber selbst erkennen, außer von dem her, der mich am Leben erhält? Die hl. Katharina war mit ihrer Aufforderung an ihre Mitbrüder, in die „Zelle der Selbsterkenntnis“ einzutreten, sehr modern, aber diese Selbsterkenntnis war nicht zu trennen von der Erkenntnis Gottes. „Wir können weder unsere Würde noch die Fehler erkennen, die die Schönheit unserer Seele trüben, wenn wir uns nicht im friedlichen Meer von Gottes Sein anschauen, in dem wir uns widerspiegeln.“[16] Selbst die Momente völliger Vereinsamung,

---

[15] *J. Sachs*, Faith in the Future, London 1995, 5.

[16] Brief 226, in: *Catherine of Siena*, Passion for Truth, Compassion for Humanity, hrsg. von M. O'Driscoll, New York 1993, 26.

der dunklen Nacht der Seele, wenn wir vollkommen verlassen zu sein scheinen, können sich in Augenblicke der Begegnung verwandeln: „O Nacht, die du verbunden den / Geliebten der Geliebten, / Geliebte dem Geliebten gleichgestaltet!“[17]

Studieren darf niemals nur der Schulung des Geistes dienen, es ist die Verwandlung des menschlichen Herzens. „Ich schenke euch ein neues Herz und lege einen neuen Geist in euch. Ich nehme das Herz aus Stein aus eurer Brust und gebe euch ein Herz von Fleisch“ (Ez 36, 26). Das erste Generalkapitel des Ordens in Bologna (1220) bestimmte, die Novizen sollten gelehrt werden, „wie sie sich ernsthaft dem Studium widmen sollten, sodass sie bei Tag und bei Nacht, zu Hause oder auf Reisen lesen oder über etwas nachdenken sollten; was auch immer sie können, sollten sie im Gedächtnis zu verankern versuchen“[18]. Immerfort lassen wir unsere Herzen formen und bilden, indem wir Zeitungen und Romane lesen, uns Filme und das Fernsehen anschauen. Alles, was wir lesen und sehen, bildet unser Herz. Geben wir ihm gute Nahrung? Formen wir es mit Gewalt und Trivialität, schaffen wir uns ein steinernes Herz? Über Thomas von Aquin sagte die hl. Katharina von Siena: „Mit seinem geistigen Auge betrachtete er meine Wahrheit mit großer Zärtlichkeit und erlangte dadurch übernatürliches Licht.“[19] Studieren lehrt uns also Zärtlichkeit, und sogar Thomas war deshalb ein großer Theologe, weil er weichherzig war. P. Yves Congar OP schrieb einmal, seine fortschreitende Krankheit und Lähmung bedeuteten für ihn, dass er sich zunehmend auf seine Mitbrüder verlassen müsse. Er könne nichts mehr ohne ihre Hilfe tun. Er sagte: „Vor allem habe ich seit dem Beginn meiner Krankheit und der

---

[17] *Johannes vom Kreuz,* Canciones de Alma 5.

[18] Älteste Konstitutionen 1,13. (Die Konstitutionen des Predigerordens unter Jordan von Sachsen, hrsg. von Ch. Scheeben [Quellen und Forschungen zur Geschichte des Dominikanerordens in Deutschland Bd. 38], Köln – Leipzig 1939, 48-80; Anm. d. Hrsg.).

[19] *Catherine of Siena,* Passion for Truth, Compassion for Humanity, a. a. O., 127.

dauernden Inanspruchnahme der Dienste meiner Brüder erkannt (…), dass, was auch immer wir predigen und sagen, wie erhaben es auch sein mag, doch wertlos ist, wenn es nicht durch die Praxis, durch echte, konkrete Tat des Dienstes und der Liebe begleitet wird. Ich meine, daran hätte ich es in meinem Leben ein bisschen fehlen lassen und sei ein wenig zu intellektuell gewesen.“[20]

Als Savonarola über das Schriftverständnis des hl. Dominikus spricht, sagt er, es basiere auf der *caritas*, der Barmherzigkeit. Da die Liebe Gottes die Heilige Schrift inspiriert hat, kann nur ein liebender Mensch sie verstehen. „Daher, Brüder, die ihr die Heilige Schrift verstehen und predigen wollt, erlernt Barmherzigkeit, und sie wird euch lehren. Durch Barmherzigkeit werdet ihr sie verstehen.“[21]

Das Studium verwandelt das menschliche Herz durch seine Disziplin. Es ist „durch das ihm eigene beharrliche und mühevolle Ringen eine Form der Askese“ (LCO 83), die zu unserem Wachsen in Heiligkeit gehört. Es gewährt uns die harte Disziplin, schweigend in unseren Zimmern zu bleiben, um das Verstehen zu ringen, wenn wir am liebsten hinausflüchten würden. Eine der Neuerungen des Ordens bestand darin, denen, die sich besonders dem Studium widmen sollten, die Einsamkeit einer Einzelzelle zu gewähren; es ist dies aber eine Einsamkeit, die zur Askese werden kann. Sind wir allein im Ringen mit einem Text, so fallen uns tausend plausible Gründe ein, warum wir aufhören und jemanden zu einem Gespräch aufsuchen sollten. Nur allzu schnell überzeugen wir uns davon, dass es unsere Pflicht ist, das zu tun, und dass die Fortsetzung des Studiums ein Verrat an unserer Berufung und an unserer Christenpflicht wäre! Doch wenn wir diese Einsamkeit und dieses Schweigen nicht ertragen, haben wir nichts von Wert zu geben. Im *Brief an Bruder Johannes* lesen

---

[20] Ansprache von P. Yves Congar OP aus Anlass des Empfangs des Prix de l'Unitée chrétienne am 24. 11. 1984.

[21] Dalle Prediche di Frà Girolamo Savonarola, Ed. L. Ferretti, in: Memorie Domenicane 27 (1910).

wir: „Liebt eure Zelle, indem ihr sie dauernd benutzt, falls ihr den Weinkeller betreten möchtet."[22] So stellte sich offensichtlich ein Novize des 13. Jahrhunderts das Paradies vor! Ein Großteil des Studiums ist in der Tat unvermeidlich langweilig. Hebräisch und Griechisch zu lernen ist eine harte und ermüdende Arbeit. Oft werden wir uns fragen, ob sie sich lohnt. Man kann nur einen Akt der Hoffnung setzen, dass diese Arbeit auf eine Art Früchte tragen wird, die wir uns heute noch nicht vorstellen können.

Das Studium und der Aufbau von Gemeinschaft im Orden

Das Studium sollte nicht nur unsere Herzen dem anderen öffnen, sondern uns in eine Gemeinschaft einführen. Das Studium ist der Anfang eines Gesprächs mit den Brüdern und Schwestern und mit anderen Menschen auf unserer Suche nach der Wahrheit, die uns frei machen wird. Albert der Große hat die Lust an der gemeinsamen Suche nach der Wahrheit so beschrieben: *„In dulcedine societas quaerere veritatem."*[23]

Wissenschaftler spiegeln oft die Werte unserer Gesellschaft wider. Ein großer Teil des akademischen Lebens basiert auf Leistung und Wettbewerb, als ob wir Autos bauten und nicht auf der Suche nach Weisheit wären. Universitäten können den Charakter von Fabriken haben. Güter müssen von den Fließbändern rollen, und Rivalen und Gegner müssen ausgeschaltet werden. Doch wir werden nie ein erhellendes Wort über Gott sagen können, wenn wir die Theologie nicht anders, nämlich ohne Konkurrenzgedanken und mit Ehrfurcht betreiben. Theologie ist kein einsames Geschäft. Nicht nur, weil heutzutage keiner in der Lage wäre, alle Dis-

[22] De Modo Studendi.
[23] In Libr. VIII Politicorum.

ziplinen zu beherrschen, sondern weil das Verständnis des Wortes Gottes untrennbar mit der Schaffung von Gemeinschaft verbunden ist. Ein großer Teil der Vorbereitungen für das Zweite Vatikanische Konzil lag in den Händen einer Gemeinschaft von Brüdern in Le Saulchoir, insbesondere bei unseren Mitbrüdern, den Patres Congar, Chenu und Ferret, die zusammen arbeiteten und ihre Erkenntnisse miteinander teilten.

Es gibt da die Geschichte von Thomas von Aquin, der bei einem Essen mit dem König von Frankreich mit der Faust auf den Tisch gehauen und ausgerufen haben soll: „Damit sind die Manichäer erledigt!" Dies könnte bedeuten, dass er den anderen Gästen wenig Aufmerksamkeit schenkte, es zeigt aber auch, dass Theologie ein Kampf sein kann. Niemals werden wir eine Gemeinschaft aufbauen können, wenn wir es nicht wagen, miteinander zu streiten. Mit dem Gegner ringt man aber wie Jakob mit dem Engel, als ob man einen Segen erbäte. Man ringt, damit die Wahrheit den Sieg davontragen kann. Wir müssen aus einer Art Demut heraus streiten. Die anderen können uns immer wieder etwas lehren, und wir ringen mit ihnen, damit wir dieses Geschenk erhalten.

Eine meiner nachdrücklichsten Erinnerungen an mein Studienjahr in Paris ist die an Marie-Dominique Chenu OP, den Lehrer, der immer darauf erpicht war, von jedem zu lernen, selbst von einem unwissenden jungen englischen Dominikaner! Oft kehrte er am späten Abend von irgendeinem Treffen mit Bischöfen, Studenten, Gewerkschaftlern, Künstlern zurück und freute sich, einem zu erzählen, was er gelernt hatte, und wollte wissen, was man selbst an diesem Tag gelernt hatte. Ein wahrer Lehrer ist immer bescheiden. Jordan von Sachsen behauptete, Dominikus habe alles verstanden dank der demütigen Klugheit seines Herzens, „*humili cordis intelligentia*"[24]. Das Herz aus Fleisch ist demütig, das Herz aus Stein aber undurchdringlich.

---

[24] Libellus 7.

Theologie besteht nicht nur aus dem, was in den Studienzentren geschieht. Sie ist der Augenblick der Erleuchtung, der neuen Erkenntnis, wenn Gottes Wort unserer alltäglichen Erfahrung begegnet bei dem Versuch, menschlich zu sein, in Sünde und Versagen, beim Aufbau einer menschlichen Gemeinschaft und bei der Schaffung einer gerechten Welt. Die ganze Welt der Gelehrsamkeit, der biblischen Fachleute, der Kenner der Kirchenväter, der Philosophen, der Psychologen ist dazu da, dass das Gespräch fruchtbar und wahrhaftig wird. Gute Theologie ereignet sich zum Beispiel dann, wenn der Bibelwissenschaftler seinem in der Pastoralarbeit stehenden Bruder hilft, seine Erfahrung zu verstehen, und wenn der Bruder mit pastoraler Erfahrung dem Wissenschaftler hilft, das Wort Gottes zu verstehen. Wenn wir unsere theologische Tradition zurückgewinnen wollen, so verlangt das nicht nur, dass wir mehr Brüder in den verschiedenen Disziplinen ausbilden, sondern dass wir die Theologie gemeinsam betreiben. Gelingt es uns nicht, unsere Provinzen als theologische Gemeinschaften zu gestalten, dann könnten unsere Studien steril und unsere Pastoralarbeit oberflächlich werden. Die Arbeit des hl. Thomas bestand zu einem großen Teil in der Beantwortung der Fragen der Brüder, und sein Lehrer Albertus Magnus musste sich mit ziemlich törichten Fragen des Ordensmeisters herumschlagen![25]

Wo betreiben wir Theologie? Wir benötigen die großen theologischen Fakultäten und die Bibliotheken. Wir brauchen aber auch Zentren, in denen Theologie in anderen Zusammenhängen betrieben wird: mit den Menschen, die für Gerechtigkeit kämpfen, im Dialog mit anderen Religionen, in Armenvierteln und Krankenhäusern. Ganz besonders zum heutigen Zeitpunkt im Leben der Kirche bedeutet wahres Studium den Aufbau von Gemeinschaft zwischen Frauen und

---

[25] Vgl. *J. Weisheipl*, The Life and Works of St. Albert the Great, in: *Ders.* (Hrsg.), Albertus Magnus and the Sciences. Commemorative Essays, Torronto 1980, 12-51, hier 41 f.

Männern. Eine Theologie, die nur aus männlicher Erfahrung erwächst, humpelt auf einem Bein, atmet mit einer Lunge. Aus diesem Grunde müssen wir heute Theologie mit der ganzen dominikanischen Familie betreiben, auf die Erkenntnisse eines/r jeden von uns hören, eine wirklich menschliche Theologie schaffen. Hören wir auf das, was Gott der hl. Katharina von Siena sagte: „Natürlich hätte ich die Menschen so erschaffen können, dass jeder alles besaß, aber ich zog es vor, verschiedenen Menschen verschiedene Talente zu geben, damit sie alle einander nötig hätten."[26]

Alle menschlichen Gemeinschaften sind verwundbar, können sich auflösen, benötigen fortwährend Stärkung und Heilung. Eine Weise, wie wir zusammen Gemeinschaft schaffen und immer wieder neu schaffen, ist unser Sprechen miteinander. Als Diener am Wort Gottes sollten wir uns in hohem Maße der Macht unserer Worte bewusst sein, der Macht nämlich, zu heilen oder zu verletzen, aufzubauen oder zu zerstören. Gott hat ein Wort gesprochen, und das Wort ist ins Dasein getreten. Und jetzt spricht Gott das Wort, das sein Sohn ist, und wir werden erlöst. Unsere Worte haben Anteil an dieser Macht. Im Zentrum unserer Bildung und Studien muss eine große Ehrfurcht vor der Sprache stehen, ein Feingefühl für die Worte, die wir unseren Brüdern und Schwestern sagen. Durch unsere Worte können wir Auferstehung oder Kreuzigung bewirken, und oft erinnert man sich der Worte, die wir sprechen; sie werden im Herzen unserer Brüder bewahrt für lange Zeit, im Guten oder Bösen reflektiert und wieder aufgegriffen. Ein Wort kann töten.

Unser Studium sollte uns zur Verantwortung erziehen, zur Verantwortung für die Worte, die wir benutzen. Verantwortung in dem Sinn, dass das, was wir sagen, der Wahrheit gerecht wird, der Wirklichkeit entspricht. Wir haben aber auch die Verantwortung, Worte zu sagen, die Gemeinschaft aufbauen, andere erziehen, Wunden heilen, Leben spenden.

---

[26] Dialogo 7.

Aus dem Gefängnis schrieb der hl. Paulus an die Philipper: „Schließlich, Brüder: Was immer wahrhaft, edel, recht, was lauter, liebenswert, ansprechend ist, was Tugend heißt und lobenswert ist, darauf seid bedacht" (Phil 4,8).

Das Studium und der Aufbau einer gerechten Welt

Unsere Welt hat den Triumph eines einzigen Wirtschaftssystems erlebt. Es wird schwierig, sich ein anderes System vorzustellen. Unsere Generation ist ja vielleicht versucht, die Leiden und Ungerechtigkeiten unserer Zeit hinzunehmen und nicht länger nach einer erneuerten Welt zu hungern. Doch wir Prediger müssen die Hüter der Hoffnung sein. Uns wurde die Freiheit der Kinder Gottes versprochen, und Gott wird sein Wort einlösen. In Kloster San Sisto (Rom) gibt es ein Bild vom hl. Dominikus beim Studium. Zu seinen Füßen liegt ein Hund, der eine Kerze hält. Im Hintergrund jagt ein anderer Dominikaner einen Hund mit einem Stock. Die Inschrift sagt uns, dass Dominikus dem Teufel nicht mit Gewalt entgegentrat, sondern durch Studium. Unser Studium bereitet uns darauf vor, ein befreiendes Wort zu sprechen, indem es uns Mitgefühl lehrt, uns zeigt, dass Gott selbst inmitten von Leid gegenwärtig ist und dass wir genau da unsere Theologie schmieden müssen. Es gibt uns eine intellektuelle Disziplin, die unsere Ohren öffnet, damit wir den Ruf Gottes vernehmen können, der uns zur Freiheit ruft.

Die dominikanische Spiritualität wurde einmal von Felicissimo Martínez OP als Spiritualität der „offenen Augen" bezeichnet. Und beim Generalkapitel von Caleruega 1995 bemerkte Chrys McVey OP: „Dominikus wurde durch die Hungersnot in Palencia, den Wirt in Toulouse, das Elend einiger Frauen in Fanjeaux zu Tränen gerührt und zum Handeln bewogen. Das allein erklärt aber nicht seine Tränen. Sie sind geflossen aufgrund der Disziplin einer Spiritualität der offenen Augen, der nichts entgeht. Wahrheit ist der Wahlspruch des Ordens – nicht ihre Verteidigung (wie es oft gesehen wird), sondern ihre Wahrnehmung. Die Augen offen zu halten, damit einem nichts entgeht – das kann für die Augen schmerzhaft sein." Unser Studium sollte eine Disziplin der Wahrhaftigkeit sein, die die Augen öffnet. Wie Paulus sagt: „Schaut auf das, was vor Augen liegt" (2 Kor 10,7).

Es ist beschwerlich, zu sehen, was vor uns liegt. Leichter ist es, ein Herz aus Stein zu haben. Oft genug bin ich an Orten gewesen, die ich liebend gerne vergäße: Säle in Krankenhäusern in Ruanda voller junger Menschen, denen man die Glieder hatte amputieren müssen, die Bettler auf den Straßen von Kalkutta. Wie kann man es ertragen, solches Elend zu sehen? Und dennoch müssen wir der Aufforderung des Paulus nachkommen, auf das zu schauen, was vor unseren Augen liegt – und müssen so eine gequälte Welt sehen. Die Bücher, die wir lesen, müssen unsere Herzen aufbrechen. Bei Franz Kafka heißt es: „Ich glaube, man sollte überhaupt nur Bücher lesen, die einen beißen und stechen und durchbohren (...). Wir brauchen aber Bücher, die auf uns wirken wie ein Unglück, das uns sehr schmerzt, wie der Tod eines, den wir lieber hatten als uns, wie wenn wir in Wälder verstoßen würden, von allen Menschen weg, wie ein Selbstmord, ein Buch muss die Axt sein für das gefrorene Meer in uns."[27]

Doch es genügt nicht, sich sozusagen als Touristen der Kreuzigung der Welt diese Orte menschlichen Leids anzuschauen. An diesen Orten muss man Theologie treiben. An diesen Schädelstätten ist Gott anzutreffen und ein neues Wort der Hoffnung zu entdecken. Denken wir daran, wie viele der größten theologischen Schriften im Gefängnis geschrieben wurden, vom Brief des Paulus an die Philipper über die Gedichte des Johannes vom Kreuz bis hin zu den Briefen von Dietrich Bonhoeffer aus der Nazi-Haft. Wir sind nach Johannes vom Kreuz wie die Delphine in die dunkle Schwärze des Meeres eingetaucht, um in den Glanz des Lichtes aufzutau-

---

[27] Brief an Oskar Pollak, 27. Januar 1904.

chen. Ein Flüchtlingslager in Goma oder ein Bett auf einer Krebsstation – das sind die Orte, an denen eine Hoffnung stiftende Theologie entdeckt werden kann.

Nicht nur in Situationen großer Pein kann man Gott begegnen. Vincent de Couesnongle OP[28] hat einmal geschrieben: „Es gibt keine Hoffnung ohne frische Luft oder Sauerstoff oder eine neue Vision. In einer erstickenden Atmosphäre kann es keine Hoffnung geben."[29] Von Anfang an ist unsere Theologie eine der Stadt und des Marktplatzes gewesen. Dominikus sandte seine Brüder in die Städte, die Orte neuer Ideen, neuer Experimente mit Wirtschaftsordnung und Demokratie – Orte aber auch, an denen sich die neuen Armen sammelten. Wagen wir, uns von den Fragen der modernen Stadt betreffen zu lassen? Welches Wort der Hoffnung können wir jungen Leuten mitgeben, die für den Rest ihres Lebens der Arbeitslosigkeit entgegensehen? Wie lässt sich Gott entdecken in den Leiden einer ledigen Mutter oder eines verängstigten Immigranten? Auch dies sind Orte theologischen Nachdenkens. Was haben wir einer Welt zu sagen, die an ihrer Verschmutzung unfruchtbar wird? Lassen wir uns in Frage stellen durch die Fragen junger Menschen, und begeben wir uns auf die Minenfelder moralischer Probleme wie etwa der Sexualethik, oder halten wir uns lieber in sicherer Entfernung?

Wir müssen also wagen, das zu sehen, was vor Augen liegt. Wir müssen glauben, dass gerade dort, wo Gott am fernsten scheint und Menschen versucht sind zu verzweifeln, Theologie betrieben werden kann. Als Dominikaner müssen wir aber sicherlich noch eine dritte Forderung geltend machen. Unsere Worte der Hoffnung werden nur dann Autorität haben, wenn sie auf einem ernsthaften Studium des Wortes Gottes und einer Analyse unserer zeitgenössischen Gesellschaft beruhen. Im Jahre 1511 hielt Antonio Montesinos OP

---

[28] Ordensmeister 1974-1983, gestorben im Juli 1992.

[29] *Vincent de Couesnongle*, Le Courage du Futur, Kap. 8.

seine berühmte Predigt gegen die Unterdrückung der Indios und stellte dabei die Frage: „Sind sie keine Menschen? Haben sie keine vernunftbegabten Seelen? Seid ihr nicht verpflichtet, sie so zu lieben wie euch selbst? Erkennt ihr das nicht? Begreift ihr das nicht?“ Montesinos forderte seine Zeitgenossen auf, ihre Augen zu öffnen, die Welt mit anderen Augen zu sehen. Um klar zu sehen, reicht Mitgefühl nicht aus. Ein hartes Studium war erforderlich, um die falschen Mythen der Konquistadoren zu durchschauen. Es war denn auch die Quelle des prophetischen Eintretens von Las Casas.

Dazu der Kommentar von Chenu: „Es ist höchst interessant, die Aufmerksamkeit auf diese Begegnung zwischen der spekulativen Doktrin des ersten großen Meisters im internationalen Recht [Francisco de Vitoria] und der Evangelisierungstätigkeit eines Las Casas zu lenken. (Sie fand statt zu einem Zeitpunkt, als sich Nationen außerhalb der Grenzen des Heiligen Römischen Reiches bildeten.) Der Theologe in Vitoria unterfängt den Propheten.“[30] Es genügt nicht, sich über die Ungerechtigkeiten dieser Welt zu entrüsten. Unsere Worte werden nur Autorität besitzen, wenn sie auf ernsthafter wirtschaftlicher und politischer Analyse der Ursachen für die Ungerechtigkeiten beruhen. Der hl. Antonin von Florenz schlug sich mit den Problemen der neuen Wirtschaftsordnung im Florenz der Renaissance herum, so wie im 20. Jahrhundert die Probleme der neuen Ökonomien von L. J. Lebret OP analysiert wurden. Wollen wir der Versuchung abgedroschener Phrasen widerstehen, dann brauchen wir einige Brüder und Schwestern, die in wissenschaftlicher, sozialer, politischer und wirtschaftlicher Analyse ausgebildet sind.

Die Schaffung einer gerechten Gesellschaft erfordert mehr als nur die gerechte Verteilung von Reichtum. Wir müssen eine Gesellschaft aufbauen, in der alle Menschen gedeihen können. Unsere Welt verkommt durch den Triumph des Kon-

---

[30] *M.-D. Chenu*, Prophètes et Théologiens dans l'Eglise, in: La Parole de Dieu II, Paris 1964, 211.

sumismus zu einer kulturellen Wüste. Die kulturelle Armut dieser beherrschten Vorstellung von der menschlichen Person verheert die ganze Welt, und „ohne prophetische Offenbarung verwildert das Volk" (Spr 29,18).[31] Es gibt nicht nur einen Hunger nach Nahrung, sondern auch nach Sinn. Beim Generalkapitel von Oakland hieß es: „Die Wahrheit zu sagen, ist ein Akt der Gerechtigkeit" (Act. Cap. Gen. OP Oakland 1989, Nr. 109). Basilius der Große hat gesagt, unsere überzählige Kleidung gehöre den Armen. Zu den Schätzen, die wir besitzen und die unsere Studienzentren bewahren und austeilen sollten, gehören die Poesie, die Geschichten unserer Leute, die Musik und die Weisheit der Tradition. All dies ist ein Reichtum für den Aufbau einer menschlichen Welt.

Ein Prophet zu sein ist keine Entschuldigung dafür, dass man die Heilige Schrift nicht studiert. Wir denken über das Wort Gottes nach und versuchen dabei eher, seinen Willen zu ergründen, als Beweise dafür zu finden, dass Gott auf unserer Seite steht. Es ist leicht, die Heilige Schrift als Quelle für lockere Slogans zu benutzen; doch beim Studium von Gottes Wort geht es um eine tiefere Befreiung, als wir sie uns jemals vorstellen könnten. Durch die Disziplin des Studiums versuchen wir das Echo einer Stimme einzufangen, die uns zu einer unaussprechlichen Freiheit, zu Gottes eigener Freiheit, ruft. Als P. Lagrange sich den durch die moderne historische Kritik aufgeworfenen Problemen gegenüber sah, zitierte er die Worte des hl. Hieronymus: „*Sciens et prudens, manum misi in ignem.*"[32] (Wissentlich und umsichtig habe ich meine Hand ins Feuer gelegt.) Wohl wissend, dass es ihm Schmerz und Leiden verursachen würde, hielt er seine Hand ins Feuer. Lagranges Engagement in den intellektuellen Disziplinen seiner Zeit war ein echtes Zeichen des Vertrauens, dass das Wort Gottes sich sicherlich als ein befreiendes Wort erweisen würde und dass wir uns nicht fürchten müssten, den Weg des

---

[31] Vgl. die Nationalhymne von Jamaika.
[32] Zit. nach *B. Montagne, Le Père Lagrange*, a.a.O., 84.

Zweifels und des Fragens zu beschreiten. Er unterwarf das Wort Gottes einer so rigorosen Analyse, weil er darauf vertraute, dass es sich als ein Wort erweisen würde, das sich von niemandem je ganz beherrschen lässt. Wagen wir es, seinen Mut zu teilen? Wagen wir es, unsere Hände ins Feuer zu halten, oder ziehen wir es vor, nicht gestört zu werden?

Die Gabe einer Zukunft

„Er wird groß sein und Sohn des Höchsten genannt werden. Gott, der Herr, wird ihm den Thron seines Vaters David geben. Er wird über das Haus Jakob in Ewigkeit herrschen, und seine Herrschaft wird kein Ende haben. Maria sagte zu dem Engel: Wie soll das geschehen, da ich keinen Mann erkenne?“ (Lk 1,32-34).

Wie soll das möglich sein? Wie kann eine Jungfrau ein Kind gebären? Wie kann eine Frau aus dieser kleinen und unwichtigen Kolonie des Römischen Reiches den Erlöser der Welt gebären?

Wer hätte gedacht, dass die Geschichte dieses Volkes den Samen zu einer derartigen Zukunft in sich tragen könnte? Vor zweitausend Jahren schien die Linie Davids zu Ende zu gehen, unerwartet jedoch wurde ihm ein Sohn geschenkt, der auf seinem Thron sitzen sollte.

Ein Großteil unserer Studien befasst sich mit der Vergangenheit. Wir studieren die Geschichte des Volkes Israel, das Werden der Bibel, die Kirchengeschichte, die Geschichte des Ordens und selbst der Philosophie. Wir lernen einiges über die Vergangenheit. Im Zentrum unserer Studien steht der Erwerb eines Gedächtnisses, einer Erinnerung. Aber nicht etwa, damit wir viele Fakten wissen. Wir studieren die Vergangenheit, um daraus das Saatgut für eine unvorstellbare Zukunft zu gewinnen. Genauso wie eine Jungfrau oder eine unfruchtbare Frau schwanger werden kann, entdeckt man in unserer angeblich unfruchtbaren Welt, dass sie schwanger ist mit Möglichkeiten, von denen wir niemals geträumt haben, nämlich mit dem Königreich Gottes.

„Geschichte trägt mehr als irgendeine andere Disziplin dazu bei, den Geist von der Tyrannei der bestehenden Meinung frei zu machen.“[33] Geschichte zeigt uns, dass Dinge nicht so zu sein brauchen, wie sie sind, und dass Geschichte uns eine unerwartete Zukunft zu öffnen vermag.

Congar zufolge entdecken wir, dass es nicht nur *die* Tradition gibt, sondern eine Vielzahl von Traditionen, die uns Reichtümer eröffnen, von denen wir niemals geträumt haben. Das Zweite Vatikanische Konzil war der Augenblick eines Neubeginns, weil es eine Neuerzählung der Vergangenheit war. Wir wurden zurückversetzt in die Zeit vor den Spaltungen der Reformation, vor dem Mittelalter, und konnten die Kirche wieder erahnen, wie sie vor den Spaltungen von Ost und West gewesen war. Es war eine Erinnerung, die uns frei machte für neue Dinge.

Geschichte führt uns in eine Gemeinschaft ein, die weit größer ist als die heutige. Wir stellen fest, dass wir Mitglieder der Gemeinschaft der Heiligen und der Gemeinschaft unserer Vorfahren sind. Auch sie haben ein Recht auf eine Stimme in unseren Beratungen. Wir überprüfen unsere Einsichten anhand ihres Zeugnisses, und sie laden uns ein zu einer Sicht, die weit über die engen Grenzen unserer eigenen Zeit hinausgeht.

Die Neuerzählung der Geschichte befreit uns nicht nur von der heute herrschenden Meinung, sondern auch von den „Machthabern dieser Welt“ (1 Kor 2,8). Normalerweise wird Geschichte aus der Sicht der Sieger erzählt, der Mächtigen, derer, die die Reiche errichten, und die Geschichte, die sie erzählen, bestätigt sie in ihrer Macht. Wir müssen lernen, Geschichte von einem anderen Standpunkt aus zu erzählen, aus der Sicht der Kleinen und Vergessenen, und das ist eine Geschichte, die uns frei macht. Deshalb handelt es sich bei

---

[33] *O. Chadwick*, Origins, 1985, 85.

der Erinnerung um einen religiösen Akt, den ursprünglichen religiösen Akt der jüdischen und christlichen Traditionen. Wenn wir uns zum Gebet vor Gott versammeln, „gedenken wir der Wunder, die Er getan“ (Ps 105,5).

Schließlich und endlich werden wir auf das Gedächtnis eines kleinen, anscheinend unbedeutenden Volkes, des Volkes Israel zurückverwiesen. Wir erzählen die Geschichte nicht aus der Sicht der großen Reiche, der Ägypter oder der Assyrer, der Perser, der Griechen oder der Römer, sondern eines kleinen Volkes, dessen Geschichte kaum Eingang fand in die Bücher der Großen und Mächtigen, dessen Geschichte jedoch schwanger ging mit der Geburt des Sohnes des Allerhöchsten. Die Geschichte, in der wir uns entdecken, ist die einer Jungfrau, die die Botschaft des Engels hört, und eines Mannes, der in einem Meer von Kreuzen ans Kreuz geschlagen wird, eines Mannes, dessen Geschichte durch Scheitern gekennzeichnet ist. An diese Geschichte erinnern wir uns in jeder Eucharistiefeier. Durch diese Geschichte lernen wir, die Geschichte der Menschheit zu erzählen. Es ist eine Geschichte, die nicht am Kreuz endet.

Wagen wir es, die Geschichte der Kirche und selbst des Ordens mit einem derartigen Mut zu erzählen? Wagen wir es, die Geschichte einer von allem Triumphalismus und aller Arroganz befreiten Kirche zu erzählen, die Spaltung und Sünde nicht leugnet? Die Gute Nachricht, der Grund für unsere Hoffnung, ist die Tatsache, dass Gott gerade diese irrigen, streitenden Menschen als sein Volk angenommen hat. Wann immer wir etwas von der Geschichte der Dominikaner hören, wird uns von einer glorreichen Vergangenheit berichtet. Haben wir den Mut, auch von den Misserfolgen und Konflikten zu sprechen? Emilio Panella OP, der ehemalige Archivar des Ordens, hat eine Studie[34] über das verfasst, was die Chroniken *nicht* sagen, was sie ausgeblendet haben. Eine der-

---

[34] Quel che la Cronica Conventuale non dice, in: Memorie Domenicane (N.F.) 18 (1987), 227-235.

artige Geschichte vermittelt uns letztlich mehr Hoffnung und Vertrauen, da sie zeigt, dass Gott immer mit „zerbrechlichen Gefäßen [arbeitet]; so wird deutlich, dass das Übermaß der Kraft von Gott und nicht von uns kommt“ (2 Kor 4,7). Und vielleicht vollendet er ja sogar etwas durch uns. Beim Generalkapitel in México Ciudad haben wir es gewagt, uns an unsere Ankunft in Amerika vor 500 Jahren zu erinnern. Wir haben dabei nicht nur der großen Taten unserer Brüder Las Casas und Montesinos gedacht, sondern auch des Schweigens und der Unterlassungen der anderen Brüder. Aber sie alle sind ja unsere Brüder. Vor allem haben wir jener gedacht, die zum Schweigen gebracht oder ausgerottet wurden. Wir haben uns erinnert in der Hoffnung auf eine gerechtere Welt.

Es gibt Erinnerungen, die schwer zu ertragen sind: an Dachau und Auschwitz, an Hiroshima und die Bombardierung Dresdens. Es gibt so fürchterliche Taten, dass wir sie lieber vergäßen. Welche Geschichte könnte man erzählen, die all dieses Leid in sich bergen könnte? Und dennoch steht auf dem Denkmal für die Toten: „O Erde, bedecke nicht ihr Blut.“ Vielleicht wagen wir es nur dann, uns zu erinnern und wahrheitsgetreu von der Vergangenheit zu erzählen, wenn wir uns an jenen erinnern, der seinen Tod annahm, der sich seinen Verrätern auslieferte, der aus seinen Leiden Geschenk und Gemeinschaft werden ließ. Aus dieser Erinnerung heraus wagen wir zu hoffen.

Daher wissen wir, „dass Geschichte letztendlich nicht in den Händen des Schlächters liegt. Die Toten können genannt, die Vergangenheit muss bekannt sein. In dieser Benennung und in diesem Wissen lässt sich Gott begegnen. In Gott liegt für uns die Möglichkeit einer anderen Welt, einer anderen Auffassung von Macht, einer Stimme für die Stummen.“[35] „Doch der Arme ist nicht auf ewig vergessen, des Elenden Hoffnung ist nicht für immer verloren“ (Ps 9,19).

---

[35] *R. Williams,* Open to Judgement, London 1994, 242.

Der hl. Dominikus wanderte singend durch die Landschaft, nicht nur, weil er mutig war, nicht nur, weil er ein heiteres Temperament hatte. Jahrelanges Studieren hatte ihm ein Herz gegeben, mit dem er hoffen konnte. Darum sollten wir studieren, damit wir an seiner Freude teilhaben können.

Die Geschichte rät: Gib auf die Hoffnung
Diesseits des Grabes.
Dann aber, einmal in Leben

Kann sich die Flutwelle
Der Gerechtigkeit heben
Und Hoffnung und Geschichte sich reimen.

Hoffe daher auf eine große Veränderung im Meer,
Weit entfernt von der Rache.
Glaube, dass eine andere Küste
Von hier aus erreichbar ist.

Seamus Heaney [36]

---

[36] „History says, Dont' hope / on this side of the grave. / But then, once in a lifetimeThe longed-for tidal wave / Of justice can rise up, / And hope history rhytme. / So hope for a great sea-change / On the far side of revenge. / Believe that a further shore / Is reachable from here." S. Heaney, The Cure at Troy: version of Sophocleses' ‚Philocpetes', London 1990.

BERUFUNG ZUM ORDENSLEBEN

Die gewohnten Kennzeichen von Identität hinter sich lassen

Ich erinnere mich, wie ich vor vielen Jahren zum ersten Mal an einer Sitzung der Konferenz der Ordensoberen von England und Wales teilnahm. Nervös zog ich meinen Habit an und ging hinunter, um mich der Meute zu stellen. Im Treppenhaus hielt mich eine grimmig dreinschauende Schwester an, der ich noch nie zuvor begegnet war. Sie maß mich mit einem vernichtenden Blick und sagte: „Sie müssen ja ganz schön unsicher sein, wenn Sie es nötig haben, dieses Ding da anzuziehen!“

Wo sind all die Berufungen hingekommen?

Wir Ordensleute haben uns nun schon eine ganze Weile Sorgen um unsere Identität gemacht. Wer sind wir? Wie passen wir in den Bau und die Struktur der Kirche? Sind wir Kleriker, sind wir Laien, oder sind wir eine Kreuzung aus beidem? Ich glaube, eine wirklich hilfreiche Antwort lässt sich nur geben, wenn wir von dem Faktum ausgehen, dass wir, genau wie die meisten Menschen unserer Zeit, eine Krise der Identität durchmachen. Was macht uns besonders? Nun, sicherlich nicht, dass wir diese Identitätskrise erleben. Denn die haben wir ja mit anderen gemeinsam. Sie verdient unser Nachdenken nur, insofern sie uns hilft, die frohe Botschaft für all die anderen geplagten Seelen vorzuleben, die von derselben einen Frage umgetrieben werden: Wer bin ich?

Gestatten Sie mir, Ihnen ein paar gewiss vereinfachende Beobachtungen darüber vorzutragen, weshalb diese Frage nach der Identität eine Obsession der Moderne ist. Wir haben in diesem Jahrhundert, und besonders seit 1945, einen tief greifenden gesellschaftlichen Wandel erlebt. In Europa, und ich nehme an in den Vereinigten Staaten genauso, haben wir die Schwächung sämtlicher Institutionen beobachtet, die den Menschen eine Identität gegeben, die einen Beruf, eine Rolle, eine Berufung definiert haben. Die Universitäten, die medizinischen und juristischen Berufe, die Gewerkschaften, die Kirchen, die Presse, die verschiedenen Handwerksberufe – alle diese Institutionen haben den Menschen nicht einfach Wege gewiesen, wie man seinen Lebensunterhalt verdient oder einen Job macht, sondern eine Weise des Menschseins, eine Berufung aufgezeigt. Musiker, Rechtsanwalt, Krankenschwester, Zimmermann, Installateur, Bauer, Priester usw. sein, das hieß nicht einfach, einen Arbeitsplatz zu haben, es hieß, jemand zu sein; man gehörte zu einer Körperschaft von Menschen mit Institutionen, die ein entsprechendes Verhalten definierten, die ein Wissen, eine Geschichte und eine Solidarität gemeinsam hatten.

Was wir in den letzten Jahren erlebt haben, ist die Korrosionswirkung eines neuen und schlichteren Modells von Gesellschaft, denn wir alle finden uns als Mitglieder des globalen Marktes wieder, wir kaufen und verkaufen, werden gekauft und verkauft. Die Basisinstitutionen der Zivilgesellschaft, die Berufe und Berufungen am Leben hielten, haben viel von ihrer Autorität und Unabhängigkeit verloren. Wie alles andere auch müssen sie sich den Kräften des Marktes unterwerfen. In England hat selbst eine Fußballmannschaft heute weniger die Aufgabe, Fußball zu spielen, als vielmehr Profit einzubringen.

Es ist immer weniger klar, dass jemand selbst entscheiden kann, was er mit seinem Leben anfangen will. Man muss die Forderung von Angebot und Nachfrage erfüllen. Nicht nur wir Ordensleute haben den Sinn für die Berufung verloren – die ganze Idee von Berufung ist problematisch geworden. Nicholas Boyle, ein englischer Philosoph, hat geschrieben: „Es gibt überhaupt keine Berufungen mehr für irgendjemanden; die Gesellschaft besteht nicht mehr aus Leuten, die ihr

Leben auf diese oder jene Weise einsetzen, sondern aus Funktionen, die nur so lange ausgeübt werden, wie es ein Bedürfnis zu erfüllen gilt.“[1] Alle diese Berufe, Künste und Fähigkeiten waren wie kleine Ökosysteme, die verschiedene Wege des Menschseins eröffneten. Sie sind kraftlos geworden und zerbröckelt. Wie die gefährdeten Lebensräume seltener Kröten oder Schnecken wird die Gesellschaft mehr und mehr eingeebnet. Alles, was übrig bleibt, sind das Individuum und der Staat, oder eben der Verbraucher und der Markt. Viel einfacher, aber sehr viel einsamer und verletzlicher.

In der Kirche, vermute ich, haben wir unter dem Wehen desselben kalten Windes gelitten, der eine schlichter strukturierte und weniger selbstsichere Gemeinschaft hinterlassen hat. Denn auch die Kirche ist ja Teil der Zivilgesellschaft. Wir waren eine komplexe Gesellschaft mit allen möglichen Arten von Institutionen, die uns Identität verliehen. Auch wir hatten Universitäten, Krankenhäuser, Schulen, Berufe und vor allem religiöse Orden, die den Menschen Berufungen boten, die unterstützt, respektiert und geehrt wurden.

Die Kirche wies alle Arten von Hierarchien und Strukturen auf, die einander die Waage hielten. Eine Mutter Oberin oder eine katholische Schulleiterin, das war jemand, mit dem man rechnen musste! Die Priester erzitterten, wenn diese Damen an ihrer Haustür schellten. Doch bis zu einem gewissen Grade hat auch unsere Kirche eine ähnliche Transformation durchgemacht wie der Rest der Gesellschaft. Und was geblieben ist, ist nicht einfach der einzelne Verbraucher und der Staat bzw. Markt, sondern der einzelne Gläubige und die Hierarchie. Zu anderen Identitäten haben wir kein Zutrauen mehr. Und das ist vielleicht ein Grund, weshalb das Problem des Priestertums und der Zulassung dazu für uns eine so brennende Frage darstellt. Denn wer nicht einen Fuß auf diese Leiter kriegt, der kann niemand sein, mit dem man wirklich rechnen muss.

---

[1] *N. Boyle*, Understanding Thatcherism, in: New Blackfriars 71 (1990), 320.

Wer sind wir Ordensleute? Wie fügen wir uns in den Bau und in die Struktur der Kirche ein? Oft versuchen wir darauf zu antworten, indem wir unseren Platz in Bezug auf die Hierarchie definieren. Sind wir Laien oder Kleriker oder etwas dazwischen? Oder wir antworten, indem wir unseren Platz überbewerten – gegen die Hierarchie, als prophetische Einzelgestalten, die der „institutionellen Kirche" die Fäuste zeigen. Aber das ist die falsche Landkarte. Ich denke, es ist, als würde man nach den Rocky Mountains auf einer Karte suchen, die die Grenzen der einzelnen Staaten von Amerika verzeichnet. Liegen die Rockies in Colorado, oder liegen sie in Washington? Warum können wir das Gebirge nicht sehen?

Diese Landkarte der Kirche, das heißt die Hierarchie, ist eine gute, gültige Karte. Wir stehen alle irgendwo darauf. Manche von uns Ordensleuten sind Priester und manche sogar Bischöfe! Aber wenn wir den Ort des Ordenslebens ausmachen wollen, können wir sie nicht gebrauchen. Sie zeigt uns nicht, für wen wir da sind, genauso wie die Rockies nicht auf einer Karte eingezeichnet sind, die die Staatsgrenzen zeigen. Wo keine Städte sind, da könnten Berge sein. Doch wenn man diese richtig sehen will, braucht man eine andere Karte.

Häufig beklagen die Leute die Klerikalisierung der Kirche. Es scheint paradox, dass wir auf dem Zweiten Vatikanischen Konzil eine neue Theologie der Kirche proklamiert haben; wir haben eine Theologie des Laien entdeckt; wir alle gehören zum Volk Gottes auf dem Pilgerweg zum Gottesreich. Doch faktisch scheint die Kirche immer stärker klerikal zu werden. Statt dies als finsteres Komplott abzutun, sollten wir es, meine ich, im Kontext der tief greifenden Transformation der westlichen Kultur sehen. In der Welt des globalen Marktes gibt es keinen wirklichen Platz für Menschen mit einer Berufung, ob zur Lehre, zur Krankenpflege oder zum Ordensleben. Ein Job ist einfach eine Reaktion auf einen Bedarf. Und darum hat, als die katholische Kirche mit einem Paukenschlag in die moderne Welt eintrat, damals, als Papst

Johannes XXIII. die Fenster aufstieß, ein kalter Wind alle Arten von zerbrechlicher, auf Berufung basierender Identität auch in der Kirche fortgeweht.

Angesichts der Klerikalisierung der Kirche kann man natürlich Schritte unternehmen, die den Laien und speziell den Frauen einflussreiche Positionen eröffnen und so dazu beitragen, die Herrschaft einer klerikalen Kaste zu beenden. Doch das ist Gegenstand eines anderen Vortrags. Was ich hier sagen will, ist: Es wäre ein Fehler zu denken, die Antwort auf unsere Identitätskrise bestehe darin, die gesamte Hierarchie abzuschaffen und auf eine Kirche abzuzielen, die unserer liberalen, individualistischen Gesellschaft ähnlicher ist. Das würde uns nicht bringen, was wir eigentlich wollen. Was wir in unserer eigenen Gesellschaft, auf den Straßen unserer großen städtischen Wildnis sehen, ist, dass der Individualismus grausam ist. Er schafft urbane Wüsten, in denen wenig wirklich gedeihen kann.

Die Anthropologin Mary Douglas behauptet, Frauen zum Beispiel seien in einer individualistischen Gesellschaft noch schlechter dran. Sie schreibt: „Die Prozesse des Individualismus degradieren die ökonomisch Erfolglosen und schaffen lediglich Obdachlose und Bettler. Die Mitglieder einer individualistischen Kultur sind sich des ausschließenden Charakters ihres Verhaltens nicht bewusst. Die Lage der unbewusst Ausgeschlossenen, beispielsweise der auf den Straßen nächtigenden Bettler, schockiert Besucher aus anderen Kulturen."[2]

Mary Douglas zufolge ist eine gesunde Gesellschaft diejenige, die alle Arten von einander ausbalancierenden Strukturen und Institutionen aufweist, die den verschiedenen Gruppen Stimme und Autorität verleihen, sodass keine Form des Menschseins dominiert und keine einzelne Landkarte angibt, wo es lang geht. Vielleicht wollen wir ja gar nicht die gleichförmige Wüste der Verbraucherwelt nachahmen, sondern viel

[2] *M. Douglas,* In the Wilderness. The Doctrine of Defilement in the Book of Numbers, Sheffield 1993, 46.

lieber wie ein Regenwald sein mit all seinen verschiedenen ökologischen Nischen für unterschiedliche Wege des Menschseins. In diesem Sinne wollen wir nicht weniger Hierarchie, sondern mehr. Wir brauchen eine Menge Institution und Strukturen, die Stimme und Autorität all den mannigfaltigen Formen verleihen, die die Zugehörigkeit zum Volk Gottes annehmen kann: den Frauen, Ehepaaren, Akademikern, Ärzten oder den religiösen Orden. Im Mittelalter war die Gesellschaft stärker in diesem Sinne organisiert. Kaiser und Adel, die großen Männer- und Frauenabteien, die Universitäten und Orden, sie alle stellten verschiedene *foci* von Macht und Identität dar. Wir hatten damals viel mehr Karten, auf denen sich die Menschen wieder finden konnten.

Bei Kardinal Newman habe ich einmal gelesen, die Kirche gedeihe, wenn wir unterschiedliche Formen von Autorität anerkennen. Insbesondere nennt er dort Tradition, Vernunft und Erfahrung. Alle drei verlangen Berücksichtigung und brauchen Institutionen und Strukturen zu ihrem Bestand. Die Tradition wird aufrechterhalten von den Bischöfen, die Vernunft von den Universitäten und Studienzentren und die Erfahrung von allen möglichen Institutionen, angefangen bei den religiösen Orden bis hin zur Ehe, in der Menschen das Wort hören und es in ihrem Leben aufleuchten lassen.

Was wir wollen, ist also nicht der Individualismus der modernen urbanen Wüste, sondern so etwas wie ein Regenwald mit allen möglichen ökologischen Nischen für seltene Tiere, die sich entwickeln und vermehren und mit tausend verschiedenen Stimmen Gott loben können.

Wer sind wir Ordensleute? Und was ist unsere Berufung in der Kirche? Die Antwort auf diese Frage ist wichtig, aber nicht, weil sie uns die Zuversicht geben kann, weiterzumachen und vielleicht sogar ein paar neue Berufungen anzulocken. Sie ist wichtig, weil wir, um sie anzugehen, über jene Identitätskrise nachdenken müssen, die heutzutage die meisten Menschen betrifft; niemand wird von Gott bloß als Verbraucher oder als Arbeiter geschaffen oder um auf dem

Marktplatz als Sklave gekauft oder verkauft zu werden. Wenn wir neues Vertrauen in unsere Berufung gewinnen können, dann werden wir auch fähig, etwas von der menschlichen Berufung zu zeigen. Das Problem, mit dem wir uns auseinander setzen müssen, hängt also mit der Frage zusammen, was es heißt, ein Mensch zu sein.

Identität als Berufung

Einmal las ich von einem 14-jährigen amerikanischen Jungen namens Jimmy, der Schwierigkeiten bekam, weil er und seine Familie auf seinem Recht bestanden, in der Schule einen Ohrring zu tragen. Sie taten das mit der Begründung, dass „jeder Mensch das Recht hat, zu bestimmen, wer er ist". Natürlich möchte jeder irgendwie Jimmy anspornen. Denn in gewissem Sinn hat er ja Recht. Jemand zu sein, eine Identität zu haben, das heißt eben auch, dass man signifikante Entscheidungen treffen und sagen kann: „Das bin ich. Ich will diese Ohrringe tragen." Man kann aber nicht beschließen, bedingungslos irgendjemand zu sein. Wenn ich mich entscheiden würde, Ohrringe zu tragen, Lederkleidung anzulegen und auf einem Motorrad in Rom umherzubrausen, dann müsste ich damit rechnen, dass meine Brüder Einspruch erheben und sagen würden: „Timothy, das bist du doch gar nicht." Zumindest hoffe ich, dass sie das sagen würden! Ich kann genauso wenig beschließen, ein Punk zu werden, wie Thomas von Aquin zu sein.

Jemand zu sein heißt, signifikante Entscheidungen über sein eigenes Leben zu treffen, aber die müssen auf irgendeine Weise einen Zusammenhang haben, eine Geschichte bilden. Eine Identität hat man aufgrund der Entscheidungen, die man während seines ganzen Lebens trifft und mit denen man sich eine Richtung, eine narrative Einheit gibt.[3] Was ich heute tue,

---

[3] Siehe *A. MacIntyre*, After Virtue. A Study of Moral Theory, London 1981, Kap. 15.

muss Sinn haben im Licht dessen, was ich früher getan habe. Mein Leben hat ein Muster. Wie eine gute Geschichte. Einer der Gründe, weshalb die Berufe und Fertigkeiten so große Bedeutung für die menschliche Identität hatten, war, dass sie einem großen Teil des Lebens eines Menschen Struktur verliehen. Ein Musiker oder ein Rechtsanwalt oder ein Zimmermann zu sein ist nicht einfach etwas, was man tut; es ist ein ganzes Leben, von der Jugend bis ins hohe Alter, es ist Erholung und Arbeit, in gesunden wie in kranken Tagen.

Unsere Berufung als Ordensleute aber hebt die tiefste narrative Struktur jedes menschlichen Lebens ins Licht. Während meines ersten Unterrichts als Novize zeichnete der Novizenmeister einen großen Kreis an die Tafel und sagte zu uns: „Also, Jungs, das ist die ganze Theologie, die ihr kennen müsst: Alles kommt von Gott, und alles geht zu Gott." Es hat sich dann gezeigt, dass es doch ein bisschen komplizierter ist! Doch die These unseres Glaubens lautet tatsächlich, dass jedes menschliche Leben die Antwort auf den Ruf Gottes ist, am Leben der Dreifaltigkeit teilzuhaben. Das ist die Tiefengeschichte in jedem menschlichen Leben. Ich entdecke, wer ich bin, indem ich auf diesen Ruf antworte. Was Gott zu Jesaja gesagt hat, das sagt er auch zu mir. Mit den Worten des Psalmisten: „Du, Herr, bist es, der mich aus dem Schoß meiner Mutter zog" (Ps 22,10). Ein Name ist kein nützliches Etikett, er ist eine Einladung. Jemand zu sein, heißt nicht, aus dem Regal des Supermarkts eine Identität herauszugreifen (Hell's Angel, Popstar oder Franziskaner); es heißt, dem zu antworten, der mein Leben anruft: „Samuel, Samuel", tönt die nächtliche Stimme. Und er antwortet: „Rede, Herr, dein Diener hört" (1 Sam 3,10).

Jimmy – ich hoffe, er trägt jetzt Ohrringe – hat zum Teil Recht. Identität heißt auch, seine Wahl zu treffen. Es ist aber keine Sache irgendeines beliebigen Wählens, wie jemand die Farbe seiner Socken wählt; die Wahl, die Entscheidung heißt, zu antworten auf jene Stimme, die unser Leben anruft. Identität ist eine Gabe, und die Geschichte meines Lebens ist aus all diesen Entscheidungen gemacht, in denen ich das Geschenk annehme oder es ablehne.

Paulus schreibt an die Korinther: „Treu ist Gott, durch den ihr berufen worden seid zur Gemeinschaft mit seinem Sohn Jesus Christus, unserem Herrn" (1 Kor 1,9). Was ich Ihnen vorschlagen möchte, ist folgendes: Das Ordensleben ist eine besondere und radikale Weise, auf diesen Ruf zu antworten. Auf eine sehr karge, nackte Weise lässt es den Grundriss jedes menschlichen Lebens, das auf einen Ruf antwortet, sichtbar werden. Auf unsere absonderliche Weise machen wir das Drama jeder menschlichen Suche nach Identität explizit, in dem jeder Mensch versucht, einen Widerhall der göttlichen Stimme zu erhaschen, die ihn oder sie beim Namen ruft. Andere christliche Berufungen, wie etwa die Ehe, tun dies auch, aber anders, wie ich später noch andeuten werde.

Alles verlassen

Wenn wir Ordensleute über unsere Identität diskutieren, kann man ziemlich sicher sein, dass das Wort „prophetisch" nicht lange auf sich warten lässt. Und das ist verständlich. Unsere Gelübde stehen in so direktem Widerspruch zu den Werten unserer Gesellschaft, dass es durchaus sinnvoll ist, von ihnen als Prophetentum im Hinblick auf das Reich Gottes zu sprechen. Das Apostolische Schreiben *Vita consecrata* benutzt diesen Ausdruck. Ich freue mich, wenn andere Leute uns damit bezeichnen, sehe es aber nicht gern, wenn Ordensleute ihn für uns beanspruchen. Es könnte ein Zeichen von Arroganz sein: „Wir sind die Propheten." Oft sind wir das nämlich nicht. Und ich vermute, echte Propheten würden zögern, diesen Titel für sich selbst in Anspruch zu nehmen. Wie Amos neigen sie dazu, ihn zurückzuweisen und zu sagen: „Ich bin kein Prophet und kein Prophetenschüler" (Am 7,14). Ich ziehe es vor zu denken, dass wir Leute sind, die die üblichen Zeichen von Identität hinter sich lassen.

Der reiche junge Mann fragt Jesus: „Was fehlt mir noch?" Und Jesus sagt ihm: „Wenn du vollkommen sein willst, geh, verkauf deinen Besitz und gib das Geld den Armen; so wirst du einen bleibenden Schatz im Himmel haben; dann komm und folge mir nach. Als der junge Mann das hörte, ging er traurig weg; denn er hatte ein großes Vermögen" (Mt 19,21 f.).

In erster Linie zeigt unsere Berufung etwas von der menschlichen Berufung, und zwar gerade durch das, was wir hinter uns lassen. Wir geben viel von dem auf, was Menschen in unserer Welt Identität verleiht: Geld, Status, Partner/-in, Karriere. In einer Gesellschaft, in der Identität schon so fragil, so unsicher ist, geben wir Dinge auf, nach denen Menschen um der Sicherheit willen suchen: die Stützen unserer unsicheren Ahnung davon, wer wir sind. Unentwegt stellen wir die Frage: „Wer sind wir?" Aber wir sind doch diejenigen, die die gewohnten Zeichen von Identität aufgeben. Genau die sind wir! Kein Wunder, dass wir Probleme haben! Wir tun es, um die wahre Identität und Berufung jedes menschlichen Daseins sichtbar zu machen. Zuallererst zeigen wir, dass jede menschliche Identität Gabe ist. Keine selbst geschaffene Identität ist jemals dem adäquat, der wir sind. Jede kleine Identität, die wir uns in dieser Gesellschaft erarbeiten können, ist einfach zu klein. Und zweitens zeigen wir, dass menschliche Identität nicht ein für allemal gegeben ist. Nur die ganze Geschichte unseres Lebens von Anfang bis Ende zeigt uns, wer wir sind.

Im 1. Johannesbrief steht geschrieben: „Liebe Brüder, jetzt sind wir Kinder Gottes. Aber was wir sein werden, ist noch nicht offenbar geworden. Wir wissen, dass wir ihm ähnlich sein werden, wenn er offenbar wird" (1 Joh 3,2). Sich der Stützen zu entledigen ist ein Zeichen dafür, dass jede menschliche Identität eine Überraschung, ein Geschenk und ein Abenteuer ist.

Lassen Sie mich das an ein paar einfachen Beispielen veranschaulichen. Damit ist natürlich keine umfassende Theologie der Gelübde beabsichtigt, sondern nur eine Reihe von

Anregungen, insofern sie nämlich an die Frage der menschlichen Identität rühren.

Gehorsam

Wenn man im Dominikanerorden die Gelübde ablegt, legt man die Hände in die Hände seines Oberen und verspricht Gehorsam. Ich nehme an, dass in allen unseren Kongregationen auf die eine oder andere Weise der große Moment kommt, in dem auch Sie Ihre Hände in die Hände Ihrer Brüder und Schwestern legen und sagen: „Hier bin ich; schickt mich, wohin ihr wollt."

Erik Erikson hat Identität definiert als das „Gefühl, in seinem Körper zu Hause zu sein, ein Empfinden, zu wissen, wohin man geht, und eine innerlich antizipierte Anerkennung durch diejenigen, auf die es ankommt"[4]. Nun, der Gehorsam gibt dem Empfinden, zu wissen, wohin man geht, gründlich den Abschied. Man besitzt die großartige Freiheit, nicht zu wissen, wohin man steuert. Ordensleute sind Menschen, die von der Last befreit sind, Karriere zu machen.

Eine Karriere ist eine mögliche Art, wie Menschen die längere Geschichte ihres Lebens erzählen und so erahnen, wer sie sind. Eine Karriere gibt bei denen, die so glücklich sind, eine zu haben, den Phasen des Lebens Sequenz und Struktur beim Aufstieg, sei es in der Universität, in der Armee oder in einer Bank. Wir haben das nicht. Wir können zwar häufig in ein Amt gewählt werden, aber wir steigen nicht auf. Als ich am 29. September 1966 meine Profess ablegte, endete meine Karriere. Ich bin und bleibe nichts als ein Ordensbruder. Soweit ich weiß, gibt es in Frankreich ein gesetzliches Dokument, das unter der Rubrik „ohne Beruf" Priester und Prosti-

---

[4] Zit. bei *Th. Zeldin*, An Intimate History of Humanity, London 1995, 380 (deutsch vom Übers.). Deutsche Ausgabe unter dem Titel: Eine intime Geschichte der Menschheit. Über die Kunst des Lebens, aus dem Englischen übersetzt von R. Böhnke und A. M. Brock, Stuttgart 1997.

tuierte aufführt. Ich erinnere mich, dass meine Rolle als Universitätsseelsorger darin bestand, die einzige Person auf dem Campus ohne Rolle zu sein – eine Person „mit auffälligem Verhalten“, wie die englische Polizei sagt, wenn sie verdächtige Subjekte festnimmt.

Und wir stehen ja nicht nur auf den Ruf unserer Brüder und Schwestern bereit, dorthin zu gehen, wohin man uns schickt. Wir gehorchen den Stimmen derer, die auf alle möglichen Weisen nach uns rufen. Ich erinnere ich an einen französischen Dominikaner, der nach Oxford kam, um dort Bengali zu lernen. Er war 16 Jahre lang Arbeiterpriester gewesen und hatte bei Citroën Autos montiert und immer wieder Streiks angeführt und dafür gesorgt, dass keine Autos produziert werden konnten! Doch jetzt kamen Nicolas und sein Provinzial zu der Überzeugung, sein Leben sei in einen neuen Abschnitt eingetreten und er solle nach Kalkutta gehen und mit den Ärmsten der Armen leben. Und ich erinnere mich auch noch, dass ich ihn fragte, was er denn dort zu tun gedenke. Darauf antwortete er, es sei nicht seine Sache, das zu beantworten. Man werde ihm schon sagen, was er dort zu tun habe.

Der Ruf nach uns kann durch Leute kommen, die wir eigentlich gar nicht in Zusammenhang mit ihm bringen. Unsere Brüder in Vietnam haben viele Jahre der Verfolgung und Gefangenschaft durchgemacht und sich oft bei den Leuten verstecken müssen. Einer von ihnen, ein ausgesprochen liebenswürdiger Mann namens Francis, hatte sich eine Zeit lang versteckt gehalten, war aber schließlich verhaftet und ins Gefängnis eingeliefert worden. Und da sagte er zu den Polizisten: „Wir sollten Ihnen dankbar sein. Denn wir Dominikaner haben zusammen gelebt, aber als Sie kamen, haben Sie uns zum Volk geschickt.“

Das Gelübde des Gehorsams ruft uns über alle Identitäten hinaus, die eine Karriere uns jemals verleihen könnte, und damit über alle Identitäten hinaus, die wir jemals konstruieren könnten. Er verweist auf eine Identität, die offen ist für alle, deren Leben nirgendwohin geht, die niemals eine Karriere machen, die niemals einen Job haben, die kein Examen bestehen und keinen Erfolg verzeichnen. Unser Verzicht auf eine Karriere ist ein Zeichen dafür, dass jedes menschliche Dasein letztlich doch irgendwohin unterwegs ist, sosehr es auch in eine Sackgasse zu geraten scheint, denn es gibt einen Gott, der in seiner Treue jeden von uns zum Leben ruft.

Jedes Jahr gibt die Kommission *Iustitia et Pax* der Irischen Konferenz Höherer Ordensobern eine Kritik des Regierungshaushalts heraus, und die Minister zittern in Erwartung dieses Papiers. Doch eines Tages, nach einem besonders drastischen Bericht, wies ihn Premierminister Charles J. Haughey zurück mit den Worten, es falle ihm schwer, Kritik von einer Gruppe anzunehmen, die sich selbst „Höhere" und „Obere" nenne. Sie haben die Bemerkung beherzigt und ihren Namen in „Ordensleutekonferenz" geändert. Womit ich natürlich keine Andeutung gemacht haben will!

Keuschheit

Das Gelübde der Keuschheit ist oft so schwer zu leben, weil es so viele Aspekte unserer Identität berührt.

Für die meisten Menschen ist das fundamentalste Zeichen ihrer Identität, dass es eine andere Person gibt, für die wiederum sie zentral sind: ihr Mann, ihre Frau oder ihr Partner. Solche Bezugspersonen haben wir nicht. So viele Leute ich auch mag, so viele Leute immer mich mögen – ich kann und werde mich nicht über eine solche Beziehung definieren. Das ist ein solcher Verlust, ein solcher Entzug, dass ich glaube, er lässt sich nur in einem zutiefst vom Gebet genährten Leben wirklich integrieren.

Eines der schwersten Dinge ist, zumindest für mich, dass wir die Möglichkeit aufgeben, Kinder zu haben. In manchen Kulturen bedeutet das, dass man niemals als Mann anerkannt werden kann. Ich erinnere mich an die Bestürzung eines Neupriesters, der zur Eucharistiefeier in ein Kloster in Edinburgh kam. Als sich nach einigem Läuten endlich die Pforte auftat, begrüßt ihn die Schwester mit den Worten: „Ach, Sie sind's, Pater. Ich hatte einen Mann erwartet."

Und ich erinnere mich an einen amerikanischen Mitbruder, der mehrere Namen hatte; einer von ihnen war nach frommem irischem Brauch Maria. Er verbreitete sich den lieben langen Tag darüber, dass die Welt von heute voll von Verrückten und Perversen sei. Ein anderer Mitbruder legte das Schriftstück hin, in dem er gerade las, und sagte: „Nun mal langsam. Warum denkst du eigentlich, dass du so normal bist? Du heißt Maria, und du trägst einen Rock."

Man gibt Vater, Mutter, Bruder, Schwester, das ganze definierende Netzwerk menschlicher Beziehungen auf, das einem einen Namen und einen Platz in der Welt gibt.

Ich habe Angola während des Bürgerkriegs besucht. Nie werde ich ein Treffen mit den Postulantinnen und Postulanten in der Hauptstadt Luanda vergessen. Sie waren durch die Konflikte rund um die Hauptstadt von ihren Familien abgeschnitten; und sie standen vor einem moralischen Dilemma. Sollten sie versuchen, die Kriegszone zu durchqueren, um zu ihren Familien zu gelangen und sie in dieser schrecklichen Zeit zu unterstützen, oder sollten sie im Orden bleiben? Für Afrikaner mit ihrem tief verwurzelten Familien- und Stammessinn war das eine schlimme Situation. Und ich werde nie die junge Schwester vergessen, die aufstand und sagte: „Lasst die Toten ihre Toten begraben; wir müssen bleiben und das Evangelium verkünden."

So ist unser Leben von einer großen Abwesenheit, einer großen Leere gezeichnet. Das hat nur dann einen Sinn, wenn es in Freude gelebt wird als Teil einer Liebesgeschichte, die das tiefe Geheimnis jedes menschlichen Lebens ist. Es muss entweder voller Leidenschaft gelebt werden, als Zeichen jener Liebe Gottes, die alle Menschen zur Fülle des Lebens ruft, oder es ist dürr und steril.

Jeder wird von dieser Liebe angerufen, auch diejenigen, deren Leben gefühlsarm scheint, die keinen Gatten haben, keine Familie, keine Kinder, keinen Stamm, keinen Clan, die ganz Einsamen.

Armut

Das Gelübde der Armut trifft offenkundig ins Herz dessen, was den Menschen in einer Welt des globalen Marktes Identität verleiht. Es ist die Ablehnung des Status, der sich mit dem Einkommen verbindet, das heißt mit der Möglichkeit, jemand zu sein, der kauft und verkauft. Es ruft uns auf, in unserer Kultur des Geldes ein reales Gegenzeichen zu sein. Natürlich sind wir das oft nicht. Während ich auf einem Hügel über dem Tiber in unserem gewaltigen Priorat Santa Sabina diese Zeilen schreibe, kann ich am Flussufer einen kleinen Schuppen sehen, in dem eine ganze Familie lebt und ihre Wäsche zum Trocknen heraushängt. Wenn es regnet und der Fluss steigt, wird ihr Haus davon geschwemmt. Ich sehe sie und schäme mich, wenn ich daran denke, wie sie uns wohl sehen.

Doch überall auf meinen Reisen bin ich in Kommunitäten von Ordensmännern und Ordensfrauen aus allen Kongregationen gekommen, die das Leben der Armen teilen, die lebendige Zeichen dafür sind, dass kein menschliches Leben dazu bestimmt ist, auf einem Kehrichthaufen zu enden, dass jedes menschliche Wesen die Würde eines Kindes Gottes besitzt. Vergangene Weihnachten habe ich die Mitternachtsmesse mit einem unserer Mitbrüder, Pedro, gefeiert, der buchstäblich auf den Straßen von Paris lebt. Er hat das Fest mit tausend Clochards in einem großen Zelt begangen, an einem Altar aus Pappkartons stehend, um zu symbolisieren, dass Christus in dieser Nacht für jeden geboren ist, der in Pappkartons und unter den Brücken von Paris lebt. Als er zur Gabenbereitung die Flasche Wein entkorkte, brach die Gemeinde in Prosit-Rufe aus!

In jedem dieser Gelübde sehen wir, wie ein Pfeiler menschlicher Identität weggezogen und zurückgelassen wird. Wir geben das Übliche auf, das uns sagt, wer wir sind, und wie wichtig wir sind, und dass unser Leben in eine bestimmte Richtung geht. Kein Wunder, dass wir unsicher sind in Bezug auf unsere Identität. Aber vielleicht besteht unsere Freiheit ja gerade nicht darin, dass wir uns darum sorgen, wer wir sind. Wir sollten uns mehr dafür interessieren, wer Gott ist. Wie Thomas Merton einmal geschrieben hat:

„Du hast mich nicht hierher gerufen, um ein Etikett zu tragen, durch das ich mich selbst in irgendeine Kategorie einordnen kann. Du willst nicht, dass ich darüber nachdenke, was ich bin, sondern darüber, wer du bist. Oder genauer: Du willst nicht einmal, dass ich über irgendetwas viel und lange nachdenke, denn du willst mich über die Ebene des Denkens hinausheben. Und wenn ich immer noch versuche, herauszufinden, was ich bin und warum ich bin, wie soll das dann geschehen?"[5]

In seiner Autobiographie *Der lange Weg zur Freiheit* beschreibt Nelson Mandela seinen großen Stolz und seine Freude, als er sein erstes Haus in Johannesburg kaufte. Es war nicht bedeutend, aber er war durch den Kauf ein Mann geworden. Ein Mann musste Land besitzen und Kinder zeugen. Doch aufgrund seines Kampfes für sein Volk war er nur selten in diesem Haus und sah von seiner Familie recht wenig. Er hatte eine Option getroffen für etwas, was so ähnlich war wie unsere Gelübde. Er schreibt dazu:

„Es war diese Sehnsucht nach der Freiheit meines Volkes, in Würde und Selbstachtung zu leben, die mein Leben beseelte, die einen erschreckten jungen Mann in einen kühnen verwandelte, die einen gesetzestreuen Anwalt zu einem Kriminellen machte, die einen Ehemann, der seine Familie liebte, in einen Mann ohne Heim und Heimat verwandelte, die einen lebensfrohen Mann zwang, wie ein Mönch zu leben. Ich bin nicht tugendhafter oder selbstaufopfernder als der Mann neben mir, doch ich erkannte, dass ich nicht einmal die ärmlichen,

---

[5] *Th. Merton*, Epilogue Meditation Pauperis in Solitudine.

begrenzten Freiheiten, die mir gewährt waren, genießen konnte, als ich sah, dass mein Volk nicht frei war. Freiheit ist unteilbar; die Ketten an jedem einzelnen aus meinem Volke waren die Ketten an ihnen allen, die Ketten an allen Menschen meines Volkes waren die Ketten an mir."[6]

Mandela hat seine Frau, seine Familie, seine Freiheit, seine Karriere, seine Gesundheit und seinen Status verloren – aus einem tiefen Hunger nach Befreiung für sein Volk. Seine Gefangenschaft war ein Zeichen der verborgenen Würde, die eines Tages offenbar werden würde. Wenige Ordensgemeinschaften sind so hart wie Mandelas Gefängnis auf Robben Island, aber auch wir lassen vieles hinter uns, was uns Identität verleihen könnte, und setzen damit ein Zeichen für die verborgene Würde derer, die in Christus gestorben sind. Denn, wie Paulus sagt: „Denn ihr seid gestorben, und euer Leben ist mit Christus verborgen in Gott. Wenn Christus, unser Leben, offenbar wird, dann werdet auch ihr mit ihm offenbar werden in Herrlichkeit" (Kol 3,3 f.).

Am Ostermorgen eilen Petrus und der Lieblingsjünger zum leeren Grab. Petrus nimmt nur einen Verlust, die Abwesenheit eines Körpers wahr. Der andere Jünger schaut mit den Augen eines Liebenden, und er sieht eine Leere, die erfüllt ist von der Gegenwart des Auferstandenen. Auch unser Leben scheint von Abwesenheit und Verlust gezeichnet, doch wer mit den Augen der Liebe sieht, kann erkennen, dass es erfüllt ist von der Gegenwart des auferstandenen Herrn.

Ich möchte keinen ausschließlichen Anspruch auf Berufung für uns Ordensfrauen und -männer erheben. Alle menschlichen Berufungen – als Ärzte, Lehrer, Sozialarbeiter usw. sagen etwas aus über jene menschliche Berufung, die darin besteht, auf den Ruf Gottes zu antworten, der uns in sein Reich lädt. Das Spezifikum unserer Berufung ist, dass sie dieses allgemeine Schicksal zeichenhaft sichtbar macht, indem sie andere Identitäten hinter sich lässt. Das Apostoli-

6 *N. Mandela*, Der lange Weg zur Freiheit, Frankfurt/M. 1997, 835.

sche Schreiben *Vita consecrata* spricht von uns als „eschatologischen Symbolen". Und das ist sicher richtig. Übrigens gefällt es mir. Es wäre doch hübsch, könnte man in seinen Pass unter „Beruf" eintragen: „eschatologisches Symbol". Dagegen ließe sich nun einwenden, mehr als wir sei doch die Ehe das eschatologische Symbol. Sie sei der Vollzug der Liebe, jener Sabbat des menschlichen Geistes, an dem zwei Menschen in gegenseitiger Liebe ausruhen und der für uns so zum Symbol des Gottesreiches wird, nach dem wir uns sehnen. Vielleicht sind wir ein Zeichen für das Unterwegssein und die Verheirateten ein Zeichen für das Ziel.

Eine Ökologie für das Gedeihen

Ich habe versucht, eine Definition der Identität des Ordenslebens zu geben. Es ist eine paradoxe Definition, weil sie uns als diejenigen definiert, die die Identität, wie sie unsere Gesellschaft versteht, aufgegeben haben. Doch wir können hier nicht Halt machen, sosehr Sie es vielleicht auch möchten! In unserer Gesellschaft, die der ganzen Idee von Berufung feindselig gegenüber steht und das Empfinden für Identität und Berufung jedes Menschen untergräbt, ist eine saubere Definition noch nicht genug. Es wäre so, als wollte man Tiger, die von der Ausrottung bedroht sind, mit einer schönen Definition von Tigersein trösten.

In dieser menschlichen Wüste, die der globale Marktplatz nun einmal ist, müssen wir einen Kontext schaffen, in dem Ordensleute gedeihen und lebendige Einladungen sein können, auf dem Weg des Herrn zu gehen. Und genau einen solchen Kontext bietet ein spezieller Orden oder eine Kongregation. In der heutigen Welt sind wir vielleicht versucht, an die religiösen Orden als konkurrierende multinationale Unternehmen zu denken: Kauft man hochoktaniges Jesuitenbenzin oder grünes, bleifreies Franziskanerbenzin? Mir kommt allerdings eher ein anderes Bild in den Sinn: Jedes Institut gleicht einem Miniökosystem, das einer ungewöhnlichen Lebensform die Existenzgrundlage liefert. Um als Schmetterling existieren zu können, braucht man mehr als eine schöne Definition; man braucht einen ökologischen Kontext, der einen vom Ei bis zur Raupe und vom Kokon bis zum Schmetterling begleitet. Manche Schmetterlinge brauchen Brennnesseln, Teiche und seltene Pflanzen, sonst schaffen sie es nicht. Für eine andere Art von Schmetterlingen scheint das Vorhandensein von Schafskot lebenswichtig. Jede religiöse Kongregation bietet eine andere ökologische Nische für eine merkwürdige Art von Menschsein. Ich widerstehe der Versuchung, darüber nachzudenken, an welche Formen von Schmetterlingen unsere verschiedenen Orden erinnern – jedenfalls im Augenblick!

Ein religiöser Orden gleicht der Umwelt. Ein Ordensleben aufzubauen ist wie die Schaffung eines Naturreservats auf einer Baustelle. Man muss hier ein paar Brennnesseln pflanzen, dort einen Teich anlegen usw. Was brauchen unsere Brüder und Schwestern, um gedeihen zu können auf ihrem Weg, nachdem sie Karriere, Reichtum, Status und das Vertrauen eines einzelnen Partners zurückgelassen haben? Was brauchen sie auf ihrer mühsamen Pilgerreise vom Noviziat bis zum Grab? Jede Kongregation wird ihre eigenen Bedürfnisse, ihre eigenen ökologischen Notwendigkeiten, ihre eigene Identität haben.

Und das bringt mich auf ein scheinbares Paradox. Ich habe die Identität des Ordenslebens definiert als Dasein unter Aufgabe von Identität, unter Zurücklassung der Stützen und Wegweiser, die den Menschen sagen, wer sie sind. Und doch vermitteln uns unsere Orden und Kongregationen Identitäten. Wir alle haben unsere je verschiedenen Stile. Deshalb gibt es auch all diese schrecklichen Witze über Jesuiten, Franziskaner und Dominikaner und ihren Umgang mit defekten Glühbirnen.

Ich erinnere mich, dass ich einst einem Großonkel von mir, der Benediktiner war, erzählte, ich hätte die Absicht,

Dominikaner zu werden. Er schaute mich nachdenklich an und sagte: „Bist du sicher, dass das eine gute Idee ist? Gelten die nicht als ziemlich intelligent?“ Und dann machte er eine Pause und sagte: „Nein, denk ruhig weiter daran, ich habe schließlich eine ganze Menge dummer Dominikaner kennen gelernt.“

Doch das Paradox ist nur scheinbar eines. Jede Kongregation vermittelt eine Identität, aber sie ist ein spezieller Weg der Nachfolge des Herrn, ein spezieller Weg der Selbstvergessenheit. Ein Karmelit sollte glücklich sein, einer zu sein, nicht weil ihm das einen Status verleiht, sondern weil es eine besondere Weise ist, den Status aufzugeben. Ich muss Freude an meinem Orden haben mit seinen Geschichten, seinen Heiligen, seinen Traditionen, sodass ich in dem Mut wachsen kann, all das aufzugeben, was unsere Gesellschaft für wichtig hält. Ich mag die Geschichte vom seligen Reginald von Orléans, einem unserer ersten Brüder, der auf seinem Sterbebett sagte, dass er Dominikaner gewesen sei, habe ihm kein Verdienst eingebracht, weil er so viel Freude daran gehabt habe. Ich brauche Geschichten wie diese, die mich ermutigen, als ein armer, keuscher und gehorsamer Ordensmann aufzublühen und mich daran zu freuen, weil es Freiheit bedeutet und kein Gefängnis ist. Ich brauche Geschichten wie diese, um frei zu werden von der ängstlichen Beschäftigung mit mir selbst.

Deshalb empfinde ich große Sympathie für die jungen Ordensleute, die heute immer wieder eindeutige Zeichen für ihre Identität als Mitglieder eines religiösen Ordens verlangen. Das Abenteuer meiner Generation, die mit einem ausgeprägten Sinn für katholische und durchaus auch dominikanische Identität aufgewachsen ist, bestand darin, die Symbole, die uns von anderen trennten, wie etwa der Habit, abzuwerfen, und in die Modernität einzutauchen und uns von ihren Zweifeln auf die Probe stellen zu lassen und ihre Fragen zu teilen.

Und das war richtig und fruchtbar. Doch die Jungen, die heute zu uns kommen, sind häufig die Kinder dieser Modernität und werden seit ihrer Kindheit von deren Fragen umgetrieben. Sie brauchen eben manchmal etwas anderes: eindeutige Zeichen ihrer Mitgliedschaft in einer Ordensgemeinschaft, damit sie auf diesem doch sehr seltsamen Weg des Menschseins durchhalten.

Eine letzte Bemerkung: Wir brauchen eine Umwelt, die uns in unserem persönlichen Wachstum trägt. Die Tatsache, dass wir aufgerufen sind, jene Dinge zurückzulassen, die unsere Gesellschaft als Status- und Identitätssymbole betrachtet, bedeutet nicht, dass wir von den Schwierigkeiten befreit wären, die das Heranwachsen zur Reife und zu verantwortlichem Menschsein mit sich bringt. Wir alle kennen Mitbrüder, die immer teurere Computer wollen und im gleichen Atemzug behaupten, das Armutsgelübde entbinde sie von der Sorge ums Geld.

Mit unseren eigenen Augen können wir sehen, dass Familie und Macht und Reichtum und Selbstbestimmung aufzugeben uns nicht zu Waschlappen macht. Niemand wird sagen können, Nelson Mandela sei eine schwache Persönlichkeit! Aber dieses Heranwachsen zur Reife schließt notwendig ein, dass wir Augenblicke der Krise durchmachen. Finden wir dann in unseren Kommunitäten eine Stütze? Helfen sie uns, diese Momente des Todes auch als Zeiten der Neugeburt zu erleben? Als ein alter Mönch gefragt wurde, was sie denn in den Klöstern täten, hat er geantwortet: „Oh, wir fallen und stehen auf, wir fallen und stehen auf, wir fallen und stehen auf.“ Wir brauchen eine Umgebung, in der wir fallen und aufstehen können auf unserem Stolperweg zum Reich Gottes.

Schluss

Lassen Sie mich schließen mit einer ganz knappen Zusammenfassung des Weges, den wir in diesem Vortrag zurückgelegt haben.

Die Frage, die ich gestellt habe, hieß: Was ist die Identität des Ordenslebens heute? Ich antworte darauf, indem ich sage:

Wir müssen diese Frage in den Kontext einer Gesellschaft stellen, in der die meisten Menschen unter einer Identitätskrise leiden. Der globale Markt löscht jeden Sinn für Berufung aus, ob jemand nun Arzt, Priester oder Busfahrer ist.

Der Wert unseres Daseins als Ordensleute liegt darin, dass es der Bestimmung jedes menschlichen Daseins lebendigen Ausdruck verleiht. Denn jeder Mensch entdeckt seine bzw. ihre Identität in der Antwort auf den Ruf Gottes, das göttliche Leben zu teilen. Wir alle sind aufgerufen, dieser Berufung einen spezifischen und radikalen Ausdruck zu verleihen, indem wir jede andere Identität hinter uns lassen, die unsere Herzen verführen könnte. Andere Berufungen, wie etwa die Ehe, verleihen dieser menschlichen Bestimmung auf andere Art Ausdruck.

Mein Schluss aber lautete, dass es nicht genügt, bei einer schönen Definition Halt zu machen. Wir brauchen mehr als das, wenn wir unterwegs bleiben wollen. Jeder religiöse Orden, jede Kongregation sollte die benötigte Umgebung bieten, die uns auf unserem Weg stützt. Und wenn wir uns nicht von der Konsumgesellschaft verführen lassen, wenn wir Inseln einer Gegenkultur anbieten wollen, dann müssen wir hart dafür arbeiten, jene Umgebung zu schaffen, in der unsere Brüder und Schwestern blühen und gedeihen können auf unserer Reise.

WAHRHEIT UND KONFLIKT

Menschliche Gemeinschaften neu aufbauen

Den größten Teil meines Erwachsenenlebens habe ich an Universitäten verbracht: als Student, als Seelsorger und schließlich als Lehrer. In Oxford habe ich zwölf Jahre lang als Mitglied des Dominikanerordens unterrichtet.

Vor acht Jahren fand dieses glückliche akademische Leben mit seinen Seminaren und Vorlesungen und einem gelegentlichen Schlummer in der *Bodleian Library* ein abruptes Ende. Nach einigen Jahren als Provinzial von England zog ich nach Rom. Das hieß, Bibliotheken durch Flughäfen zu ersetzen. In meinen ersten drei Jahren als Magister des Dominikanerordens besuchte ich 83 Länder. Ich wurde mit einer Welt konfrontiert, deren Armut und Gewalttätigkeit ich mir nie vorgestellt hatte. Ich habe entdeckt, dass für viele meiner Brüder und Schwestern die Mitgliedschaft in einem religiösen Orden ein gefährliches Leben nach sich zieht. Nie werde ich eine Reise nach Ruanda vergessen, als das Land am Beginn der Eruption stand. Nach einem Tag der Konfrontation mit so viel Gewalt, so viel Elend waren wir aufs Schweigen zurückgeworfen. Es gab nichts zu sagen. Gott sei Dank, und zwar im wörtlichen Sinne, hatten wir etwas zu tun, nämlich die Eucharistie zu feiern, einen Ritus, in dem wir ausdrücken konnten, was wir nicht zu sagen vermochten. Und dann gab es da noch Reisen nach Algerien, wo unsere Brüder und Schwestern in täglicher Todesgefahr leben. Im August 1996 war ich bei Brüdern, die im Amazonasbecken arbeiten; regelmäßig erhalten sie Todesdrohungen von Grundbesitzern, die ganz offen zugeben, dass sie jeden, der sich ihnen widersetzt, beseitigen, wobei sie manchmal die Körper ihrer Opfer kochen und an die Schweine verfüttern. Und als ich kürzlich eine Gruppe von Brüdern und Schwestern aus den Vereinigten Staaten traf, fragte ich sie, was sie für unsere größte Herausforderung in den USA hielten. Auch sie sagten, es sei die Gewalt.

Zwei ganz verschiedene Leben also. Ich wäre glücklich, könnte ich sagen, dass ich nach den Jahren im Elfenbeinturm der Universität endlich der Welt begegnet bin, wie sie wirklich ist, der „realen Welt", wie manche sagen. Doch meine Reaktion ist eine andere. Ich bin mehr als je zuvor davon überzeugt, dass Orte der Reflexion und der Forschung erforderlich sind, wenn wir unsere Gesellschaft von ihrer Gewalt heilen und die menschliche Gemeinschaft neu aufbauen wollen.

Jenseits der „allein gültigen Vision"

Eine Wurzel der sozialen Krise ist unter anderem das, was man eine Krise der Wahrheit nennen könnte. Ich frage mich, ob es jemals zuvor ein so gewalttätiges Jahrhundert wie das 20. Jahrhundert gegeben hat, mit dem Ersten Weltkrieg und seinen Millionen von Toten, mit den Todeslagern von Auschwitz und Dachau, den Bomben auf Hiroshima und Nagasaki und dem endlosen Aderlass, der seither die Menschheit in Kriegen, Armut und Hunger heimgesucht hat. Für all das gibt es zahlreiche Ursachen, von der Globalisierung der Wirtschaft bis zur Entwicklung der Technologie. Doch ein Keim der Gewalt ist sicherlich die Tatsache, dass wir das Vertrauen in unsere Fähigkeit verloren haben, gemeinsam die Wahrheit zu suchen und so ein gemeinsames menschliches Haus zu bauen, in dem wir uns selbst und einander wieder erkennen können.

In seinem Gedicht *The Second Coming* beschreibt William Butler Yeats eine Welt, die im Zerfall begriffen ist, und weist auf die Wurzeln dieser Krise hin:

> *„Kreisend und kreisend in immer größerem Wirbel,*
> *kann der Falke den Falkner nicht hören;*
> *die Dinge zerfallen; die Welt hält nicht zusammen;*
> *mehr Anarchie greift um sich auf der Welt,*
> *die blutgetrübte Flut ist los und überall.*

Die Zeremonie der Unschuld wird ertränkt;
die Besten haben keine Überzeugung mehr,
während die Schlechtesten voll Leidenschaft sind.“[*]

„Die Besten haben keine Überzeugung mehr.“ George Steiner hat Ende der achtziger Jahre ein Buch mit dem Titel *Real Presences. Is There Anything in What We Say? (Von realer Gegenwart. Hat unser Sprechen Inhalt?)* veröffentlicht. Der Titel sagt schon alles. Steiner ist der Meinung, die tiefe Krise, die wir erleben, habe ihre Wurzeln im 19. Jahrhundert und im Zusammenbruch der allgemeinen Überzeugung, dass unsere Worte etwas damit zu tun haben, wie die Dinge sind. Sie erschließen nichts mehr. Die Verbindung zwischen Wort und Welt ist zerbrochen. Steiner schreibt:

„Dieses Zerbrechen der Verbindung zwischen Wort und Welt stellt eine der wenigen echten geistigen Revolutionen in der westlichen Geschichte dar und definiert die Moderne selbst.“[1]

Und vielleicht ist gerade die Versuchung derer, die in akademischen Institutionen arbeiten, eine tiefe Skepsis gegenüber jedem Wahrheitsanspruch. Es kann durchaus sein, dass wir entdecken, wie sehr Herrschaftsmuster unsere Wahrnehmung von der Welt bestimmen, wie sehr Patriarchat und Rassismus korrumpieren und betrügen, und doch empfinden wir ein Missbehagen gegenüber jeder positiveren Behauptung, wie die Dinge sind. Vielleicht akzeptieren wir lieber die Authentizität einer Person als die universelle Wahrheit einer Aussage. Um noch einmal Yeats zu zitieren: „Ein Mensch kann die Wahrheit verkörpern, aber er kann sie nicht wissen.“

---

* „Turning and turning in the widening gyre / The falcon cannot hear the falconer / Things fall apart; the entire world can hold; / More anarchy is loosed upon the world, / The blood dimmed tide is loosed, and everywhere. / The ceremony of innocence is drowned; / The beck lack all conviction, while the worst / Are full of passionate intensity.“

1 *G. Steiner,* Real Presences. Is There Anything in What We Say? London 1989, 93 (deutsch vom Übers.). Deutsche Ausgabe unter dem Titel Von realer Gegenwart. Hat unser Sprechen Inhalt? Aus dem Englischen von J. Trobitius, München 1990.

Doch die andere Seite der Moderne sind „die Schlechtesten", die „voll Leidenschaft sind". Ich habe die Besprechung eines Buches von Ben Kieran gelesen[*], der das Kambodscha-Genozid-Programm in Yale leitet. Er beschreibt die Kreuzigung eines ganzen Landes am Kreuz eines Dogmas. Er zitiert eine Person, die 1975 aus Phnom Penh entführt wurde: „Wenn wir irgendetwas sagten, pflegten sie zu sagen, dass wir das Rad der Geschichte blockierten. Wir würden dabei unsere Arme und Beine verlieren" – ein Volk, das von einer Weltanschauung buchstäblich verstümmelt und auf dem Rad der Geschichte zerbrochen worden ist.

Fundamentalismus

William Blake hat einmal gebetet:

> *„Gott bewahre uns*
> *vor allein gültigen Visionen und Newtons Schlaf."*[2]

Diese Alleingeltung von Visionen, die vielleicht die Kehrseite der Moderne ist, findet möglicherweise ihren militantesten Ausdruck im religiösen Fundamentalismus. Der Tod von sieben Trappistenmönchen in Algerien, die von islamischen Fundamentalisten umgebracht wurden, steht als ein starkes Symbol für den Fundamentalismus, der für nahezu alle Religionen am Ende dieses Jahrtausends so charakteristisch ist. Das Christentum ist nicht immun gegen ihn, weder gegen einen biblischen Fundamentalismus, in den der Protestantismus leicht verfällt, noch gegen den dogmatischen mancher Katholiken.

Aber ich glaube nicht, dass der Fundamentalismus eine spezifisch religiöse Angelegenheit ist. Er ist nicht der letzte

---

[*] *B. Kieran,* The Pol Pot Regime. Race, Power and Genocide in Cambodia under the Khmer Rouge 1975-79, Yale University Press 1996.

[2] Brief an Thomas Butts vom 22. November 1802 mit Versen, die Blake auf dem Weg von Felpham nach Havast schrieb.

Ausweg der Religion, die sich an die Moderne anzuklammern sucht. Tatsächlich scheint mir dieser Literalismus ein Aspekt jener Wissenschaftskultur zu sein, die ihren Ort im Herzen der Moderne hat. Immerhin betet ja Blake um die Erlösung von „allein gültigen Visionen und Newtons Schlaf".

Der religiöse Fundamentalismus mag so aussehen, als protestierte er gegen die Übel einer säkularen Welt, aber in Wirklichkeit ist er genau das, was der Religion zustößt, wenn sie von jenem Literalismus infiziert wird, der oft so typisch für eine Wissenschaftskultur war und ist.

Der am weitesten verbreitete und destruktivste Fundamentalismus in unserem Jahrhundert ist sicher säkular. Die „allein gültige" Vision des Kommunismus war für Amerika über weite Strecken dieses Jahrhunderts der große Feind, und vielleicht sind wir alle ein bisschen ratlos, weil dieser Feind sich heute kaum mehr irgendwo regt. Aber er hat sein Spiegelbild in einer anderen „allein gültigen Vision", die den Planeten ebenso sicher verwüstet, der Vision des globalen Marktes, in der wir alle auf Konsumenten reduziert werden, auf Wesen, die fressen und gefressen werden. Gewiss, wir gehen nicht los und schießen die Leute nieder, die nicht an die freie Marktwirtschaft glauben, aber überall auf dem Planeten herrscht eine Vision von der Welt, die die menschliche Gemeinschaft zerstört und zum Tode führt.

Karl Polanyi hat vor rund fünfzig Jahren ein Buch mit dem Titel *Die große Umgestaltung. Politische und ökonomische Ursprünge von Gesellschaften und Wirtschaftssystemen* publiziert*, in dem er die Wurzeln dieser Weltsicht beschreibt. In ihrem Kern ist sie eine Fiktion, nämlich die, dass sich alles als Ware betrachten lässt. Menschliches Leben und menschliche Arbeit, Land, Geld, all das sind für die Vermarktung produzierte Güter, Waren für den Verkauf. Doch das ist eine Fiktion und eine Täuschung, die „Warenfiktion".

---

* *K. Polanyi,* The Great Transformation. The Political and Economic Origins of our Time, Beacon Press 1971.

Dies ist der verbreitetste Fundamentalismus unserer Zeit, und an ihm wird mit religiöser Leidenschaft festgehalten. In Frankreich habe ich dieser Tage ein Fernsehprogramm über den guten Umgang mit Touristen gesehen. Darin hieß es zum Schluss: „Wenn Sie *Bonjour* zu jemandem sagen, ist das ein kommerzieller Vorgang.“ In England sind selbst die Fußballmannschaften zu bloßen Konkurrenten auf dem Markt geworden, und Manchester United hat dann ein gutes Jahr gehabt, wenn der Verein sowohl Geld gemacht wie Spiele gewonnen hat.

Was ich uns mit diesen wenigen Pinselstrichen vor Augen zu führen suche, ist jene Krise der Wahrheit, die im Kern eines Großteils der Gewalt unserer Tage steckt.

„Die Besten haben keine Überzeugung mehr, und die Schlechtesten sind voller Leidenschaft.“ Die Moderne ist gekennzeichnet durch die Skepsis derer, die versucht sind, nicht mehr zu glauben, dass unsere Worte noch irgendetwas zu sagen vermögen, und durch die Intoleranz derer, die glauben, dass ihr Wort alles sagt.

Mit Sicherheit haben Krieg, Genozid und Intoleranz ihren Ursprung im Schwinden der Überzeugung, dass wir, indem wir miteinander sprechen, zu einer gemeinsamen Wahrheit gelangen, in der wir einander erkennen können. Es gibt kaum noch Platz für den Dialog, wenn wir gefangen sind zwischen den beiden Versuchungen von Relativismus und Ideologie.

Nach der Wahrheit greifen

Jedes Mal, wenn ich zu einer Reise aufbreche, gilt die schwerste Entscheidung der Frage, welche Bücher ich mitnehmen soll. Mit welcher Lektüre kann ich mich, im Flugzeug oder in den Wartehallen der Flughäfen sitzend, vor dem Hirntod bewahren? Bei meiner letzten Reise habe ich mich entschlossen, Newmans *The Idea of a University (Vom Wesen der Universität)* mitzunehmen. Seine Definition des Zwecks einer Universität dürfte für uns wohl allzu optimistisch sein. Die Universität ist dazu da, schreibt er, „den Intellekt dahin gehend zu erziehen, dass er in allen Dingen klar denkt, nach der Wahrheit greift und sie erfasst“[3]. Es liegt ein großartiges viktorianisches Vertrauen in dieser Aussage: „nach der Wahrheit greifen und sie erfassen“. Vielleicht schwingt darin sogar eine Spur von intellektueller Arroganz mit.

Was ich jedoch faszinierend fand, war Newmans Beschreibung, wie uns die Universität dafür schult, nach der Wahrheit zu greifen. Er sagt dort:

„Wir erkennen nicht in direkter und schlichter Anschauung, nicht auf einen Blick, sondern stückweise und akkumulativ, in einem geistigen Prozess, indem wir um einen Gegenstand herumgehen, durch Vergleich, Kombination, gegenseitige Korrektur, fortgesetzte Angleichung vieler Teilvorstellungen, durch den Einsatz, die Konzentration und das Zusammenwirken zahlreicher Fähigkeiten und geistiger Übungen.“[4]

Der Prozess der Wahrheitssuche spielt sich also Newman zufolge nicht durch die direkte und univoke Wahrnehmung einer allein gültigen Vision ab, sondern ist vielmehr eine suchende, tastende, demütige Annäherung, die versucht, einen Weg über „viele Teilvorstellungen“ zu erspüren. Das lässt mich an meine eigene Erfahrung denken, als ich versuchte, Texte der Heiligen Schrift zu verstehen. Man kann nicht einfach in sie hineinplatzen und dann ihren Sinn mit Hilfe einer großartigen Theorie hinausposaunen. Ihr Studium sieht eher so aus, dass man sich an den Sinn des Textes anschleicht, den einen Zugang versucht und danach einen anderen wählt und sich so millimeterweise an das Verständnis heranarbeitet.

Man beginnt vielleicht mit einem historisch-kritischen Ansatz, und dann kommt der Moment, wo man fühlt, dass er nichts mehr bringt, und sich dem Text aus einer soziologi-

---

[3] *J. H. Newman*, The Idea of a University: Discourse VI, 1.

[4] Ebd., VII 1.

schen Perspektive nähert; und danach schließlich könnte die Zeit für eine literarische Analyse gekommen sein.

Um ein Bild von Wittgenstein aufzugreifen: Man muss wie ein Zimmermann sein, der weiß, wann er jedes Werkzeug aus seiner Werkzeugkiste einzusetzen hat, wann man einen Hammer braucht und wann einen Meißel, wann man Leim nehmen muss und wann einen Schraubenzieher.

Emily Dickinson beschreibt sehr schön, wie man sich an die Wahrheit eher von der Seite als in frontalem Angriff anschleichen muss:

> „*Sag alle Wahrheit, doch sag sie schräg.*
> *Erfolg liegt im Kreis.*
> *Zu stark für unsere gebrechliche Freude*
> *ist der Wahrheit köstliche Überraschung.*
>
> *Wie der Blitz, den Kindern leicht gemacht,*
> *muss mit freundlicher Erklärung*
> *die Wahrheit schrittweise leuchten,*
> *oder der Mensch wird blind.*“[5]

Sich an die Wahrheit eines Textes oder einer Person heranzuschleichen, hat immer damit zu tun, dass man sich selbst durch „der Wahrheit köstliche Überraschung“ mitreißen lässt. Es heißt die staunende Entdeckung zuzulassen, dass man nicht im Vorhinein wissen kann, was es erst zu entdecken gilt.

Die vielleicht erste Anforderung an einen guten Universitätslehrer ist, dass er oder sie es ablehnt, ein Guru, ein Besserwisser zu sein. Thomas von Aquin war der Überzeugung, dass im strengen Sinne niemand jemand anderen belehren kann. Alles, was der oder die Lehrende tun kann, ist, die Studierenden bei ihrem Entdeckungsprozess zu begleiten.

---

[5] The Poems of Emily Dickinson, Cambridge MA 1963, 792. – „Tell all the Truth but tell it slant – / Success in Circuit lies / Too bright for our infirm Delight / The Truth's superb surprise // As Lightning to the Children eased / With explanation kind / The Truth must dazzle gradually / Or every man be blind.“

Die Rolle der Universität

In einem Zeitalter des Agnostizismus und der Ayatollahs sollte also die Rolle der Universität darin bestehen, jener Ort zu sein, an dem wir lernen, dass man die Wahrheit suchen kann. Wahrheit lässt sich nicht erfassen mit der Klarheit einer allein gültigen Vision, man muss sich an sie anschleichen, sie mittels vieler Teilvorstellungen, vieler inadäquater Theorien, mit Hilfe aller möglichen Werkzeuge angehen, und schließlich kommt sie als Überraschung und als Geschenk zu uns.

In diesem Sinne ist es die paradoxe Rolle des Lehrenden, uns in die Demut des Lernens einzuführen. Nicht weil wir lernen müssen, uns einem Lehrer zu unterwerfen, sondern weil der oder die Lehrende sich als jemand auf dem Wege zeigt: der Dozent als Mitstudent.

Ich behaupte nicht, Universitäten seien die einzigen Stellen, an denen wir in die Wahrheitssuche eingeführt werden können. Familien, Klöster, Frauengruppen, Vereine, religiöse Orden, Schulen oder Künstler, sie alle können Orte des Lernens sein. Aber seit dem 13. Jahrhundert war eben die Universität der zentrale Platz, an dem dieser Hunger nach der Wahrheit wach gehalten wurde.

Es ist klar: Wenn die Universität die Rolle dessen übernimmt, der die in dieser Welt herrschenden allein gültigen Visionen, gleich ob kommunistisch oder konsumistisch, zurückweist, dann braucht sie echte Unabhängigkeit des Herzens und des Geistes. Ich meine, wir sollten die potentiellen Kosten unserer intellektuellen Freiheit von den vorherrschenden Ideologien unserer Gesellschaft nicht zu gering veranschlagen. Konnten wir dem subtilen Druck widerstehen, als Gegenleistung für fette Subventionen unsere Tagesordnung neu zu definieren?

Das ist eine Frage, die Seamus Heaney in seinem Gedicht *Verses for a Fordham Commencement* trefflich in Worte gefasst hat:

„Oder ist es eine Mesalliance:
Elfenbeintürme in einer Welt der Gewalt
und des großen Geldes.
Sind Kollegmauern vielleicht ein Tor,
geschlossen für Arbeiter und Arme,
während die Privilegierten und die Wenigen
*die ungewaschenen Vielen ignorieren?"**

Sie werden erleichtert sein zu erfahren, dass er am Ende die Universität entlastet.

Ich denke, es ist kein Zufall, dass Mrs. Thatchers Aufstieg zur Macht und ihre Ideologie des Marktes mit der Schließung von Dutzenden philosophischer Fakultäten in Großbritannien zusammenfielen. Philosophie bringt eben kein Geld ein.

Mit dem Fremden reden

Jetzt möchte ich einen weiteren Aspekt untersuchen, nämlich dass Universitäten Orte sein sollten, wo wir lernen können, mit Fremden zu sprechen. Eine Konsequenz des streitbaren Fundamentalismus unserer Tage ist es, dass diejenigen, die anders sind, rasch nicht etwa nur zu Fremden, sondern zu Feinden werden, mit denen man nicht sprechen kann.

Wie können wir lernen, mit einem Fremden zu sprechen? Welche Unterhaltung können wir mit denen führen, die anders sind? Und welche Rolle kann die Universität bei unserer Vorbereitung auf diesen Dialog spielen?

Die stärkste Erfahrung, die ich mit der Qual des Dialogs je gemacht habe, war vor etwa zwei Jahren in Burundi. Es war während der ersten Explosion der Gewalt, die vielleicht hunderttausend Menschen das Leben gekostet hat. Das wäre so,

* „Or is it a misalliance, / Ivory towers in a world of violence / And corporate money. / Are college walls perhaps a door / Shut on the workers and the poor / While the privileged and a few ignore / The unwashed many?"

als hätte man in den USA vier Millionen Menschen umgebracht. Unsere Brüder in Burundi kommen aus beiden ethnischen Gruppen, und alle hatten Brüder und Schwestern und Familie verloren. Das Ringen ging nun darum, Zeugnis für das Evangelium abzulegen, indem man irgendwie zusammenhielt. Ich besuchte das Land mit dem örtlichen Oberen, einem Tutsi, und einem Mitglied des Generalrats des Ordens, einem Hutu. Vor meiner Abreise riefen wir alle zur Feier der Eucharistie, des Sakramentes der Einheit, zusammen. Doch was konnten wir einander sagen? Wie in Ruanda war auch hier das Wichtigste, was wir tun konnten, jene Gesten zu wiederholen, die ein Mensch im Angesicht des drohenden Verrats und Todes vollzogen hatte. Jeder Bruder konnte von seinem Leid erzählen und von den Menschen, die er verloren hatte, sodass sich die Anwesenden im Leid eher vereint als durch es getrennt fanden.

Zu den Funktionen der Kirche und eines religiösen Ordens gehört der Versuch, präsent zu sein an solchen Orten von Taubheit und Unverständnis, einen Raum anzubieten, in dem das Gespräch beginnen kann. Ich denke an eine ökumenische Gemeinde, die ich in Belfast besucht habe und die buchstäblich auf der Grenze zwischen den Stammesgebieten der Katholiken und der Protestanten lebte. Sie war ein Ort, an dem ganz langsam und sachte eine Handvoll mutiger Leute versuchte, das Netz einer gemeinsamen Sprache zu knüpfen. Es waren aber vor allem die Frauen, die den Mut hatten, das zu tun. Einer unserer Dominikanerbrüder, Pierre Claverie OP, der spätere Bischof von Oran, hat einmal geschrieben:

„Die Kirche erfüllt ihre Berufung und ihre Sendung, wenn sie in den Brüchen präsent ist, die das Fleisch und die Einheit der Menschheit ans Kreuz schlagen. Jesus ist tot, ausgespannt zwischen Himmel und Erde, die Arme ausgestreckt, um die Kinder Gottes zusammenzuholen, die zerstreut sind durch die Sünde, die sie trennt, isoliert und gegeneinander und gegen Gott selbst aufbringt. Gott hat sich in die durch diese Sünde entstandenen Bruchlinien hineingestellt. In Algerien leben wir auf einer dieser seismischen Linien, die die Welt teilen in den Islam und den Westen, in Nord und Süd, in Reiche und Arme. Wir sind richtig an unserem Platz, denn hier kann man das Licht der Auferstehung erahnen.“

(Bischof Claverie ist im August 1996 durch eine von islamischen Fundamentalisten gelegte Bombe umgekommen.)

Aber wie können wir an solchen schwierigen Orten lernen, mit Fremden zu sprechen?

Ich möchte zu bedenken geben, dass die Universität einer der Orte sein sollte, an denen wir lernen, mit denen zu sprechen, die anders sind. George Steiner hat geschrieben: „Verständnis [die Begegnung mit dem Anderen] bedeutet zugleich Furcht und Wahrnehmung.“[6] Die Begegnung mit dem Anderen ist ein Augenblick voller Furcht, aber sie kann zu einem Moment der Erkenntnis und des Verstehens werden. Denken kann meine Augen öffnen, sodass ich den Fremden zu sehen und mit ihm das gemeinsame Menschenhaus zu bauen vermag.

Teil unserer Lehrzeit ist sicherlich auch, dass wir lernen, Texte zu lesen, die von Fremden geschrieben sind, und sie zu verstehen. Mit Paulus oder Augustinus, mit Descartes oder den Texten aus der Französischen Revolution zu ringen, das verlangt Offenheit für den Anderen. Es ist der Erziehung zur Freundschaft nicht unähnlich. Nicholas Lash hat das sehr nachdrücklich festgehalten:

„Gutes Lernen verlangt nicht weniger als gutes Lehren Entgegenkommen, Respekt, eine Art Ehrfurcht: für Fakten und Menschen, für Beweis und Argument, für Gesprächsklima und Verhaltensmuster, die anders sind als die unseren. Wachsamkeit ist durchaus in Ordnung, aber unaufhörlicher Argwohn und Misstrauen nicht. Es gibt eine Affinität zwischen der Höflichkeit, der feinen Aufmerksamkeit, welche die Freundschaft verlangt, der zielstrebigen, leidenschaftlichen Interesselosigkeit, ohne die sich keine gute wissenschaftliche Arbeit leisten lässt, und der Kontemplativität, die

---

[6] *G. Steiner*, Real Presence, a. a. O., 139.

sich, ohne je leichtgläubig zu sein, bemüht, auf die Stimme Gottes zu hören, und dabei keinen Lärm macht."[7]

Das Wort „Interesselosigkeit" ist es wert, dass wir einen Augenblick innehalten. Es signalisiert nämlich, dass die Universität der Ort einer alternativen Wirklichkeitswahrnehmung sein sollte.

Nichtpossessivität

Doch in welchem Sinne vermittelt die geisteswissenschaftliche Arbeit eine interesselose Wahrnehmung der Dinge? Es wäre so leicht wie falsch, hier eine Distanz, ein *Disengagement* gegenüber Betroffenheit und Verpflichtung zu sehen. Das wäre ja der besagte „Mangel an Überzeugung" der Besten. Sicherlich ist es eine Versuchung der akademischen Welt, in eine Art kritischer Absetzbewegung zu verfallen, die unser Herz im Namen der intellektuellen Freiheit von den Risiken des Engagements und der Verpflichtung befreit. Angesichts unserer schmutzigen, gewalttätigen Welt kann es schon sein, dass wir die kühle Distanz des Gelehrten beanspruchen, die es uns erlaubt, unsere Hände sauber zu halten.

Ich habe allerdings den Verdacht, dass die Interesselosigkeit, die Lash im Sinn hat, etwas ziemlich anderes ist. Sie ist die Weigerung, die eigene Wahrnehmung von einem „Interesse" dominieren zu lassen. Dies nämlich ist die Versuchung jeder allein gültigen Vision. Die Roten Khmer sahen ihre Gefangenen nicht als Individuen an, sondern lediglich als Funktionen im Rad der Geschichte, als Akteure im großen Klassenkampf. Die Konsumgesellschaft freut sich nicht über den Anblick einer Kuh um dieser Kuh selbst willen, sondern weil sie einen potentiellen Profit darstellt, es sei denn, sie wäre eine traurige, kranke englische Kuh. In dieser Kultur der Gier verlangt das Studium also vielleicht eine gewisse Frei-

---

[7] *N. Lash*, Believing Three Ways in One God, London 1992.

heit vom Erwerbsstreben von uns. Wir müssen wohl lernen, die Dinge mit nichtpossessiven Augen zu betrachten. Nicht von ungefähr hat Dominikus, als er einen dem Studium verpflichteten Orden gründete, die Armut zu einem zentralen Wert gemacht. Die Interesselosigkeit des Wissenschaftlers ist nicht die kühle Distanz dessen, der sich bedeckt hält. Sie gleicht eher der Interesselosigkeit der Freundschaft.

Zu lernen, wie man sich den Text von Fremden erarbeitet, gehört also zu meiner humanen Bildung und formt mich als jemanden, der fähig ist, mit dem anderen in Beziehung zu treten: mit einer anderen Zeit, einer anderen Sicht, einer anderen Person. Die Konstitutionen meines Ordens handeln vom Studium als der Kultivierung der natürlichen menschlichen Neigung zur Wahrheit (vgl. LCO 77 § 2). Diese Neigung zur Wahrheit, die es zu kultivieren gilt, ist nicht einfach ein menschlicher Drang, viel zu wissen, sondern ein natürliches menschliches Verlangen, sich nach denen auszustrecken, die anders sind, und die engen Fesseln unserer Egozentrik abzustreifen. Sie reißt uns aus der Illusion, wir seien der Nabel der Welt. Ob wir den Schluss des Markusevangeliums untersuchen oder das Sexualverhalten einer seltenen Schnecke: unsere Augen tun sich auf, um zu sehen, was das Andere ist. Das Studium ist Ek-Stase.

Ich würde sogar so weit gehen zu sagen, dass das Studium den tiefsten Hunger der Menschen erreichen und stillen kann, den Hunger, der die Liebe ist. Die Wahrnehmung der Anderen gehört zur Liebe zu den Anderen. Mit den Worten Simone Weils: „Nur die Existenz derer, die man liebt, erkennt man ganz." („On ne reconnait pleinement l'existence que de ceux que l'on aime.") [8]

So war zum Beispiel Augustins Bekehrung zum Christentum zugleich eine Regung der Liebe und ein Moment des Verstehens. Sie war ein intellektueller Akt und eine Verwandlung des Herzens:

---

[8] *S. Weil*, Cahier II, 1953, 227.

„Spät habe ich dich geliebt,
du Schönheit, ewig alt und ewig neu,
spät habe ich dich geliebt. (…)
Ich habe gekostet
und hungere und dürste jetzt;
du hast mich berührt,
und ich brenne nach dem Frieden in dir.“[*]

Doch dass er in Liebe entbrannte, rührte daher, dass er gehört hatte, wie ein Kind ihn aufforderte, einen bestimmten Text zu lesen: „*Tolle lege, tolle lege*“ – „*Nimm und lies!*“ Angela Tilby hat gesagt:

„Ohne Bücher, ohne Lektüre ist unser Verstand unwissend, sind unsere Urteile engstirnig (…). Manchmal denke ich, Gott sähe es lieber, dass wir gebildet wären, als unterschiedslos mitfühlend. Augustinus fand sein wahres Selbst durch den Ruf eines Kindes und einen herausfordernden Text. Er begegnete dem lebendigen Gott auf der Seite eines Buches, und das brach sein Herz auf und machte ihn frei.“[9]

Soziale Wesen

Wenn aber die Universitäten in die feine Kunst des Sprechens mit Fremden einführen sollen, dann reicht es nicht, dass wir uns mit Texten herumschlagen und längst Verstorbene zu verstehen suchen. Letztlich wird eine Universität zum Aufbau der menschlichen Gemeinschaft und zur Kunst des Dialogs beitragen, wenn ihre Mitglieder fähig sind, miteinander zu sprechen. Newman hat einmal geschrieben, wenn er zu wählen hätte zwischen einer Universität mit hochgelehrten Professoren und strengen Prüfungen, die den Studierenden eine

---

[*] *Aurelius Augustinus*, Confessiones X 27, 38 (deutsch von Karl Pichler).

[9] *A. Tilby*, Thought for the Day, in: BBC Radio, 13. Mai 1996, zitiert in: *The Tablet* vom 5. Juni 1996, 792.

Menge Fakten beibrächte, und einer Universität, in der eine Menge junge Leute sich einfach nur begegneten und miteinander diskutierten, würde er ohne Zögern die letztere wählen. Denn die primäre Aufgabe einer Universität sei es, uns zu lehren, soziale Wesen zu sein, die sprechen, zuhören und von denen lernen können, die anders sind.

Das ist ein wundervoller Gedanke. Doch nach meiner Erfahrung kann er uns hart ankommen. Wie weit sind wir überhaupt fähig, mit unseren Kollegen zu streiten und mit ihnen gemeinsam die Wahrheit zu suchen? Wie offen sind wir für die Möglichkeit, dass unsere Lieblingstheorien in Frage gestellt werden? Die größte Herausforderung, der sich Universitäten gegenübersehen, wenn sie zur Heilung unserer verwundeten Welt beitragen wollen, liegt vielleicht darin, die Lust an der Diskussion mit denen, die anders sind, zu lernen. Wie Theodore Zeldin in *An Intimate History of Humanity* gesagt hat:

„Obwohl die Menschen ständig wiederkäuen, nachdenken, brüten, mit Ideen spielen, träumen und geistvolle Vermutungen über die Gedanken anderer Leute anstellen, hat es noch kein Kama Sutra des Geistes gegeben, das die sinnlichen Vergnügen des Denkens enthüllen und zeigen würde, dass auch Ideen miteinander flirten und lernen können, sich zu umarmen."[10]

Als ich ein junger Dominikanerstudent war, praktizierten wir gelegentlich eine Version der mittelalterlichen *disputatio*. Das war eine für das Leben der Universität im 13. Jahrhundert zentrale Form der Diskussion, und sie verkörperte eine Vision dessen, was eine Universität sein sollte. In der *disputatio* ging es nicht so sehr darum zu zeigen, dass der jeweilige Opponent ganz und in jeder Hinsicht Unrecht hatte und als lächerlicher Dummkopf zu erledigen war. Man musste vielmehr aufzeigen,

---

[10] *Th. Zeldin*, An Intimate History of Humanity, London 1994, S. 442 (deutsch vom Übers.). Deutsche Ausgabe: Eine intime Geschichte der Menschheit. Über die Kunst des Lebens, aus dem Englischen übersetzt von R. Böhnke und A. M. Brock, Stuttgart 1997.

in welchem eingeschränkten Sinn er durchaus Recht hatte. Das Ziel war, durch Nichteinverstandensein und gegenseitige Kritik der gemeinsamen Wahrheit näher zu kommen, die Platz für das Wahrheitsmoment beider Position bot.

Vielleicht sind wir ja auch in der Universität der Versuchung erlegen, die Diskussion als Wettbewerb aufzufassen, der so blind und gewalttätig ist wie der Überlebenskampf der Arten im Darwinschen Dschungel oder so sinnlos wie der Kampf um die Marktführerschaft zwischen Coca-Cola und Pepsi-Cola. Doch wir sind aufgerufen, ein Ort der Gegenkultur zu sein, einer anderen Gestaltung von Beziehungen, durch die man etwas von denen lernen zu können glaubt, mit denen man nicht einer Meinung ist. Das verlangt Mitgefühl und Verletzlichkeit von uns.

Ich möchte schließen mit einem Gedicht von Czeslaw Milosz zum Lobe der „herrlichen und unbesiegbaren Vernunft". Es erfasst etwas von der Berufung der Universität. Und die Vernunft, die es verherrlicht, ist sicher nicht jene arrogante Vernunft der allein gültigen Vision, die glaubt, sie könne die Wahrheit mit sofortiger Klarheit und Arroganz fassen, sondern jene demütigere Vernunft, die nur zögernd zu einer genauen Wahrnehmung gelangt im Durchgang durch „viele Teilvorstellungen", unter Einsatz aller greifbaren Werkzeuge und in der Freude an Diskussion und Dialog.

Beschwörung

Schön ist die Menschenvernunft und unbesiegbar.
Nicht Gitter, nicht Draht und nicht das Verramschen
der Bücher,
Noch die Verbannung richten etwas gegen sie aus.
Sie setzt allgemeine Ideen in Sprache um
Und führt unsre Hand; so schreiben wir eben groß
Recht und Wahrheit, klein aber unrecht und lüge.
Sie hebt, was sein soll, hinauf über das, was ist,

Ein Freund der Hoffnung, Feind der Verzweiflung,
Sie kennt weder Juden noch Griechen, weder Sklaven
noch Herrn,
Lässt den gemeinsamen Haushalt der Welt uns verwalten.
Aus dem unflätigen Lärm der gequälten Wörter
Rettet sie strenge und klare Sätze.
Sie sagt uns, alles sei unter der Sonne fortwährend neu,
Öffnet die starre Handfläche dessen, was einmal war.
Schön und sehr jung ist die Philo-Sophia,
Auch die mit ihr verbündete Dichtung im Dienste
des Guten.
Ihren Geburtstag hat die Natur kaum gestern gefeiert,
Einhorn und Echo brachten den Bergen die Kunde davon.
Ruhmreich wird ihre Freundschaft, grenzenlos
ihre Zeit sein.
Doch ihre Feinde sind dem Verderb ausgeliefert.[*]

[*] Aus: Panorama der polnischen Literatur des 20. Jahrhunderts, Bd. 1, hrsg. und übertragen von Karl Dedecius, Zürich 1996.

DOMINIKANISCHE FREIHEIT UND VERANTWORTUNG

Zur Spiritualität der Leitung

Dominikus, ein Mann der Freiheit und der Führung

Dominikus fasziniert uns wegen seiner Freiheit, der Freiheit des armen Wanderpredigers, der Freiheit eines Mannes, der einen Orden gründete, der bis dahin ohne Vorbild war. Er war so frei, dass er die schwache, kleine Gemeinschaft, die sich um ihn herum gebildet hatte, zerstreute und an die Universitäten schickte. Und er war so frei, dass er die Entscheidungen seiner Mitbrüder anerkannte, auch wenn sie nicht mit seinen Vorstellungen übereinstimmten. Seine Freiheit war die eines leidenschaftlichen Menschen, der zu schauen und zu erwidern wagte.

Immer, wenn wir mit dieser Freiheit des Dominikus im Herzen und im Sinn gelebt haben, ist der Orden aufgeblüht. Wie können wir heute diese Freiheit erneuern, die tief und echt dominikanisch ist? Mit ihren vielen Nuancen: dem einfachen Leben, der Wanderschaft, dem Gebet? In diesem Brief möchte ich nur ein einziges Fundament unserer Freiheit betrachten, nämlich die gute *Leitung* im Orden. Nach den vielen Besuchen in den Provinzen des Ordens bin ich davon überzeugt, dass eine Ausdrucksweise der typisch dominikanischen Freiheit in unserer Art der Leitung des Ordens liegt. Dominikus hat uns keine spirituellen Anweisungen in schriftlicher Form hinterlassen, keine Predigten oder theologischen Texte. Dafür haben wir von ihm und unseren ersten Mitbrüdern eine Leitungsform geerbt, die uns die Freiheit ermöglicht, auf diejenigen einzugehen, die nach dem Wort Gottes hungern. Wenn wir unser Leben für die Verkündigung des Evangeliums bereitstellen, dann nehmen wir das Buch mit unserer Regel und unseren Konstitutionen zur Hand. Die meisten der Konstitutionen behandeln die Ordensleitung.

Das mag zunächst überraschen. In unserer zeitgenössischen Kultur wird normalerweise Leitung mit Kontrolle gleichgesetzt, mit Einschränkung der Freiheit des Individuums. Tatsächlich können viele Dominikaner versucht sein zu glauben, dass Freiheit darin besteht, sich der Kontrolle von unliebsamen Oberen zu entziehen! Aber unser Orden besteht nicht aus „den Regierenden" und „denen, die regiert werden". Vielmehr ermöglicht uns die Leitung, die Verantwortung für unser Leben und unsere Sendung gemeinsam zu tragen. Die Ordensleitung ist die Basis für unsere Brüderlichkeit. Sie formt uns zu Brüdern, sie befreit uns dazu, „nützlich für das Heil der Seelen" zu wirken. Wenn wir einen Bruder in den Orden aufnehmen, drücken wir ihm auch das Vertrauen aus, dass er in der Lage sein wird, seinen Platz in der Leitung der Gemeinschaft und der Provinz einzunehmen, seinen Teil zu unseren Diskussionen beizutragen und mitzuhelfen, gewichtige Entscheidungen zu treffen.

Die Versuchung unserer Zeit ist der Fatalismus, der Glaube, die Probleme der Welt nicht ändern zu können. Diese Passivität kann sich auch in unser Ordensleben einschleichen. Wir haben Teil an der Freiheit von Dominikus, wenn wir so bewegt werden von der Dringlichkeit der Verkündigung des Evangeliums, dass wir es wagen, auch schwere Entscheidungen zu fällen, entweder eine neue Initiative zu setzen, eine Niederlassung zu schließen oder ein Apostolat durchzuziehen, selbst wenn es hart ist. Für eine solche Freiheit ist eine gute Ordensleitung notwendig. Das Gegenteil von Leitung ist nicht Freiheit, sondern Lähmung.

Ich möchte in diesem Brief keine detaillierten Beobachtungen über die Erfüllung der Konstitutionen weitergeben. Das ist Sache des Generalkapitels. Vielmehr möchte ich einige Vorschläge unterbreiten, wie unsere Konstitutionen stärker einige der tiefsten Aspekte unseres Ordenslebens berühren können: unsere Brüderlichkeit und unsere Sendung. Wir können mit den Konstitutionen nicht nur so umgehen, als wären sie einfache Spielregeln. Wir müssen etwas entwickeln, was man eine Spiritualität der Leitung nennen könnte, durch die wir als Mitbrüder und Prediger zusammenwachsen können.

Meine Bemerkungen gründen auf meiner Erfahrung in der Leitung der Mitbrüder. Daher wird manches von dem, was ich sage, nicht auf die anderen Zweige der Dominikanischen Familie übertragbar sein. Ich hoffe aber trotzdem, dass dieser Brief auch für unsere Nonnen, Schwestern und Laien hilfreich sein kann, denn sie alle haben mit ähnlichen Problemen zu kämpfen.

„Und das Wort ist Fleisch geworden und hat unter uns gewohnt, und wir haben seine Herrlichkeit gesehen, die Herrlichkeit des einzigen Sohnes vom Vater, voll Gnade und Wahrheit" (Joh 1,14). Diese Worte aus dem Johannesevangelium sollen dazu beitragen, diese einfachen Betrachtungen über die Ordensleitung zu gliedern. Es mag absurd erscheinen, einen so reichen theologischen Text zur Grundlage von Ausführungen über die Leitung zu nehmen. Ich möchte zeigen, dass die Herausforderung einer guten Leitung darin besteht, diese Gnade und Wahrheit unter uns Fleisch werden zu lassen.

1. Das Wort, das unter uns wohnt, ist „voll Gnade und Wahrheit"

Der erste Abschnitt des Briefes betrachtet das Ziel aller Leitung, nämlich dass wir für die Verkündigung des Evangeliums frei sein sollen. Jede Leitung im Orden hat die gemeinsame Sendung zum Ziel.

2. Das Wort „wohnt unter uns"

Im zweiten Abschnitt dieses Briefes geht es um die Betrachtung der Grundprinzipien des dominikanischen Engagements. Für unsere Art und Weise der Leitung ist zentral, dass wir uns in Kapiteln treffen, miteinander debattieren, abstimmen und Entscheidungen treffen. Aber alle diese Treffen dienen bestenfalls einer guten Verwaltung, schlechtestenfalls Parteiklüngeleien, solange wir sie nicht auch dazu verwenden, das Wort Gottes, das unter uns wohnen möchte, willkommen zu heißen. Leitung muss durch gelebte Mitbrüderlichkeit genährt werden.

3. Das Wort Gottes wurde Fleisch

Schließlich muss diese Theorie über die Leitung Fleisch werden in der komplexen Wirklichkeit unseres Lebens, unserer Konvente, Provinzen, unseres ganzen Ordens. Im letzten Abschnitt möchte ich daher einige Beobachtungen über die verschiedenen Verantwortungsebenen im Orden ansprechen.

1. Das Wort wurde Fleisch, „voll Gnade und Wahrheit"

Das Ziel der dominikanischen Ordensleitung

1.1 Frei werden für die Sendung

In einer Vision der hl. Katharina von Siena sagt Gott über Dominikus: „Er machte sich das Wort zur Aufgabe, meinen einziggeborenen Sohn. Er erschien der Welt als Apostel; mit solcher Wahrheit und solchem Licht säte er mein Wort aus, er verjagte die Finsternis und brachte Licht" (Dialoge 158). Jedes Leitungsamt im Orden hat die Verbreitung des Wortes Gottes zum Ziel, die Weiterführung der Inkarnation. Daran ist eine gute Leitung zu prüfen: ob sie im Dienst an dieser Sendung steht. Daher hat von Anfang des Ordens an ein Oberer die Macht, von unseren Gesetzen zu dispensieren, „vor allem dort, wo es ihm für das Studium, die Verkündigung oder für das Heil der Seelen angebracht scheint" (LCO 1, VI).

Es ist fundamental für das Leben der Brüder, dass wir im Kapitel zusammenkommen, ob auf Konvents-, Provinz- oder Ordensebene, um Entscheidungen für unser Leben und unsere Sendung zu fällen. Seit der Gründung des Ordens haben wir diese Entscheidungen auf demokratischem Weg getroffen, durch Debatten, die mit Abstimmungen abgeschlossen wurden. Was aber diesen demokratischen Prozess zu einem echt dominikanischen macht, ist, dass wir nicht nur danach streben, den Willen einer Mehrheit herauszufinden, sondern versuchen herauszubekommen, was unsere Sendung von uns verlangt. Zu welcher Aufgabe sind wir gesandt? Die Fundamentalkonstitution des Ordens verdeutlicht ausdrücklich die Verbindung zwischen unserem demokratischen Leitungsstil und den Erfordernissen unserer Sendung: „Diese gemeinschaftliche Leitung ist gut geeignet zur Förderung der Entwicklung des Ordens und zu seiner ständigen Selbstprüfung (...). Diese ständige Selbstprüfung ist nicht nur notwendig wegen der dauernden Bekehrungshaltung des Christen, sondern auch wegen der dem Orden eigenen Berufung, die ihn dazu bewegt, seine Präsenz in der Welt in jeder Generation anzupassen“ (LCO 1, VII).

Unsere demokratischen Einrichtungen ermöglichen es uns, Verantwortung zu übernehmen oder sie abzuwälzen. Es steht uns frei, Entscheidungen zu fällen, die unser Leben vollständig verändern, aber auch, sich träge in ihm einzurichten. Wir können uns Obere wählen, die es wagen, mehr von uns zu verlangen, als wir geben wollen, oder wir suchen uns einen Mitbruder, der uns in Ruhe lässt. Aber wir sollten uns darüber klar sein: Unsere Demokratie ist nur so lange dominikanisch, solange unsere Debatten und Abstimmungen Versuche sind, das Wort Gottes zu hören, das uns in die Nachfolge ruft.

Jede Einrichtung steht in der Versuchung, sich ihre eigene Fortdauer zum wichtigsten Ziel zu machen. Eine Firma, die Autos herstellt, existiert nicht aus dem barmherzigen Wunsch heraus, das Verlangen der Menschen nach Autos zu befriedigen, sondern hat das Ziel, sich auszubreiten und zu wachsen.

Auch wir können in diese Falle gehen, ganz besonders, wenn wir von unseren eigenen Einrichtungen in Begriffen sprechen, die aus der Wirtschaft stammen: Wenn der Provinzial und sein Konsil zur „Verwaltung" werden oder der Syndicus zum „Geschäftsführer"! Die Mitbrüder werden vielleicht sogar zum „Personal". Welche Mutter würde, um die Geburt eines neuen Kindes anzugeben, davon sprechen, dass der Personalstand der Familie angestiegen wäre? Unsere Einrichtungen existieren aber für einen ganz anderen Zweck, der außerhalb unserer selbst liegt, nämlich die Mobilität der Mitbrüder für unsere Sendung aufrechtzuerhalten.

In der *Vita fratrum (Das Leben der Brüder)* gibt es eine Geschichte über einen großen Rechtsgelehrten in Vercelli, der zu Jordan von Sachsen gelaufen kam und sich vor diesem niederwarf. Alles, was er sagen konnte, war: „Ich gehöre Gott." Jordan antwortete darauf: „Weil du Gott gehörst, so werden wir dich ihm übergeben" (IV, 10). Jeder Mitbruder ist ein Geschenk von Gott, aber er wird uns geschenkt, damit wir ihn weitergeben, nachdem wir ihn für die Sendung ausgebildet und für die Verkündigung befreit haben.

Der Anfang jeder guten Leitung ist Aufmerksamkeit, das gemeinsame Hören auf das Wort Gottes, das Öffnen unserer Ohren für die Nöte der Menschen. In einem dominikanischen Segensgebet des 13. Jahrhunderts baten die Brüder den Heiligen Geist, „uns zu erleuchten und uns Augen zu geben, mit denen wir sehen können, Ohren zum Hören und Hände, um das Werk Gottes zu vollbringen, einen Mund für die Predigt der rettenden Botschaft und den Engel des Friedens, der über uns wachen und uns führen soll, damit wir durch alle diese Gaben in Gottes Königreich einziehen werden"*. Wann immer wir im Konsil und Kapitel zusammenkommen, sollen wir zum Heiligen Geist beten, dass wir Augen zum Sehen und Ohren zum Hören bekommen, und was wir sehen und

* A Dominican Blessing, Early Dominicans. Selected Writings, hrsg. von S. Tugwell, New York 1982, 153.

hören, soll uns dorthin rufen, wo wir allein nicht hingehen würden. Mitleid soll unser Leben verändern.

Und wenn wirklich unsere Sendung das Ende und Ziel aller Leitung ist, wo liegt dann ihr Beginn? Sicherlich darin, dass „wir seine Herrlichkeit gesehen haben, die Herrlichkeit des einzigen Sohnes vom Vater". Wenn die Leitung die Ausübung von Verantwortung ist, dann ist sie auch letzter Ausdruck unserer Antwort auf den Einen, der uns seine Herrlichkeit geoffenbart hat. Die Betrachtung des einziggeborenen Sohns ist die Wurzel aller unserer Aufgaben und daher die Hauptquelle aller Leitung. Ohne diesen festen Grund gibt es keine Bewegung. Jede Leitung bringt uns von der Kontemplation zur Sendung. Ohne diese üben wir nur Verwaltungsakte aus.

1.2 Die Aufgabe der Leitung ist die gemeinsame Sendung

Das Wort wurde Fleisch und hat unter uns gewohnt. Das Wort des Heils ruft uns in eine Gemeinschaft zusammen, mit der Dreieinigkeit und untereinander. In diesem Wort finden wir unsere wahre Freiheit, die darin besteht, dass wir einander in Gnade und Wahrheit gehören. Die gute Nachricht, die wir verkünden, besteht darin, dass wir unser Zuhause im Leben des dreieinigen Gottes finden werden.

Wenn die Verkündigung des Evangeliums der Aufruf zur Gemeinschaft ist, kann ein Verkündiger nicht ein einsam lebender Mensch sein, der vor sich hin predigt. Unsere gesamte Verkündigung ist Teilhabe an der gemeinsamen Aufgabe, der Einladung ins gemeinsame Zuhause. Wenn also das Ziel der Leitung im Orden die Sendung zur Verkündigung ist, dann besteht ihre größte Herausforderung darin, die Brüder in der Erfüllung der gemeinsamen Aufgabe zu sammeln, in der Sendung des Ordens und der Kirche. Die Jünger werden nicht alleine ausgesandt.

Nichts beeinträchtigt eine gute Leitung so sehr wie ein Individualismus, durch den ein Mitbruder so ganz und gar in

„seinem Projekt“ aufgeht, in „seinem Apostolat“, dass er unfähig wird, für den gemeinsamen Auftrag des Ordens zur Verfügung zu stehen. Diese Privatisierung der Verkündigung erschwert es uns nicht nur, gemeinsame Projekte auszuarbeiten und zu entwickeln. Radikaler betrachtet vermittelt sie auch ein falsches Bild des Heils, in das wir gerufen sind, der Einheit in Gnade und Wahrheit. Letztlich läuft sie auf eine Unterwerfung unter ein falsches Bild über die Bedeutung dessen, was wahre Menschlichkeit ist, hinaus: ein einsames Individuum, dessen Freiheit aus Selbstbestimmung besteht, befreit von den Einmischungen anderer.

Eine der wichtigsten Herausforderungen an die Leitung ist die Abwehr der Gefahr einer Lähmung der Sendung des Ordens durch einen solchen Individualismus. Die Freiheit des Dominikus, die wir für so charakteristisch für den Orden halten, besteht nicht darin, dass jeder seinen eigenen Acker bestellt, ohne jede Einmischung durch irgendwelche Obere. Es ist die Freiheit, uns selber zu geben, ohne Vorbehalt, mit der Großzügigkeit des Wortes, das Fleisch geworden ist.

Manche Weisen der Predigt des Evangeliums sind nicht so leicht mitteilbar. Poesie zum Beispiel, die ein Bruder oder eine Schwester zur Verkündigung verfassen, oder Kunstwerke oder auch Forschungsarbeit, die eben nur einer allein entstehen lassen kann. Aber selbst dann müssen wir zeigen, dass sie nicht nur „ihr eigenes Zeug machen“, sondern dass sie auch damit zur gemeinsamen Aufgabe beitragen. Der Orden ist oft genau dort am lebendigsten, wo er sich die Dynamik der Mitbrüder nutzbar macht. Manchmal ist es das Befreiendste, was ein Oberer tun kann, wenn er einem Mitbruder das zu tun befiehlt, was er sich am stärksten wünscht und was er auch wirklich machen kann. Manchmal verlangt die gemeinsame Sendung von uns, dass wir Aufgaben übernehmen, die wir uns selber nicht ausgesucht hätten, dass wir ein vielgepriesenes Apostolat für das gemeinsame Ziel aufgeben. Wir brauchen nicht nur Prediger und Seelsorger, sondern auch Prokuratoren und Sekretäre, Obere und Verwalter. Aber auch das ist

Teil der Verkündigung des Wortes, das uns in eine Gemeinschaft gerufen hat.

2. Das Wort wurde Fleisch und hat unter uns gewohnt

Die Grundsätze dominikanischer Leitung

Die Konstitutionen weisen uns darauf hin, dass „das erste, weswegen wir zu einer Gemeinschaft versammelt sind, ist, in Einigkeit zusammenzuleben und ein Herz und eine Seele auf Gott hin zu haben“ (LCO 2,1). Das kann als Widerspruch gegen den fundamentalen Zweck unseres Ordens verstanden werden, nach dem wir ausgesandt sind, das Wort Gottes zu verkünden. In Wirklichkeit geht es um eine gesunde und notwendige Spannung, die unser dominikanisches Leben von jeher geprägt hat. Zur Verkündigung der Gnade und der Wahrheit, zu der wir gesandt sind, müssen wir zusammenleben, sonst haben wir nichts zu sagen. Die gemeinsame Sendung, die wir teilen, ist gegründet im Gemeinschaftsleben, das wir führen.

Diese Spannung findet sich in unserer Leitung. Denn wenn es das Ziel jeder Leitung ist, dass die Brüder zur Verkündigung befreit werden, dann muss es begründet liegen in unserer Brüderlichkeit. Solange wir nicht danach streben, mit einem Herz und einem Sinn zusammenzuleben, solange wird unsere Demokratie scheitern. In einer Vision spricht Gott zu Katharina von Siena, dass das Schiff des hl. Dominikus eines sei, in dem „sowohl die Vollkommenen wie die Unvollkommenen gut fahren“ (Dialoge 158). Der Orden ist ein Zuhause für Sünder. Und das bedeutet, dass es zum Aufbau einer guten Leitung niemals ausreicht, die Konstitutionen zu erfüllen, Kapitel abzuhalten, abzustimmen und Entscheidungen zu treffen. T. S. Eliot erzählt uns von Menschen, die „von so vollkommenen Systemen träumen, dass keiner mehr gut zu sein braucht"[*]. Unser Leitungsstil ist letztlich gegründet auf dem Streben nach Tugend. Das Fleisch muss Wort und Gemeinschaft werden, zu der aus Individuen zusammengewürfelten Gemeinschaft, die wir sind.

2.1 Macht, Autorität und Verantwortung

Gute Leitung hängt von der richtigen Weise ab, unsere Beziehungen zwischen Macht, Autorität und Verantwortung zu leben. Es mag merkwürdig klingen, dass ich hier nicht auf den Gehorsam eingehe. Das kommt daher, weil ich mich bereits ausführlich in meinem langen Brief an den Orden „Der Sendung geweiht" über den Gehorsam geäußert habe.[**] Dieser Brief hier wird auch so schon lang genug, daher muss ich nicht wiederholen, was ich schon anderswo geschrieben habe! Faktisch kommentiert natürlich alles, was ich in diesem Brief über die Leitung schreibe, die Konsequenzen unseres Gehorsamsgelübdes, durch das wir uns bedingungslos der gemeinsamen Sendung des Ordens unterworfen haben.

Macht

Unser Gemeinschaftsleben konfrontiert uns unweigerlich mit der Frage nach der Macht. Wir sprechen normalerweise nicht von „Macht", solange wir nicht fühlen, dass sie missbraucht wird. Dieser Begriff scheint unangebracht für die brüderliche Beziehung, die uns eint. Trotzdem ist jede menschliche Gemeinschaft durch ein Machtgefüge gekennzeichnet, und dominikanische Gemeinschaften sind davon nicht exempt. Wenn wir die Profess ablegen, übergeben wir uns in die Hände der Brüder. Unsere Brüder können Entscheidungen über unser Leben fällen, die uns nicht gefallen und die wir als ungerecht empfinden. Wir werden vielleicht an Orte assigniert, an die

---

[*] Chorus aus: „The Rock", 1934, VI.

[**] Vgl. *T. Radcliffe*, Der Sendung geweiht, in diesem Band 12-41.

wir nicht gehen wollen, oder in verantwortliche Stellungen gewählt, die wir nicht haben möchten.

Jeder Mitbruder hat Macht durch das, was er sagt, und das, was er nicht sagt, und durch das, was er tut oder lässt. Alle die Punkte, die wir in diesem Brief ansprechen – die Demokratie in den Kapiteln, die Abstimmungen, die Beziehungen zwischen den verschiedenen Ebenen der Ordensleitung –, alle beleuchten sie verschiedene Aspekte der Macht, die wir in unseren Beziehungen untereinander haben. Und wenn unsere Predigt machtvoll sein soll, dann müssen wir diese Machtbeziehungen auch offen und in Übereinstimmung mit dem Evangelium leben.

Das Leben Jesu zeigt eine paradoxe Beziehung zur Macht auf. Er war ein Mann mächtiger Worte, der seine Jünger dazu aufrief, ihm zu folgen, der Kranke heilte, Dämonen austrieb, Tote auferweckte und den religiösen Autoritäten seiner Zeit mutig entgegentrat. Und dennoch war er der Machtlose, der den Schutz durch das Schwert des Petrus zurückwies und der ans Kreuz genagelt wurde.

Die Macht dieses starken und verwundbaren Menschen war immer heilend und lebensspendend. Sie war niemals niederschlagend, vernichtend, zerstörend. Sie war keine Macht über Menschen, sondern eine Macht, die er ihnen gab. Tatsächlich erwies er sich genau dort am mächtigsten, wo er es ablehnte, Gewalt weiterzuleiten, wo er sie am eigenen Leib erlitt, und womit er ihre Fortsetzung mit seiner eigenen Person zum Stehen brachte. Er nahm sein Leiden und seinen Tod in seine eigene Hand und machte beide fruchtbar, zu einem Geschenk, zur Eucharistie.

Gute Leitung in unseren Gemeinschaften verlangt, dass wir das vorhandene Machtgefüge auf diese Weise verwenden, indem wir unseren Mitbrüdern Kraft zukommen lassen, anstatt sie unsere Macht spüren zu lassen. Das verlangt von uns den Mut zur Verwundbarkeit. Josef Pieper schrieb: „Tapferkeit setzt Verwundbarkeit voraus; ohne Verwundbarkeit gibt es nicht einmal die Möglichkeit der Tapferkeit. Ein Engel kann nicht tapfer sein, weil er nicht verwundbar ist. Tapfer sein heißt nämlich: Eine Verwundung hinnehmen zu können. Weil er wesenhaft verwundbar ist, darum kann der Mensch tapfer sein."* Unser Leitungsstil lädt ein zu einer solchen verwundbaren Tapferkeit.

Autorität

Jede Leitung hängt von der Ausübung von Autorität ab. Die Tatsache, dass die höchste Autorität des Ordens das Generalkapitel ist, ist eine Anerkennung der Tatsache, dass uns allen als Brüder Autorität zukommt. Die Abfolge unserer Generalkapitel, der Wechsel von Diffinitoren- und Provinzialkapitel deutet an, dass für uns Autorität viele Facetten hat. Die Oberen erfreuen sich ihrer Autorität im Rahmen ihrer Ämter, Theologen und Denker durch die Kraft ihres Wissens; die Brüder im seelsorglichen Apostolat erfreuen sich ihrer Autorität aufgrund ihres Kontaktes mit den Menschen, die um ihren Glauben kämpfen; die älteren Brüder erfreuen sich der Autorität wegen ihrer Erfahrung, die jüngeren Mitbrüder haben Autorität, die aus ihrem Wissen um die gegenwärtige Welt und ihre Probleme entstammt.

Gute Leitung funktioniert dann, wenn wir die Autorität, die jeder Bruder hat, anerkennen und respektieren und wenn wir jede Verabsolutierung einer einzelnen Autoritätsform ablehnen. Wenn wir die Autorität der Oberen verabsolutieren würden, würde der Orden aufhören, eine Bruderschaft zu sein; wenn wir die Autorität der Denker verabsolutieren würden, verkämen wir zu einer eigenartigen intellektuellen Institution; verabsolutierten wir die Autorität der Seelsorger, würden wir unseren Auftrag in der Kirche verraten; wenn wir die Autorität der Alten nicht mehr hinterfragten, hätten wir keine Zukunft mehr; würden wir nur mehr den Jungen Autorität übertragen, hätten wir keine Wurzeln. Die Gesundheit unse-

* *J. Pieper*, Das Viergespann, München 1964, 165.

rer Leitung besteht daraus, das Ineinander aller Stimmen, aus denen unsere Gemeinschaft besteht, zu erlauben.

Darüber hinaus sind wir Teil der Dominikanischen Familie. Das bedeutet, dass wir auch aufgerufen sind, auf die Stimmen unserer Nonnen, Schwestern und Laien zu hören. Auch ihre Autorität muss in unsere Erwägungen mit einbezogen werden. Die Autorität der Nonnen entspringt aus ihrem Leben, das sie ganz der Kontemplation geweiht haben. Unsere Schwestern haben eine Autorität, die aus ihrem Leben als Frauen mit einer breiten seelsorglichen Erfahrung entspringt. Sie können uns oft etwas beibringen durch ihre Nähe zum Volk Gottes, insbesondere zu den Armen. Dazu kommt noch, dass es Schwestern mit einer hochqualifizierten theologischen Ausbildung gibt, die uns ebenso vieles beibringen können. Den Laien kommt Autorität zu aufgrund ihrer sehr unterschiedlichen Erfahrungen, ihrem Wissen und weil sie verheiratet sind und Kinder haben. Ein Teil dessen, was wir der Kirche anbieten, liegt darin, dass wir eine Gemeinschaft sind, in der alle diese Autoritäten anerkannt werden sollten.

Verantwortung

Jede Leitung ist eine Ausübung unserer gemeinsamen Verantwortung für das Leben und die Aufgabe des Ordens. Seine Grundlage ist das Vertrauen, das wir ineinander setzen sollen. Als der hl. Dominikus die jungen Brüder zur Predigt ausschickte, waren die Zisterzienser über sein Vertrauen, das er in sie setzte, überrascht, und er entgegnete ihnen: „Ich weiß, ich weiß es sicher, dass meine jungen Männer hinausgehen werden und zurückkommen, ausgesandt werden und wiederkehren; aber eure jungen Leute werden weiter eingesperrt sein und trotzdem hinausgehen."*

* A Dominican Blessing, Early Dominicans. Selected Writings, hrsg. von S. Tugwell, New York 1982, 91.

Das Ziel unserer Ausbildung ist, dass wir Brüder heranbilden, die frei und verantwortlich sind; das ist der Grund, warum die Konstitutionen sagen, dass der Hauptverantwortliche für seine Ausbildung der Kandidat selber ist (LCO 156). Unsere Leitung gründet auf dem Vertrauen in die Mitbrüder. Wir zeigen ihnen unser Vertrauen, indem wir sie zur Profess zulassen. Dasselbe Vertrauen herrscht bei der Wahl der Oberen. Auch die Oberen müssen den Mitbrüdern ihr Vertrauen schenken, denen sie einen verantwortlichen Posten übertragen. Manchmal werden wir enttäuscht, aber das ist kein Grund, diese grundsätzliche gegenseitige Vertrauenshaltung aufzugeben. Wie Simon Tugwell OP schrieb: „Zuletzt betrachtet müssen Dominikaner, wenn sie ihre Arbeit sauber verrichten, sich gewissen Gefahren aussetzen, und man muss ihnen zutrauen, dass sie sie meistern können – und der Orden als ganzer muss akzeptieren, dass einige, vielleicht auch viele dieses Vertrauen missbrauchen werden.“*

Ein solches Vertrauen verlangt, dass wir unsere Angst überwinden, die Angst vor dem, was passieren kann, wenn die Brüder nicht mehr kontrolliert werden! Wir müssen die Mitbrüder dazu ausbilden, ein Leben in der Freiheit des hl. Dominikus zu führen. Wie Felicisimo Martínez OP sagt, „gibt es keinen größeren Dienst an einem Menschen, als ihn zur Freiheit zu erziehen. (…) Die Furcht vor der Freiheit mag wurzeln im guten Willen derjenigen, die sich für andere verantwortlich fühlen, und sie kann durch den Appell an den Realitätssinn legitimiert werden. Aber sie ist trotzdem nichts weniger als fehlender Glaube an die Kraft und die Wirkung der christlichen Erfahrung. Furcht und fehlender Glaube gehen immer Hand in Hand.“**

Die Angst zerstört alle gute Leitung. Katharina von Siena schrieb an Papst Gregor IX: „Ich wünschte Euch frei zu sehen von aller kriecherischen Furcht, weil mir bewusst ist, dass ein

---

* *S. Tugwell*, Dominican Risks, in: *Dominican Ashram* Dezember 1983, 187.

** *F. Martínez*, Caminos de Liberacíon y de Vida, Bilbao 1989, 24.

ängstlicher Mensch nicht ausharren kann in der Kraft eines heiligen Entschlusses und eines guten Wunsches. (…) Vater, erhebt Euch mutig, weil ich Euch sage, dass es nichts zu fürchten gibt!“ (Epistula 233). Furcht ist kriecherisch und daher inkompatibel mit unserem Stand als Kinder Gottes und Brüder und Schwestern desselben Vaters. Ganz besonders unangebracht ist sie bei einem Oberen, der dazu bestimmt ist, seinen Brüdern in Vertrauen und Furchtlosigkeit wachsen zu helfen.

Aber das Vertrauen, das wir ineinander setzen, ist keine Ausrede dafür, uns gegenseitig zu vernachlässigen. Wenn ich meinem Bruder vertraue, bedeutet das nicht, dass ich ihn vergessen kann und ihn einfach so vor sich hin machen lasse. Wenn eine gute Leitung uns Verantwortung zugesteht, dann wurzelt diese in der gegenseitigen Verantwortung, die wir für den anderen haben. Wenn wir die Profess ablegen, legen wir unsere Hände in die Hand eines anderen. Es ist eine Geste außerordentlicher Verwundbarkeit und Schwäche. Wir übergeben unser Leben unseren Brüdern und wir wissen nicht, was sie damit machen werden. Wir sind jeweils in den Händen der anderen.

Die *Vita fratrum (Das Leben der Brüder)* erzählt von einem Tedalto (III,6), dessen Berufung ihm harte Zeiten eintrug. „Alles, was er sah und fühlte, war wie ein zweiter Tod für ihn.“ Er war in den Orden als liebenswürdiger und besonnener Mann eingetreten, aber nun hatte er eine so üble Laune entwickelt, dass er sogar seinen Oberen mit dem Psalterium schlug. Das ist eine Erfahrung, die wir alle hatten! Selbst wenn wir glauben, dass Tedalto nie hätte in den Orden aufgenommen werden sollen, so gab ihn Jordan von Sachsen nicht auf und betete für ihn, bis sein Herz geheilt war. Indem wir einen Bruder zur Profess annehmen, nehmen wir auch die Verantwortung für ihn an, für sein Glück und sein Gedeihen. Seine Berufung ist unser aller Sache. Setzen wir uns immer für die Berufung eines Mitbruders ein? Wenn ein Mitbruder eine Krise durchmacht: Zeige ich ihm einen Ausweg? Schütze ich Respekt für sein Privatleben vor, um meine Unaufmerksamkeit zu verstecken? Fürchte ich mich vor den Zweifeln, die ihn beschäftigen? Ich hoffe, dass, wenn immer ich mich getrieben fühle, meinen Oberen mit dem Brevier zu schlagen, meine Mitbrüder sich meiner annehmen! Genauso muss ich in Zeiten der Krise das Vertrauen haben, sie meinen Brüdern mitzuteilen, im Vertrauen auf ihr Verständnis und ihre Barmherzigkeit.

Als Verkündiger des Wortes, das Fleisch geworden ist, tragen wir eine besondere Verantwortung für alle Worte, die wir sprechen. Das Wort muss vor allem Fleisch werden in Worten der „Gnade und Wahrheit". Die ältesten Konstitutionen ordneten an, dass der Novizenmeister den Novizen beibringen muss, „nie über Abwesende zu sprechen, außer im Guten" (I,13). Das ist kein Ausdruck frommer Überempfindlichkeit, die sich der Wirklichkeit des Lebens unserer Mitbrüder verschließt. Es ist eine Einladung, Worte der „Gnade" zu sprechen, eine Erinnerung daran, dass unsere Worte verletzen können, zerstören, vergewaltigen und untergraben können.

Genauso ist es eine Herausforderung, Worte der Wahrheit zu sprechen. Für unsere Demokratie ist es grundlegend, dass wir es wagen, ehrlich miteinander zu sprechen, dass wir den Mut finden, die Spannungen und Konflikte ins Wort zu bringen, die unser Gemeinschaftsleben schädigen und unsere gemeinsame Sendung behindern. Wenn wir das manchmal machen, geschieht das oft nicht in der Gegenwart der betroffenen Mitbrüder. Wenn wir uns durch das Benehmen unseres Bruders gestört fühlen, dann müssen wir es wagen, ihm die Wahrheit zu sagen, freundlich und brüderlich. Das Kapitel ist nicht immer der erste Ort dafür. Wir müssen uns trauen, an seine Tür zu klopfen und mit ihm persönlich zu sprechen (Mt 18,15). Wir müssen uns die Zeit für das Gespräch nehmen, vor allem mit denen, von denen wir uns entfremdet haben. Die Kommunikation im Kapitel hängt von einer vorangegangenen großen Gesprächsarbeit ab. Wenn wir diesen Versuch unternehmen, dann wird unsere Brüderlichkeit so gestärkt, dass wir auch schwere Probleme miteinander besprechen können. Erst dann werden wir in der Lage sein, offene Debatten über unser Gemeinschaftsleben zu führen, darüber, wo wir versagen und wo wir noch wachsen müssen, was früher der Sinn der Schuldkapitel war (vgl. Act. Cap. Gen. OP Caleruega 1995, Nr. 43,2).

Eines der Zeichen des Vertrauens zu den Brüdern ist, wenn wir dazu bereit sind, sie in verantwortliche Positionen zu wählen, selbst wenn sie noch jung oder unerfahren sind. Jordan machte man zum Provinzial der Lombardei, als er gerade erst ein Jahr im Orden war, und Ordensmeister wurde er nach zwei Jahren. Was für ein außerordentliches Zeichen des Vertrauens in einen Mann, der heutzutage nicht einmal ewige Profess hätte. Manchmal finden wir im Orden ältere Männer, die auf der Verantwortung kleben bleiben, vielleicht aus der Angst vor dem, was die Jungen unternehmen wollen und wohin sie uns bringen wollen. Und oft sind diese „Jungen“ gar nicht mehr so jung, sicher alt genug, um Familienväter zu sein und in der Welt wichtige Stellungen innezuhaben. Manchmal sind sie nicht viel jünger als ich! Aber unsere Ausbildung und die Weise unserer Ordensleitung sollte uns dazu ermutigen, unser Leben Brüdern anzuvertrauen, die uns ins Unbekannte bringen. Bei der Profess legt der Bruder seine Hände in unsere. Aber wenn wir diese Profess annehmen mit Sitz und Stimme im Kapitel, bedeutet das, dass wir unsere Hände in seine übergeben.

2.2 Demokratie

Als ich im Rahmen eines Fernsehinterviews in Frankreich gefragt wurde, was für unsere Spiritualität zentral sei, war ich genauso überrascht wie der Interviewer, als ich antwortete: „Demokratie“. Sie ist wirklich zentral für unser Leben. Ein Bruder zu sein bedeutet, Sitz und Stimme im Kapitel zu haben. Wie haben dieses Recht nicht als Gruppe von Privatmännern, die kompromissbereit Entscheidungen fällen, die jedem Einzelnen so viel persönlichen Freiraum wie möglich gestatten. Unsere Demokratie soll Ausdruck unserer Brüderlichkeit sein. Sie ist ein Ausdruck unserer Einheit in Christus als einige Gesamtheit.

Für uns ist Demokratie mehr als das Herausfinden des Willens etwaiger Mehrheiten bei Abstimmungen. Sie impliziert auch das Entdecken des Willens Gottes. Unsere Aufmerksamkeit einem Bruder gegenüber ist Ausdruck unseres Gehorsams zum Vater. Diese Aufmerksamkeit verlangt Verstand. Leider spricht Gott nicht immer deutlich durch meinen Bruder. Tatsächlich ist manches, was er sagt, falsch! Trotzdem ist das Herz unserer Demokratie die Überzeugung, dass selbst wenn es missverständlich und idiotisch ist, was er sagt, trotzdem ein Körnchen Wahrheit darin steckt, das darauf wartet, gefunden zu werden. Wie sehr ich auch nicht mit ihm einverstanden bin, so kann er mir trotzdem etwas beibringen. Lernen zu hören: eine Übung für den Verstand und die Vorstellungskraft. Ich muss wagen, meine eigene Position zu hinterfragen, mich selbst für Fragen zu öffnen, mich anderen Zweifeln auszusetzen. Es bedeutet einen Akt der Nächstenliebe, geboren aus einer Leidenschaft für die Wahrheit, die beste Vorbereitung, ein Prediger der „Gnade und Wahrheit“ zu sein.

Fergus Kerr OP sagte in seiner Homilie zur Eröffnung des Provinzkapitels 1996 der englischen Provinz: „Wenn es eine Sache gibt, die wir auf dem Kapitel sicher schaffen müssen, dann ist es, unsere Verpflichtung der Wahrheit gegenüber deutlich zu machen, zu hören, wo wir zustimmen und wo wir nicht zustimmen können, um das zu sichern, was an den Gedanken der anderen wahr ist. (…) Was ich immer mehr schätze, je länger ich im Orden bin, (…) ist diese besondere Weise des Denkens – zu erwarten, dass andere eine andere Meinung haben, der wir nicht zustimmen; ebenso erwarten zu können zu verstehen, warum sie an das glauben, was sie tun – wenn wir nur die Vorstellungskraft, den Mut, den Glauben an die Macht der Wahrheit, die Nächstenliebe haben, auf das zu hören, was andere sagen, insbesondere darauf, wovor sie sich fürchten, wenn sie bei dem zögern, wovon wir sie überzeugen wollen: Es gibt viele Wege, die Wahrheit herauszufinden, aber das ist der eine, von dem ich hoffe, dass ihn der Predigerorden immer versuchen wird zu gehen."*

Diese unsere geliebte Demokratie braucht Zeit. Eine Zeit, die wir einander schulden. Manchmal kann uns das langweilen. Nicht wenige Leute finden lang andauernde Konferenzen so anödend wie ich. Es ist nicht effizient. Ich glaube nicht, dass wir jemals einer der effizientesten Orden der Kirche sein werden, und es wäre auch falsch, wenn wir es versuchen würden. Gott sei Dank gibt es viel effizientere Orden als unseren. Und Gott sei Dank versuchen wir nicht, es ihnen gleich zu tun. Eine gewisse Effizienz ist notwendig, wenn wir unsere Freiheit nicht durch Stillstand verlieren wollen. Aber wenn wir Effizienz zu unserem Ziel machen, dann untergraben wir damit die Freiheit, die unser Geschenk an die Kirche ist. Unsere Tradition, jedem Bruder Sitz und Stimme zu geben, ist oft nicht der effizienteste Weg, gute Entscheidungen zu treffen, aber sie bezeugt die evangelischen Werte, die wir der Kirche anbieten und die unsere Kirche heute mehr braucht denn je.

2.3 Abstimmungen

Das Ziel unserer Gespräche im Kapitel ist, dass in der Gemeinschaft Einstimmigkeit erreicht wird. Das ist nicht immer möglich. Daher kommen wir durch Abstimmung zu einer Entscheidung. Eine der verantwortlichsten Pflichten eines Oberen ist es zu entscheiden, wann eine Abstimmung angebracht ist. Er muss seine Mitbrüder so nahe wie möglich zur Einstimmigkeit bringen, ohne so lange zuzuwarten, dass die Gemeinschaft durch Nichtentscheidungen paralysiert wird.

Wenn wir abstimmen, dann ist es nicht unser Ziel „zu gewinnen". In einem Kapitel abzustimmen ist etwas ganz ande-

---

* Akten des Provinzkapitels der englischen Provinz, 25. 4. 1996, 13.

res als im Parlament oder im Senat. Die Abstimmung gehört, ebenso wie die Debatte, zu einem Prozess, durch den wir versuchen zu entscheiden, was unser „Gemeingut" verlangt. Der Sinn einer Abstimmung liegt nicht darin, herauszufinden, ob mein Wille oder der eines anderen Bruders triumphiert, sondern darin, zu entdecken, was zum Aufbau der Gemeinschaft und für die Erfüllung der Sendung des Ordens nötig ist.

Nach unserer Tradition ist Abstimmen kein Wettkampf zwischen Gruppen, sondern die Frucht der Aufmerksamkeit gegenüber allem, was von den Brüdern gesagt worden ist. Soweit wie möglich, ohne jedoch grundsätzliche Überzeugungen aufzugeben, soll ich nach Vorschlägen suchen, die auf die Interessen, Ängste und Hoffnungen aller Brüder, nicht nur der Mehrheit, eingehen. Andernfalls werde ich vielleicht wirklich „gewinnen", aber die Gemeinschaft wird dabei verlieren. In der Politik drückt eine Stimme eine Bindung an eine bestimmte Partei aus. Bei uns drückt sie aus, wer wir sind, nämlich Brüder in der gemeinsamen Sendung des Ordens.

Daraus folgt, dass das Ergebnis einer Abstimmung die Entscheidung der ganzen Gemeinschaft darstellt, und nicht nur derjenigen, die dafür gestimmt haben. Es ist die Gemeinschaft, die sich zu einer Entscheidung durchgerungen hat. Ich kann so frei sein, diesem Ergebnis nicht zuzustimmen, und mich sogar für seine Aufhebung einsetzen, aber ich gebe meiner Identität als Mitglied der Gemeinschaft dadurch Ausdruck, indem ich die Entscheidung befolge. Dem einfachen Mehrheitsvotum zu vertrauen, war eine der tiefsten Neuerungen in der dominikanischen Tradition.* Vorher erfolgte die Wahl des Oberen entweder durch Konsens oder durch die Entscheidung des „klügeren" Teils der Brüder. Der Entscheidung der Mehrheit zu folgen, wurde als zu riskant angesehen. Für uns ist sie ein Zeichen des Vertrauens in unsere Brüder.

---

* Vgl. *S. Tugwell*, Dominican Risks, a.a.O., 182.

Am stärksten trifft das zu bei der Wahl der Oberen. Es ist natürlich, dass wir denjenigen für einen guten Oberen halten, mit dem wir uns gut verstehen, aber es würde der Natur unserer Demokratie zuwiderlaufen, wenn ein Mitbruder von einer Partei als „Kandidat" aufgestellt würde. Daher bin ich im Zweifel, ob es angebracht ist, einen Bruder vorher zu fragen, ob er sich bei einer Wahl als Kandidat aufstellen lässt. Natürlich ist es hilfreich zu wissen, ob ein Bruder eine Wahl akzeptiert oder ablehnt, aber es besteht eben die Gefahr, ihn für einen Kandidaten einer bestimmten Gruppe zu halten und als deren Repräsentanten zu wählen. Ebenso wünschen nur wenige von den Mitbrüdern, „Kandidaten" zu sein, die wirklich gute Obere abgeben würden, obwohl sie eine Wahl im Rahmen des Gehorsams ihren Brüdern gegenüber annehmen würden. Uns nach Kandidaten umzuschauen, die ihre Bereitschaft bekannt geben, Obere werden zu wollen, bedeutet nicht, dass wir die Mitbrüder wählen, die für ein Amt auch geeignet sind.

Ein Oberer wird zum Dienst an allen Brüdern gewählt, d.h. für das Gemeingut des Ordens. Seine Wahl ist das Ergebnis einer Abstimmung, die „wir" vorgenommen haben, unabhängig davon, für wen wir abgestimmt haben. Und in dem Augenblick, in dem er gewählt ist, braucht er die Unterstützung der ganzen Gemeinschaft, denn wir haben ihn gewählt, unabhängig, wie ich persönlich abgestimmt habe. Vor der Wahl haben wir um die Führung durch den Heiligen Geist gebetet, und wir müssen dieser Führung auch vertrauen, wenn sie uns gegeben wurde.

Eine der wichtigsten Verantwortungen, die uns unsere Demokratie abverlangt, ist die Zulassung von Kandidaten zum Orden und zur Profess unserer Brüder. Hier findet ein wunderbarer Ausdruck unserer gemeinsamen Verpflichtungen statt. Hier wird Abstimmung zur Suche nach der Wahrheit, als Teil eines Entscheidungsprozesses, in dem es darum geht, ob ein Mitbruder wirklich von Gott berufen ist, unser Leben zu teilen. Niemals darf das zum Ausdruck einer Parteipolitik werden oder abhängig von unseren persönlichen Sympathien und Antipathien einem Mitbruder gegenüber. Eine Abstimmung muss immer Ausdruck einer ehrlichen Nächstenliebe sein, Entscheidungssuche nach dem, was das Beste für unseren Bruder ist. Wenn wir dem folgen, dann wird sich ein Bruder, dessen Profess wir ablehnen, nicht zurückgestoßen fühlen, sondern wir konnten ihm helfen herauszufinden, was wirklich der Wille Gottes für ihn ist. Wenn unsere Abstimmungen Ausdruck von Machtkämpfen innerhalb der Gemeinschaft sind, von ideologischen Streitereien, Freund- und Feindschaften, dann betrügen wir uns um eine tiefgehende Verantwortung. Ermutigen wir die Mitbrüder, die in der Ausbildung stehen, ihr wahres Selbst zurückzustellen, dann werden wir sie zu Brüdern formen, die zur Leitung ungeeignet sein werden, wenn sie an der Reihe sind.

3. Das Wort wurde Fleisch

Die Ebenen dominikanischer Leitung

3.1 Verantwortung an sich reißen

Das Wort, das wir verkünden, ist kein abstraktes Wort, denn es wurde Fleisch und Blut. Wir predigen keine Heilstheorie, sondern wir verkündigen die Gnade, die im Leben, im Tod und in der Auferstehung eines Mannes vor zweitausend Jahren verkörpert wurde. So ist es auch für uns nicht genug, dass wir uns irgendeine nette Theorie über Verantwortung zurechtlegen. Wir haben sie zu leben. Wir besitzen wundervolle demokratische Strukturen, die uns Freiheit schaffen, aber diese Freiheit müssen wir auch an uns reißen.

Seit meinen Visitationen in den Provinzen bin ich davon überzeugt, dass es eine der wichtigsten Aufgaben ist, die uns gestellt sind, dass wir den Herausforderungen von heute effektiv und verantwortlich begegnen. Manchmal leiden wir unter dem, was ich schon öfter „das Geheimnis der verschwindenden Verantwortung“ genannt habe.* Wie kommt es, dass wir, für die Verantwortung so zentral ist, sie uns so oft durch die Finger schlüpfen lassen? Unsere Kapitel auf Ordens- oder Provinzebene sind normalerweise Orte der Wahrheit, wenn wir ehrlich nach dem streben, was getan werden muss und wie es getan werden muss. Große Entscheidungen werden getroffen; wundervolle Texte verfasst. Aber manchmal, nachdem wir alles so klar gesehen und analysiert haben, geht es uns wie dem Mann, „der sein eigenes Gesicht im Spiegel betrachtet: Er betrachtet sich, geht weg, und schon hat er vergessen, wie er aussah“ (Jak 1,23 f.).

Einer der Gründe, warum wir vor der Verantwortung fliehen, ist, dass, obwohl wir zur Freiheit berufen sind, die Freiheit beängstigend bleibt, Verantwortung uns zur Last wird und die Flucht verlockend wirkt. Wir haben im Orden viele verschiedenen Ebenen von Verantwortung, und oft ist es attraktiv, sich vorzustellen, dass sie besser auf einer anderen Ebene ausgeübt wird. „Etwas muss getan werden“, und dennoch muss es durch jemanden getan werden, den Oberen, das Kapitel oder sogar den Ordensmeister! „Die Provinz muss handeln!“, aber was ist die Provinz wenn nicht wir selber? Wenn wir wirklich die Erben der Freiheit des Dominikus sind, dann müssen wir unsere ganz eigene Verantwortung erkennen und an uns reißen. Wir müssen die Beziehung zwischen den verschiedenen Ebenen der Leitung im Orden artikulieren.

Die Konstitutionen sagen, dass in unserer Leitung „eine organische und gleichmäßige Teilhabe aller Mitglieder“ herrsche und dass die universale Autorität ihres Hauptes „proportional und übereinstimmend mit ihrer jeweiligen Autonomie den Provinzen und Häusern zugeteilt“ werde (LCO 1,VII). Wenn unsere Leitung wirklich „organisch und gleichmäßig“ ist und die jeweilige Autonomie jedes Bruders, Konventes und jeder Provinz anerkannt wird, dann müssen wir die Beziehungen

* Vgl. *T. Radcliffe,* Der Sendung geweiht, in diesem Band 12-41.

zwischen den verschiedenen Leitungsebenen im Orden klären. Ich mag das Wort „Ebene“ nicht; mir ist aber auch kein besseres eingefallen.

Die Beziehung zwischen den unterschiedlichen Verantwortungsebenen im Orden werden auf jeden Fall in den folgenden drei Grundsätzen angesprochen:

a) Wanderschaft

Kein Bruder ist für zu lange Zeit Oberer oder sollte es nicht sein. Die Zahl der Amtsperioden eines Bruders als Prior oder Provinzial ohne Postulation ist begrenzt. Wir haben keine Äbte auf Lebenszeit. Es soll keine Oberenkaste geben, denn die Leitung ist die geteilte Verantwortung aller Brüder. Wenn wir zu Oberen gewählt werden, dann ist das ein Dienst, den wir leisten müssen. Aber im Orden der Predigerbrüder gibt es keine Karrieren oder Beförderungen.

b) Wir müssen uns gegenseitig stärken

Es darf keinen Wettkampf um die Macht der Verantwortung entstehen, weder im Sammeln noch in der Flucht davor. Wir müssen uns gegenseitig stärken. Eine der wichtigsten Verantwortungen eines Priors ist es, seine Mitbrüder zu stärken[*], ihren Fähigkeiten zu vertrauen, mehr zu können, als sie sich vorstellen, und sie zu unterstützen, wo sie einen mutigen Standpunkt einnehmen. Als Montesinos seine berühmte Predigt über die Rechte der Indios hielt, war es sein Prior, Pedro de Cordoba, der hinter ihm stand und meinte, es sei die ganze Gemeinschaft gewesen, deren Predigt man gehört hätte. Jeder Bruder ist ein Geschenk für die Gemeinschaft, und der Obere ist verpflichtet, die Talente der Brüder, die Gott uns gegeben hat, positiv anzunehmen und zu bewerten.

---

[*] Vgl. S.th. II-II, 12 ad 2.

Aber diese Beziehung wirkt auch gegenseitig. Jeder Bruder hat im Gegenzug eine besondere Verantwortung für den Bruder, den wir gewählt haben. Eine der möglichen Arten, mit denen wir den Wert eines Mitbruders bestätigen, ist, ihn zum Oberen zu wählen. Nachdem wir diese Last auf seine Schultern gelegt haben, müssen wir ihn aber auch unterstützen, uns um ihn kümmern und ihn ermutigen. Wenn er versagt, dann braucht er unsere Vergebung. Wenn wir einen ineffizienten Oberen haben oder wenn er keine Visionen hat, dann kommt das daher, weil wir diesen Bruder zum Oberen gewählt haben. Wir können ihn nicht tadeln für die Fehler, die wir kannten, als die Gemeinschaft ihn ausgewählt hat. Statt sie ihm zur Last zu legen, müssen wir ihm bei dem helfen, was er leisten kann.

Was der Herr zu Petrus gesagt hat, das sagt er uns allen: „Stärke deine Brüder" (Lk 22,32). Wenn unser System der Leitung in all seiner Komplexität nur zur gegenseitigen Entmachtung arbeitet, dann lähmen wir uns selbst und verlieren die Freiheit des hl. Dominikus. Aber wenn es zur gegenseitigen Stärkung aller wirkt, dann können wir Großes vollbringen.

c) Die Einsicht in das gemeinsame Gut

Erkenntnis und Erhalt des gemeinsamen Gutes ist die wichtigste Aufgabe der Leitung, und gerade hier werden die Beziehungen zwischen den verschiedenen Leitungsebenen oft spannungsgeladen und schmerzhaft (vgl. 1.2). Ein Bruder wird vielleicht in eine Gemeinschaft assigniert, in der er nicht leben möchte, oder soll eine Aufgabe erfüllen, für die er sich nicht vorbereitet glaubt. Oder eine Provinz findet sich vor die Frage gestellt, ob sie einen Mitbruder für einen Dienst am Gesamtorden freigeben soll, den sie schlecht entbehren kann. Das kann hart sein, und dennoch ist es der deutlichste Ausdruck unserer Einheit in der gemeinsamen Aufgabe, und noch öfter muss das größere Gemeingut Priorität über ein eher lokales gewinnen, wenn der Orden sich nicht in eine lose Gesellschaft von Individuen auflösen will.

Beides kann schmerzlich sein. Und statt sich diesem Schmerz zu stellen, kann ein Oberer versucht sein, nach Freiwilligen zu fragen, oder einfach erklären, dass da nichts getan werden könne. Aber gerade das wäre eine Flucht vor der Verantwortung, für die er gewählt wurde, und es käme nur eine Lähmung dabei heraus.

Zu manchen Zeiten müssen wir uns trauen zu leiten, genau deshalb, weil wir die Freiheit, die das Herz des dominikanischen Lebens darstellt, so hoch schätzen. Wir halten die Freiheit hoch, in der die Mitbrüder sich im Kapitel versammeln und über unsere gemeinsame Sendung und unser Leben Entscheidungen fällen, die realisiert werden können und nicht nur Theorie auf dem Papier bleiben. Wir schätzen auch die Freiheit, in der ein Bruder sein Leben dem Orden und der gemeinsamen Sendung zur Verfügung gestellt hat. Wenn wir es nicht wagen, einen Mitbruder zur Erfüllung einer bestimmten Aufgabe aufzufordern, dann respektieren wir dieses freie, selbstlose Geschenk, das er uns in seiner Profess gemacht hat, nicht. Ich gebe zu, dass ich oft gezögert habe, einen Mitbruder um etwas zu bitten, von dem ich glaubte, er wolle es nicht geben. Wer bin ich, so etwas von meinem Mitbruder zu verlangen? Dennoch bitte ich ja nicht um Unterwerfung unter meinen Willen, sondern um Annahme des Gemeingutes, das alle Mitbrüder zusammen bestimmt haben. Manchmal muss man etwas „unter Gehorsam" verlangen. Aber wenn es bis dahin kommt, wäre es ein Fehler, zu glauben, dass das die Erfüllung des Gehorsamsgelübdes darstellt, da für uns der Gehorsam aus der gegenseitigen Aufmerksamkeit besteht, in der wir alle zusammen nach dem Richtigen und Besten suchen.*

Ich möchte euch nun Beobachtungen über einige Herausforderungen mitteilen, denen wir uns stellen müssen, wenn wir auf den verschiedenen Leitungsebenen im Orden Verantwortung übernehmen. Natürlich kann es hier nicht um eine komplette Analyse gehen. Dafür wäre wohl ein ganzes Buch nötig.

---

* Vgl. *T. Radcliffe*, Der Sendung geweiht, in diesem Band 12-41.

Es ist fundamental für das Leben des Ordens, dass wir in den Gemeinschaften, in denen wir leben, Verantwortung teilen. Wir wählen ja nicht einen Mitbruder zum Oberen der Gemeinschaft, um uns von unserer Verantwortung für unser Gemeinschaftsleben und unserer Aufgabe zu verabschieden, sondern um ihre Erfüllung zu unterstützen. In manchen Provinzen ist es schwer, Mitbrüder zu finden, die eine Wahl zum Prior annehmen. Einer der Gründe dafür mag darin liegen, dass wir von einem Prior erwarten, dass er alle Verantwortung allein übernimmt. Der Prior, früher eine majestätische Erscheinung, ist heute manchmal zum Hausmanager geworden, zu demjenigen, der ständig alle Probleme der Gemeinschaft zu lösen hat. Wenn eine Glühbirne durchgebrannt ist oder die Zentralheizung nicht funktioniert, dann muss sich der Prior darum kümmern. Einmal, als ich Prior in Oxford war, wurde ich mit dem Problem konfrontiert, wie die Milch von der Kuh in die Kanne gelangt, weil ich Milch zu meinem Kaffee haben wollte! Der Prior ist zwar aufgerufen, „seinen Dienst in Liebe" zu leisten (LCO 299), aber das bedeutet nicht, dass wir alle Verantwortung auf ihn abwälzen und ihn damit allein und hilflos stehen lassen können. Sich des Rechtes zu erfreuen, einen Oberen zu wählen, impliziert die Pflicht, ihn beim Aufbau unseres Gemeinschaftslebens und der Erfüllung unserer gemeinsamen Aufgabe zu unterstützen.

Die Oberen brauchen aber auch Unterstützung seitens des Provinzials und seines Konsils. In vielen Provinzen gibt es jährliche Oberentreffen, bei denen alle Fragen, die sich ihnen stellen, diskutiert werden und sie sich gegenseitig unterstützen und ermutigen. Die Provinz des hl. Albert in den USA hat sogar eine kleine Broschüre herausgebracht, um neu gewählten Oberen zu helfen, ihre Rolle zu verstehen und ihr Amt ohne Schaden zu überstehen.

Als Diener am Gemeingut ist es eine der Hauptaufgaben des Priors, dem Kapitel vorzustehen und den Mitbrüdern zu helfen, zu einem Konsens zu kommen. Vor allem hat er sicherzustellen, dass alle Mitbrüder gehört werden, besonders jene, die sehr scheu sind oder die Ansicht einer Minderheit vertreten. Er ist dafür da, die Schwachen gegen die Starken zu verteidigen. „Es gibt schwache Mitbrüder, die darunter leiden, unter die Räder der Persönlichkeit stärkerer Mitbrüder zu geraten. Die Aufgabe des Priors ist es, sie zu beschützen, einerseits durch Förderung ihrer Fähigkeiten und andererseits durch den Hinweis an die Stärkeren, die anderen nicht zu überfahren."* Die hl. Katharina von Siena schrieb an die Oberen von Bologna, dass diese den Starken alles durchgehen ließen, aber den Schwachen gegenüber, „die bedeutungslos scheinen und die sie nicht fürchten, einen furchtbaren Eifer für ‚Gerechtigkeit' an den Tag legen und ihnen ohne Gnade und Barmherzigkeit harte Strafen für kleine Fehler auferlegen" (Epistula 268). Selbst ein Oberer in einer dominikanischen Gemeinschaft kann sich versucht fühlen, mehr Eifer zu zeigen beim Hinweis auf Fehler eines Schwachen als bei einem Stärkeren.

Der Obere muss sich für jeden Bruder Zeit nehmen. Es ist nicht damit getan, den Vorsitz bei Gemeinschaftstreffen zu führen. Er muss jedem Mitbruder gegenüber aufmerksam sein und jeden regelmäßig allein treffen, damit dieser Bruder ihm seine Hoffnungen und Ängste frei mitteilen kann, in der Sicherheit eines Raums des Vertrauens. Vor allem muss der Obere um die Würde jedes Bruders besorgt sein. Einen Rat möchte ich geben: Lasst nie zu, dass ein Mitbruder gedemütigt wird.

Eine der wichtigsten Aufgaben des Oberen ist es, der Gemeinschaft zu helfen, ein „Gemeinschaftsprojekt" zu finden. Die zentrale Bedeutung, die das für unser Gemeinschaftsleben und unsere gemeinsame Aufgabe hat, wurde auf den letzten drei Generalkapiteln deutlich betont, in manchen Provinzen findet es aber keine Beachtung. Manchmal kommt das

---

* *J. Kopf*, Etre Prieur aujourd'hui, in: Prieurs et Superieurs dans le gouvernement des couvents, hrsg. von der Province Dominicaine de France, Réunion des Prieurs / Superieurs, März 1995.

daher, weil es falsch verstanden wird, als ob alle Mitbrüder sich nur mehr einer einzigen Aufgabe widmen sollten, wie einer Schule oder einer Pfarrei. Der erste Schritt in diese Richtung liegt darin, dass jeder Bruder der Gemeinschaft über sein Leben und sein Apostolat berichtet und ihr die Freuden und Enttäuschungen mitteilt, die ihm daraus erwachsen. Aber es muss noch weitergehen, hin zu einer intensiveren Zusammenarbeit bei den Aufgaben der einzelnen, hin zur Entwicklung einer gemeinsamen Mission. Es ist wichtig für eine Gemeinschaft, einmal die seelsorgerische Präsenz des Ordens in einer Region zu analysieren und zu betrachten, inwieweit die Prioritäten des Ordens dort berücksichtigt werden. Ich unterstützte ausdrücklich die Empfehlung des Generalkapitels von Caleruega (44), dass jede Gemeinschaft sich einmal im Jahr zusammensetzt, um die Pastoral der Brüder gemeinsam zu betrachten und das Jahr zu planen.

Demokratie bedeutet nicht, dass der Prior alles aufs Kapitel tragen muss. Wir wählen Mitbrüder, damit sie bestimmte Verantwortungsbereiche übernehmen, damit wir für die Erfüllung unserer Aufgabe frei bleiben. Wenn wir einen Mitbruder zum Oberen gewählt haben, dann müssen wir ihn auch leiten lassen. In den Konstitutionen wird bestimmt, wann der Prior die Gemeinschaft konsultieren muss oder in welchem Fall dem Kapitel oder dem Konsil die Entscheidungsgewalt zusteht. Aber der Obere sollte das nicht als Ausrede dafür verwenden, die Verantwortung der Gemeinschaft dort zu bestreiten, wo es für die Brüder wichtig ist. „Was aber alle als einzelne betrifft, muss von allen gebilligt werden" (CIC c. 119,3). Von Humbert von Romans wurde im 13. Jahrhundert das Grundprinzip festgelegt, nach dem der Prior die Gemeinschaft in allen wichtigen Angelegenheiten befragen soll, aber in unbedeutenden Fragen niemanden zu belästigen braucht und dass in mittelwichtigen Belangen von ihm verlangt ist, dass er sich mit einigen seiner Konsilsmitglieder berät.*

* Vgl. Opera de vita regulari, II, 284-285.

Die demokratische Grundregel der Kapitel ist so zentral für unser Leben, dass wir manchmal versucht sind, anzunehmen, dass der Prior eher der Moderator des Kapitels ist, als dass es ihm zuständе, die Debatte zu leiten, damit die Mitbrüder, wenn möglich, zu einem Konsens gelangen können. Aber die Konstitutionen (LCO 299; 300) machen klar, dass der Prior die Aufgabe eines Wächters über das religiöse und apostolische Leben der Gemeinschaft hat. Zum Beispiel muss er den Mitbrüdern regelmäßig Predigten halten. Das untergräbt in keinster Weise die demokratischen Prinzipien. Es zeigt, dass die lokale Gemeinschaft Teil der Provinz ist, wie die Provinz Teil des Ordens ist, und dass daher die lokale Gemeinschaft keine Entscheidungen treffen kann, die dem widersprechen, was die Brüder auf dem Provinz- oder Generalkapitel beschlossen haben. Es geschieht genau im Namen der größeren Demokratie, dass vielleicht ein örtlicher Oberer entdeckt, dass er den Willen einer Mehrheit nicht akzeptieren kann. Wenn zum Beispiel die Brüder beschlossen haben, dass in jeder Zelle eine Sauna installiert werden soll, dann wird er diesen Konsens wohl zurückweisen müssen!

3.3 Die Leitung der Provinz

Das Generalkapitel von México Ciudad beschreibt die Provinz als normales Wirkzentrum für die seelsorgerische Dynamik des Ordens (vgl. Act. Cap. Gen. OP México Ciudad 1992, Nr. 208). Auf der Ebene der Provinz muss viel von der praktischen Planung für die Aufgabe des Ordens stattfinden. Nachdem ich jetzt etwa 35 Provinzen im Orden visitiert habe, muss ich mich ohnehin zwingen, nur kurz darüber zu schreiben. Seid dankbar dafür, dass ich nicht noch ein Jahr mit diesem Brief gewartet habe! Ich bedaure, dass hier nicht der Platz ist, etwas über die Beziehungen der Vikariate zu den Provinzen zu schreiben.

a) Schaffung neuer Projekte

Es ist für jede Provinz notwendig, Projekte und Einrichtungen zu schaffen, die unsere gemeinsame Sendung formen. Die meisten von uns wurden vom Orden angezogen, weil wir Prediger sein wollten. Aber in welchen Formen findet Predigt heute statt? Welche Projekte geben unserem dominikanischen Charisma heute Fleisch und Blut?

Wir hegen vielleicht einen gewissen Verdacht gegen Einrichtungen, die sehr zeitbedingt in eine bestimmte Kultur gehören, und trotzdem war die Gründung des Ordens ein Akt höherer institutioneller Kreativität. Dominikus und seine Brüder antworteten auf die Not der Verkündigung des Evangeliums mit einer außerordentlichen Phantasie, mit der Erfindung einer neuen Einrichtung, unserem Orden. Wir brauchen diese Phantasie. Solche Einrichtungen müssen nicht sehr komplex oder teuer sein: Ein Radiosender oder eine Internet Homepage, eine Hochschule oder eine Musikband, ein Konvent oder eine Kunstgalerie, eine Buchhandlung oder eine Gruppe von Wanderpredigern. Alle das sind „Einrichtungen", die neue Weisen der Verkündigung unterstützen können. Die Inkarnation des Wortes Gottes an neuen Grenzen verlangt neue Konzeptionen.

Wenn wir im Kapitel zusammenkommen, um die Mission unserer Provinzen zu planen, dann müssen wir uns immer fragen, ob die Einrichtungen, die wir halten, zur Erfüllung der Sendung des Ordens beitragen. Verleihen sie uns eine Stimme in den Debatten unserer Zeit? Der hl. Dominikus schickte seine Brüder an die neuen Universitäten, weil dort die wichtigen Fragen der Zeit diskutiert wurden. Wo würde er uns heute hinschicken?

Die Planung unserer Mission verlangt von uns eine Kreativität in unseren Institutionen, die Fähigkeit, sich neue Projekte ausdenken zu können, neue Kanzeln, die die Stimme des Ordens hörbar machen. Zu ihrer Zeit erfanden junge französische Dominikaner eine neue Form der Volksmission, die

„Strandmission", die sehr populär war! Ein amerikanischer Mitbruder, der mit der Mission im protestantischen Süden des Landes vertraut war, baute einen Caravan zu einer mobilen Kapelle mit einer Kanzel um. Wenn wir wirklich dringend die Gute Nachricht von Jesus Christus weitergeben wollen, dann müssen wir unsere Phantasie voll verwenden.

Wenn wir den Mut und die Erfindungskraft dazu nicht haben, dann werden wir entweder stecken bleiben und in unseren Kirchen auf die Menschen warten, die angeblich zu uns kommen, während die Leute irgendwo anders sind und auf ein Wort warten. Oder aber wir sehen uns für andere Institutionen arbeiten, die von anderen Gruppen gegründet wurden, sogar von anderen Orden, die mehr Tatkraft und mehr Phantasie haben als wir.

Wir brauchen junge Brüder und neue Berufungen, um auf ganz neue Arten zu verkündigen, die wir uns noch gar nicht vorstellen können. Als die Provinz von Chicago vor ein paar Jahren einige Novizen akzeptierte, hätte sich niemand vorstellen können, dass heute dieselben Männer im World Wide Web predigen würden und sich gerade die Gründung eines *Virtual Centre of Studies* überlegen!

b) Planung

„Mit den Träumen beginnt die Verantwortung", sagte W. B. Yeats.* Die Provinzkapitel sollten die Orte sein, an denen wir es wagen, uns unseren Herausforderungen durch das Träumen über neue Projekte zu stellen. Oft fällen die Kapitel mutige und unerschrockene Entscheidungen, etwa sich mehr für Gerechtigkeit und Frieden einzusetzen, unsere Präsenz in den Massenmedien zu verstärken, Mitbrüder für die Mission auszuschicken. Gott sei Dank! Und trotzdem entdeckt man vier Jahre später, dass nicht viel passiert ist. Im alten dominikanischen Messbuch gab es ein Gebet, mit dem die Mitbrüder

* *W. B. Yeats*, Collected Poems, London 1993, 112.

den Heiligen Geist baten, dass er sie fähig mache, die Entscheidungen zu treffen, die er wollte, und ihre Kraft zu ihrer Erfüllung zu nutzen. Vermutlich war dieses Gebet nötig, weil die Brüder damals wie heute es leichter fanden, Entscheidungen zu treffen als sie auszuführen. Wenn wir es aber nicht lernen, sowohl Entscheidungen zu treffen als auch sie zu erfüllen, dann werden wir von aller Leitung enttäuscht sein, und unsere Freiheit und Verantwortung wird zerstört werden.

Das Wort in unserer Zeit Fleisch werden zu lassen, neue Formen moderner Verkündigung zu finden, muss mit Träumen anfangen, aber in harter, praktischer Planung enden. Eine gute Leitung verlässt sich auf die Tugend der Klugheit, auf eine praktische Weisheit. Wir müssen zu einem Einverständnis kommen über das, was sich erreichen lässt. Wir können nicht alles sofort machen, und daher müssen wir eine Reihenfolge der Projekte festlegen, die sich realisieren lassen. Wir müssen uns mit den Folgen unserer Entscheidungen auseinandersetzen, selbst wenn das eine tiefgreifende Reorientierung der Arbeit und des Lebens der Provinz nach sich zieht. Wir müssen einen Prozess beschreiben, durch den ein Projekt geplant, vorgeschlagen, bewertet und vollzogen wird. Falls dieser Prozess nicht klappt, müssen wir untersuchen, warum und wie er vielleicht verbessert werden könnte.

c) Die Herausforderungen des Wachstums und der Schrumpfung

Es gibt bestimmte Momente im Leben einer Einrichtung des Ordens, an denen eine kluge Planung ganz besonders wichtig ist.

Der Übergang zu einer vollen dominikanischen Identität

Es gibt aufeinanderfolgende Momente der Geburt des Ordens in einem neuen Land. Manchmal müssen wir am Anfang, um Eingang und Akzeptanz einer neuen Kultur zu erlangen, Seelsorgsaufgaben übernehmen, die unser Charisma als Prediger und Lehrer nicht voll ausdrücken.

Im ganzen Orden, in Afrika, Lateinamerika, Osteuropa und Asien, konnte ich die Aufregung und die Schwierigkeit beim Übergang in das nächste Stadium dominikanischen Lebens beobachten. Es sind Momente tiefgreifender Veränderung, wenn die Mitbrüder versuchen, Gemeinschaften zu formen, Pfarreien aufgeben, neue Aufgaben übernehmen, Ausbildungs- und Studienzentren einrichten, einen Professorenstab aufbauen. Das Gedeihen des Ordens hängt von den Brüdern ab, die in der Lage sind, in der Zeit eines solchen Überganges in gegenseitigem Verständnis und gegenseitiger Hilfe zu leben.

Für die älteren Mitbrüder, vielleicht die „Gründerväter", kann das eine schmerzhafte Zeit sein, weil die Hoffnungen der Jungen auf sie wie eine Zurückweisung all dessen wirken, was sie gemacht haben. Sie haben junge Männer im Orden willkommen geheißen, die nun ihr Lebenswerk zerstören wollen, und das mit dem Ziel, „ganz dominikanisch" zu sein. Auch für die Jungen kann das eine Zeit der Ängste sein, in der sie sich fragen, ob sie wohl in der Lage sein werden, ihre Träume eines dominikanischeren Lebens erfüllen zu können.

In solchen Momenten des Übergangs ist vorsichtige Planung und Beratung sehr notwendig. Aber das ist nicht allein eine Verwaltungsfrage. Wir müssen beiden zeigen, dass wir das hochschätzen, was die älteren Mitbrüder getan haben, und diese Situation als Zeit des Sterbens und der Wiedergeburt leben, in der Nachfolge Christi. Als Bischof Paul Andreotti für die Mitbrüder in Pakistan Exerzitien hielt, gerade zu der Zeit, als dort eine neue Vize-Provinz entstand, sagte er zu den Brüdern, die aus dem Ausland kamen: „Manche von euch werden sich nun entscheiden, in die eigenen Provinzen zurückzukehren, aber diejenigen, die bleiben wollen, müssen sich über ihre Motive im Klaren sein. Ich glaube, dass Jesus uns einen Weg anbietet zu sterben." Wenn die älteren Mitbrüder diesen Weg in Freude gehen können, dann werden sie damit auf die einprägsamste Weise auf die Ausbildung der jüngeren Brüder wirken. Denn die Ausbildung, insbesondere für einen wandernden Bettelbruder, ist immer eine Einführung in die Enteignung.

Gilbert Markus OP sagte auf dem Generalkapitel von Caleruega: „Wenn diese jungen Männer in den Orden kommen, um Christus zu folgen, dann müssen sie auch in die Kunst des Sterbens eingeführt werden. Sie haben sich dem Orden selber anvertraut, und ein Teil der Verantwortung, die wir mit ihrer Profess übernehmen, ist die Verantwortung, ihnen diese Kunst beizubringen. Es gibt für einen jungen Dominikaner, der in seiner Ausbildung nichts davon mitbekommt, dass er etwas von sich aufgeben muss, selber sterben muss, keine Hoffnung. Das ist keine Ausrede für die älteren Mitbrüder, auf ihrer eigenen Position kleben zu bleiben und sich einem Wechsel zu widersetzen. Stattdessen sollten sie die jungen auf diesen Weg des Opfers führen, was bedeutet, ihn mit ihnen zu gehen und ihnen ein Vorbild für Großmut zu geben."*

Schrumpfungen

Wenige Provinzen des Ordens sterben, aber manche, vor allem in Westeuropa, schrumpfen. Wie kann eine solche Provinz in der Lage bleiben, neue Projekte und Initiativen zu unternehmen?

Eine Provinz muss sich selber fragen, was sie wirklich will. Was ist ihre Aufgabe heute? Welchen Herausforderungen muss sie sich stellen? Welche neuen Formen der Predigt können daraus entstehen? Eine solche Freiheit zu haben, kann zu drastischen Aktionen führen. Es mag nötig sein, zwei Häuser zu schließen, um eines zu eröffnen, das neue Möglichkeiten bringt. Aber es ist besser, Taten zu setzen, die zeigen, dass wir frei sind, als einfach einen langsamen Rückwärtsgang einzuschlagen, in dem wir passive Opfer der

* *Gilbert Markus*, Ars moriendi, in: The First Three Days. Papers for the General Chapter of Caleruega, Rom 1995, 10 f.

Umstände werden, die wir nicht kontrollieren können. Wie können wir die Freiheit der Kinder Gottes verkündigen, wenn wir unsere eigene Freiheit aufgegeben haben? Wie können wir Bote der Hoffnung sein, wenn wir alle Hoffnung, etwas Neues für Gott zu tun, aufgegeben haben? Wenn uns niemand unsere Freiheit annehmen sieht, dann werden wir auch nie neue Berufungen anziehen.

d) Der Provinzial und sein Konsil

Das Provinzkonsil wird gewählt, um den Provinzial in der Leitung der Provinz zu unterstützen, indem es ihm Rat bietet und Entscheidungen trifft. Die Konsilsmitglieder mögen gewählt worden sein, weil sie die verschiedenen Ansichten und Interessen der Konvente repräsentieren, aber sie sind nicht als Repräsentanten einer Gruppe oder Ideologie Mitglieder im Konsil. Die Entwicklung irgendeiner Fraktion im Konsil würde seinen Dienst an der Provinz untergraben. Seine Aufgabe ist es, dem Provinzial bei der Erfüllung der Entscheidungen des Kapitels zu helfen und nach dem Gemeingut zu streben. Das verlangt einen hohen Respekt vor dem Vertrauen, ansonsten wird der Provinzial nicht die Unterstützung erhalten, die er braucht.

Bei der Durchführung der Entscheidungen des Kapitels und seinem Streben nach dem gemeinsamen Ziel wird der Provinzial Entscheidungen treffen müssen, die schmerzhaft sind. Ich habe oben über den Schmerz geschrieben, der von Assignationen ausgehen kann (3.1.c). Dennoch kann eine Provinz nicht regiert werden auf der Basis des Wartens auf Brüder, die sich freiwillig zu bestimmten Aufgaben melden. Nach Freiwilligen zu fragen, mag aussehen, als ob man die Freiheit der Brüder respektieren würde, aber normalerweise, außer unter besonderen Umständen, ist es nur die Fehlinterpretation des Wesens der Freiheit, mit der wir uns selbst der Sendung des Ordens zur Verfügung gestellt haben. Es untergräbt auch effektiv die Freiheit der Provinz, Entscheidungen zu treffen und zu erfüllen. Schließlich beruht es auf der Annahme, dass der beste Richter über die Fähigkeiten eines Mitbruders dieser Bruder selber ist. Wir werden vielleicht radikal missverstanden. Manchmal hält sich ein Mitbruder für einen echten Nachfolger des hl. Thomas, wo er doch eher ein stummer Ochse ist. Ich vertraue meinen Mitbrüdern, dass sie wissen, was ich am besten leisten kann. Das ist Teil des Vertrauens, das den Orden zusammenhält.

Ein Provinzial oder der Ordensmeister muss manchmal auch eine Wahl kassieren. Auch das kann schmerzlich sein. Es mag aussehen, als ob wir die demokratischen Rechte der Brüder, ihren eigenen Oberen zu wählen, dadurch untergraben. Dennoch muss auch das manchmal geschehen, gerade weil diese Oberen demokratisch gewählt worden sind, um das gemeinsame Ziel des Ordens der Provinz zu schützen. Es würde die Demokratie untergraben, wenn sie die Verantwortung, für die sie gewählt worden sind, ablehnen würden. In diesem Prozess gibt es mehrere Schritte. Die Gemeinschaft stimmt ab; der Obere muss sich entscheiden, ob er bestätigen oder kassieren soll; der gewählte Mitbruder muss annehmen oder ablehnen; der Obere muss entscheiden, ob er die Ablehnung akzeptiert oder nicht. Bei jedem dieser Schritte müssen wir uns erlauben, die Verantwortung auszuüben, die ganz unser eigen ist, ohne Einmischung und Druck, damit wir entdecken, wo das gemeinsame Ziel wirklich liegt.

3.4 Der Ordensmeister und das Generalkonsil

Die Beziehung der Ebene der Leitung des Ordens durch den Ordensmeister mit den anderen Leitungsebenen im Orden funktioniert nach denselben Prinzipien, wie sie in 3.1. beschrieben sind: Wanderschaft, gegenseitige Unterstützung und Streben nach dem größeren gemeinsamen Ziel.

a) Die Stärkung der Brüder

Die oberste Aufgabe des Ordensmeisters und des Generalkonsils ist die Unterstützung der Mitbrüder und der ganzen Dominikanischen Familie. Überall, wo ich auf meinen Reisen hinkomme, treffe ich Brüder und Schwestern, die das Evangelium mit ganz wunderbarem Mut verkündigen, oft in einer Umgebung von Armut und Gewalt. Für mich und das Konsil ist das eine Inspiration.

Das grundsätzlichste Mittel, mit dem der Ordensmeister seine Brüder stärken kann, ist die Visitation, der Versuch, jeden Mitbruder zu treffen. Das ist ein Privileg und eine Freude. Das Programm ist dabei so voll, dass sich kaum Zeit für irgendetwas anderes findet. Zwischen letztem November und diesem Mai war ich insgesamt weniger als vier Wochen in Rom. Es war mir nicht möglich, wie ich gehofft hatte, die Brüder und Schwestern im Gebiet der großen Seen in Afrika zu besuchen, um ihnen die Unterstützung zukommen zu lassen, die sie brauchen. Ein Problem, das ich auf das Generalkapitel von Bologna bringen werde, ist die Frage, wie wir das System der Visitationen so verändern könnten, dass dem Ordensmeister mehr Freiheit bleibt, auf die Bedürfnisse des Ordens in anderer Weise zu reagieren.

Wenn eine Provinz einen Prozess tiefgreifender Erneuerung durchmacht oder eine Krise überstehen muss, dann sind gelegentliche Besuche nicht genug. Daher sieht das Generalkonsil in steigendem Maß die Notwendigkeit, manche Provinzen des Ordens in ihren schweren Herausforderungen zu unterstützen. Wir müssen ihnen so helfen, dass ihnen die Kraft und der Mut vermittelt wird, die schweren Entscheidungen, die für ihre Erneuerung nötig sind, leichter zu treffen. Der Socius des Ordensmeisters für diese Provinz wird dabei oft eine leitende Rolle spielen, indem er den Mitbrüdern zur Seite steht, wenn sie sich den Herausforderungen des Wiederaufbaus dominikanischen Lebens und dominikanischer Leitung stellen.

Selten ist es notwendig, dass der Ordensmeister sich direkt in die Leitung einer Provinz einmischt. Wenn er es tut, dann mag es für die Brüder schwer zu ertragen sein. Es mag scheinen, als ob sie ihres demokratischen Rechtes, Entscheidungen über ihr Leben und ihre Arbeit zu treffen, enthoben würden. Alle diese Interventionen stellen aber einen Versuch dar, die Mitbrüder zu stärken und ihnen dabei zu helfen, ihre Freiheit und Verantwortung wiederzugewinnen. Wenn die Leitung auf Provinzebene schwach wird oder sogar gelähmt, dann muss der Ordensmeister oft direkt eingreifen, damit die Brüder sich ihrer Zukunft wieder frei stellen können. Oft ist das der Fall, wenn es um die Vereinigung von Provinzen geht.

b) Das größere gemeinsame Ziel

Der Ordensmeister muss die Einheit des Ordens in der Erfüllung der gemeinsamen Aufgabe fördern. Diese gemeinsame Aufgabe sehen wir am klarsten in der Etablierung neuer Gründungen, bei der Erneuerung des Ordens dort, wo er schwach ist, und an den Häusern, die direkt unter der Jurisdiktion des Ordensmeisters stehen.

Eine der schwersten Aufgaben des Ordensmeisters ist es, Mitbrüder für diese gemeinsame Aufgabe zu finden. Humbert von Romans schrieb im 13. Jahrhundert an den Orden, dass eines der größten Hindernisse für die Mission des Ordens „die Liebe der Brüder zu ihrem Heimatland" sei, „eine Verlockung, die sie oft umgarnt, als ob ihr Wesen niemals begnadet worden wäre, dass sie anstelle ihr eigenes Land zu verlassen und ihre Freunde und Verwandten ihres eigenen Volkes zu vergessen, in ihrer eigenen Familie und unter ihren Freunden zu leben und zu sterben wünschen, ohne sich dabei ins Gedächtnis zu rufen, dass sich unter ähnlichen Umständen der Heiland nicht erlaubte, sich nach seiner eigenen Mutter zu richten."[*] Manche Dinge ändern sich nie!

[*] *Humbert von Romans*, opus cit., 498.

Allerdings muss ich auch zugeben, dass viele Mitbrüder, vor allem die jungen, einen tiefen und wachsenden Sinn für die gemeinsame Sendung des Ordens haben, in den sie berufen wurden. Einige Provinzen sind wirklich großzügig in der Bereitstellung von Brüdern für die gemeinsame Aufgabe des Ordens. Zum Beispiel haben wir Mitbrüder gefunden, die uns beim Wiederaufbau des Ordens in der ehemaligen Sowjetunion helfen. Trotzdem bleibt es oft schwierig, Mitbrüder für Aufgaben zu finden, wo sie dringend gebraucht werden, zum Beispiel zur Unterstützung der Brüder in Burundi und Ruanda in dieser Leidenszeit. Wir brauchen Brüder für die Gründung des Ordens in Westkanada. Wir brauchen Brüder, um unsere internationalen Studienzentren zu erneuern und zu erhalten.

Wie können wir unsere Teilhabe an der gemeinsamen Sendung des Ordens vertiefen? Das verlangt von uns, dass wir in der Gnade und in der Wahrheit des fleischgewordenen Wortes zusammenwachsen.

(1) Wir sind gerufen, uns in grenzenloser Großzügigkeit dem Wort zur Verfügung zu stellen. Es geht nicht nur um die Großzügigkeit einer Provinz, einen Mitbruder herzugeben, der gerade frei ist, oder sich nach Freiwilligen umzusehen. Oft wären es genau die Mitbrüder, die nicht frei sind, die gebraucht würden. Das impliziert eine Neubestimmung der Prioritäten einer Provinz im Licht der Notwendigkeiten unserer gemeinsamen Sendung. Zum Beispiel versuchen wir, in Lateinamerika den Orden zu erneuern, indem wir die stärkeren Provinzen bitten, enger mit den schwächeren zusammenzuarbeiten. Wir bewegen uns damit auf eine Weise der Partnerschaft zu, wo eine Provinz um die Begleitung einer anderen Einheit angefragt wird. Wir bitten diese Provinzen letztlich, ihre Mission im Licht der Notwendigkeiten des Ordens neu zu definieren.

(2) Das verlangt von uns, dass wir die Wahrheit leben. Zuallererst wird von einem Dominikaner Wahrheit verlangt. Wir

haben unsere Profess dem Ordensmeister gegenüber abgelegt, zur Erfüllung der Sendung des Ordens. Natürlich ist die Sendung jeder einzelnen Provinz ebenfalls Ausdruck dieser Gesamtsendung. Aber manchmal müssen wir unsere tiefere Identität als Dominikaner dadurch ausdrücken, dass wir uns für Aufgaben zur Verfügung stellen, die über die Grenzen unserer Provinz hinausgehen.

(3) Es verlangt von uns, dass wir zusammen ehrlich versuchen herauszufinden, was unsere Ressourcen für diese gemeinsame Sendung sind. Voraussetzung dafür ist ein großes gegenseitiges Vertrauen. Wenn der Ordensmeister einen Provinzial nach einem für eine bestimmte, der gemeinsamen Sendung dienende Aufgabe geeigneten Mitbruder fragt, wird dieser vielleicht von dem verständlichen Wunsch durchdrungen sein, seine Provinz zu schützen. Wir brauchen aber, wenn es um das Gemeingut geht, tieferes Vertrauen und Transparenz, damit wir über die Nöte des Ordens wirklich ins Gespräch kommen können. In der Vergangenheit war es bei den Ordensmeistern üblich, Brüder sogar gegen den Willen ihres Provinzials einfach aus ihren Provinzen hinaus zu assignieren. Auch heute ist das manchmal nötig, wie ja auch ein Provinzial manchmal einen Bruder von einem Konvent in einen anderen versetzen muss, selbst wenn es dem Oberen widerstrebt. Aber letztlich verlangt unsere gemeinsame Sendung von uns Glauben und gegenseitiges Vertrauen, Gnade und Wahrheit.

3.5 Die Inkarnation des dominikanischen Leitungsstils in den verschiedenen Kulturen

Das Wort wurde Fleisch in einer bestimmten Kultur. Darüber hinaus transformiert das Wort alles, was es berührt, als Sauerteig des Lebens. Eine neue Form der Gemeinschaft ist geboren, und das Fleisch wird Wort und Gemeinschaft.

So trägt auch der dominikanische Leitungsstil die Zeichen seiner Geburtszeit und seines Geburtsortes, eines ganz bestimmten Moments in der europäischen Geschichte. Wir wurden in eine Zeit hineingeboren, in der mit der neuen Form demokratischer Einrichtungen experimentiert wurde und in der es intellektuell stark gärte. Wie soll nun diese Weise der Leitung im Orden in den folgenden Jahren Fleisch und Blut werden, wenn zwei Drittel aller Mitbrüder, die in Ausbildung stehen, aus nicht-westlichen Kulturen kommen? Wie soll sie in der heutigen westlichen Kultur inkarniert werden, mit ihren Schwächen und Stärken, ihrer Freiheitsliebe und ihrem Konsumismus? Für unsere Leitungstradition zentral ist das Streben nach Wahrheit durch Debatte und Dialog. Wie sollen wir die dominikanische Art und Weise der Leitung in einer Gesellschaft aufrechterhalten, in der die Idee der Wahrheit in der Krise ist? Die Inkarnation des dominikanischen Leitungsstils ist in allen diesen Kulturen sowohl Herausforderung als auch Bereicherung. In ihm geht es um die Bezeugung einer Freiheit und Verantwortlichkeit, die tief biblisch ist, aber diese Verschiedenheit der Kulturen kann uns dabei helfen herauszufinden, was diese Werte wirklich bedeuten.

Zum Beispiel können uns die afrikanischen Kulturen helfen, das Wesen einer Debatte richtig zu verstehen, die Bedeutung von Zeit und Geduld beim Zuhören; in Nordamerika kann der immense Respekt vor dem Individuum unser Verständnis dominikanischer Freiheit vertiefen; in Osteuropa kann uns die rückhaltslose Weihe an den Glauben zeigen, was es wirklich heißt, sein Leben für den Orden zu geben; in Lateinamerika können wir lernen, wie zentral unsere Predigt mit Gerechtigkeit verknüpft ist.

Genauso ist es wahr, dass unsere dominikanische Leitungstradition für jede Kultur, in die wir den Orden pflanzen, eine Herausforderung darstellt. Sie stellt die Macht der Stammesidentität in Afrika in Frage; sie steht dem zeitgenössischen Individualismus in Nordamerika kritisch gegenüber; sie lädt die Mitbrüder in Osteuropa ein, sich von den Folgen der kommunistischen Zeit zu befreien und im gegenseitigen Vertrauen zu wachsen. Die lateinamerikanische Tradition von Staatsstreichen erleichtert nicht immer das bessere Verständnis unserer gewählten Strukturen in der Leitung.

Die Herausforderung wird oft sein, zu verstehen, wo eine Kultur uns neue Einsichten vermittelt und wo sie etwas verfälscht, was in unserer Leitung echt dominikanisch ist. Vermittelt uns nicht der Respekt gegenüber den Alten in der afrikanischen Gesellschaft eine neue Einsicht in die wahre Autorität jeder Generation oder steht er gegen unsere demokratische Tradition? Führt die Praxis mancher westlichen Provinzen, die die Mitbrüder ein privates Bankkonto führen lassen, wirklich zu einem tieferen und wirklich dominikanischen Sinn für Verantwortung oder leistet sie einer Privatisierung des Lebens Vorschub, die unser Gemeinschaftsleben zerstört?

Um diese Fragen zu beantworten, wird es Zeit brauchen. Generalkapitel, regionale Treffen der Brüder auf jedem Kontinent und auch die Visitation durch den Ordensmeister sollen den Mitbrüdern eine Hilfe sein zu entdecken, was Verantwortlichkeit und Freiheit in jeder einzelnen Gesellschaft bedeutet. Es werden Zeit, Gebet, ehrliche Debatten und Kontakt mit Dominikanern anderer Kulturen nötig sein, damit wir ein besseres Verständnis dafür erlangen, wie unsere Weise der Leitung in jede Kultur gepflanzt werden kann. Es ist gut, dass wir uns die Zeit dafür nehmen, sowohl für das Wohl des Ordens als auch zum Aufbau von Gemeinschaften, die echte Zeugnisse der Brüderlichkeit bieten, wo auch immer wir sind.

Schluss

Ich habe über viele Punkte nichts gesagt, die zentral sind für eine Leitung. Zum Beispiel habe ich nichts geschrieben über Leitung und Wohlstand und auch nichts über die Wichtigkeit der Visitationen. Ich habe kaum ein Wort über die Zusammenarbeit mit der Dominikanischen Familie oder in der Region verloren. Jeder Brief hat Grenzen.

In einer Vision der hl. Katharina von Siena sagt Gott: „Dominikus verband sich mit meiner Wahrheit, indem er zeigte, dass er nicht wollte, dass der Sünder sterben sollte, sondern er sollte bekehrt werden und leben. Er baute sein Schiff sehr geräumig, fröhlich und duftend, einen allerhöchst erfreulichen Garten, in dem die Vollkommenen und die nicht so Vollkommenen gut fahren können“ (Dialoge 158). Hier fallen die Gnade und die Wahrheit des inkarnierten Wortes zusammen in der Barmherzigkeit. Sie ist es, die das Schiff so geräumig macht, zu einem Ort, an dem wir, die nicht so Vollkommenen, zu Hause sein dürfen. Dieses Schiff mag langsam vor sich hin fahren; manchmal ist nicht so klar, welche Richtung es einschlägt, und die Crew tauscht in einer erstaunlichen Frequenz ihre Rollen aus. Aber es ist ein Ort, an dem wir hoffen können, in die Freiheit des Dominikus hineinwachsen zu dürfen, langsam und unter vielen Fehlern, aber im Vertrauen auf die Barmherzigkeit Gottes und die unter uns.

DIE VERHEIẞUNG DES LEBENS

„Ich bin gekommen, damit sie das Leben haben und es in Fülle haben" (Joh 10,10).

Bei der Überreichung des Habits versprach der hl. Dominikus seinen Brüdern „das Brot des Lebens und das Wasser des Himmels"[1]. Wenn wir wirklich Verkündiger des Wortes sind, das Leben bringt, dann müssen wir das „Brot des Lebens" finden, das uns unsere Gemeinschaften bieten. Unterstützen sie uns in unserer Tätigkeit oder helfen sie uns bloß zu überleben?

Kurz nachdem ich in den Orden eingetreten war, wurde meine Provinz vom damaligen Ordensmeister P. Aniceto Fernandez visitiert. Er stellte mir nur eine einzige Frage, die traditionelle Frage aller Visitatoren: „Bist du zufrieden?" Ich hatte mir mehr und Tiefergehendes erwartet, etwa über die Verkündigung des Evangeliums oder über die Herausforderungen, die sich der Provinz stellten. Heute weiß ich, dass das wirklich die erste Frage ist, die wir unseren Mitbrüdern stellen müssen: „Seid ihr zufrieden?" Es gibt eine Zufriedenheit, die ganz eigentlich darauf beruht, als Dominikaner leben zu können, und die die Quelle unserer Verkündigung darstellt. Gemeint ist keine endlose Fröhlichkeit oder eine unerschütterliche gute Laune. In ihr ist auch Platz für Sorgen. Manchmal scheint sie für eine Zeit abhanden gekommen zu sein, vielleicht sogar länger. Diese Zufriedenheit ist ein Vorgeschmack dieser Lebensfülle, die wir verkünden, der Freude derjenigen, die begonnen haben, Gottes Leben teilhaft zu werden. Wir sollten in uns Raum für diese Freude haben, weil wir Kinder des Reiches Gottes sind. „Freude ist das Wesensmerkmal des geweihten Lebens und des Lebens, das durch

---

1 Stephan v. Salagnac 1.9, hrsg. v. Th. Kaeppeli, in: MOPH XXII, Rom 1949, 81.

2 *C. Ernst,* The Theology of Grace, Dublin 1974, 42.

die Gnade des Heiligen Geistes auf dem Weg zur Seligkeit ist."[2] Die Dominikus-Antiphon schließt mit den Worten: *Nos junge beatis* – Geselle uns den Seligen bei. Mögen wir schon jetzt einen Schimmer ihres strahlenden Glücks erahnen!

Wenn wir Gemeinschaften aufbauen wollen, in denen es eine Fülle des Lebens gibt, dann müssen wir erkennen, wer und was wir sind und was es für uns bedeutet, als Frauen und Männer, Schwestern und Brüder und als Prediger zu leben.

Wir sind keine Engel. Wir sind leidenschaftliche Lebewesen, die von den animalischen Trieben nach Nahrung und Fortpflanzung getrieben werden. Diese Natur nahm das Wort des Lebens an, als es Mensch wurde. Wir können nichts weniger tun. Von dieser Grundlage aus beginnt unsere Reise zur Seligkeit.

Wir sind nach Gottes Ebenbild geschaffen, bestimmt, die Freundschaft Gottes zu erlangen. Wir sind *capax Dei* – hungrig nach Gott. Zu leben bedeutet, sich auf die abenteuerliche Reise ins Reich Gottes zu begeben. Wir brauchen daher Gemeinschaften, die uns auf diesem Weg unterstützen. Der Herr hat verheißen: „Ich nehme das Herz von Stein aus eurer Brust und gebe euch ein Herz aus Fleisch" (Ez 36,26). Wir brauchen Brüder und Schwestern, die uns begleiten, da unsere Herzen gebrochen und unempfindlich gemacht worden sind.

Alle Weisen haben immer gewusst, dass es keinen Weg zum Leben gibt, der einen nicht durch eine Wildnis führt. Die Reise von Ägypten ins Gelobte Land ging durch die Wüste. Wenn wir zufrieden sein und wirklich leben wollen, dann müssen auch wir diesen Weg einschlagen. Wir brauchen dazu Gemeinschaften, die uns auf dieser Reise begleiten und uns helfen zu glauben, dass, auch wenn der Herr die Israeliten in die Wildnis führt, das geschieht, um sie zu „umwerben" (Hos 2,16). Vielleicht haben deshalb so viele die Orden in den letzten dreißig Jahren verlassen, nicht weil Ordensleben härter geworden wäre als früher, sondern weil wir manchmal vergessen haben, dass diese dunklen Nächte zu unserer Wiedergeburt als Menschen, die aus der Freude des Reiches Gottes heraus leben, gehören? Daher sollten unsere Gemeinschaften nicht nur Orte sein, wo wir gerade überleben können, sondern Orte, an denen wir Nahrung für unsere Reise finden.

Um ein Bild zu verwenden, das ich an anderer Stelle weiter ausgeführt habe[3]: Ordensgemeinschaften sind wie Ökosysteme, in denen ungewöhnliche Lebensformen wachsen. Ein exotischer Frosch braucht sein eigenes Ökosystem, um leben und seinen gefahrvollen Weg vom Laich über die Kaulquappe zum ausgewachsenen Tier machen zu können. Wenn dieser Frosch vom Aussterben bedroht ist, muss eine Umgebung für ihn geschaffen werden, in dem er die Nahrung, das Wasser und das Klima findet, das er zum Gedeihen braucht. Genauso braucht das Leben als Dominikaner sein eigenes Ökosystem, wenn wir wirklich leben und das Wort des Lebens verkünden wollen. Dabei ist es nicht genug, nur darüber zu reden – wir müssen aktiv planen und ein solches dominikanisches Ökosystem aufbauen.

An erster Stelle liegt das in der Verantwortung jeder einzelnen Gemeinschaft. Es geht die Brüder und Schwestern an, die in ihrem Zusammenleben diese Gemeinschaften bilden, in denen wir nicht nur überleben, sondern sogar gedeihen sollen und wo wir einander „das Brot des Lebens und das Wasser des Himmels" reichen. Das ist grundsätzlich das Ziel des „Gemeinschaftsprojektes", das von den letzten drei Generalkapiteln vorgeschlagen wurde. Geschehen wird das nur, wenn wir es wagen, miteinander über das zu sprechen, was uns als Menschen und als Dominikaner am tiefsten berührt. Ich hoffe, dass dieser Brief an den Orden eine Diskussion über einige Aspekte unseres dominikanischen Lebens eröffnen wird. Genauer gesagt geht es um unser *apostolisches Leben*, unser *Gefühlsleben* und unser *Gebetsleben* – die nicht drei getrennte Bereiche im Leben des einzelnen sind (kontemplatives Leben: 7.00-7.30 Uhr, Seelsorge 9.00-17.00 Uhr, Gefühls-

---

3 *T. Radcliffe*, Berufung zum Ordensleben. Die gewohnten Kennzeichen von Identität hinter sich lassen, in diesem Band 97-118.

leben: ?), sondern zur Fülle jedes wahren menschlichen und dominikanischen Lebens gehören. Nikodemus fragte damals, wie wir wiedergeboren werden können. Das ist auch unsere Frage: Was können wir tun, um uns bei der Umwandlung in Apostel des Lebens gegenseitig zu unterstützen?

Nicht jede Gemeinschaft wird in der Lage sein, sich selbst zu erneuern und das Ideal, das uns die Konstitutionen und die letzten Generalkapitel vorgeben, zu erreichen. Daher muss die Provinz einen Plan zur schrittweisen Erneuerung der Gemeinschaften ausarbeiten, in denen die Brüder gedeihen können. Nur in diese Gemeinschaften dürfen Mitbrüder assigniert werden, denn von dort her werden sie die Samen eines zukünftigen dominikanischen Lebens empfangen. Wenn eine Provinz den Aufbau solcher Gemeinschaften nicht vornimmt, wird sie sterben. Eine Provinz mit drei Gemeinschaften, in denen das dominikanische Leben der Brüder wachsen kann, hat mit der Gnade Gottes Zukunft. Eine Provinz mit zwanzig Gemeinschaften, in denen wir gerade überleben, wahrscheinlich keine.

1. Das apostolische Leben

1.1 Ein aufgerissenes Leben

Dominikanisches Leben ist zuallererst apostolisch. Das kann leicht so aufgefasst werden, dass ein guter Dominikaner immer auf Achse sein muss, engagiert in verschiedenen „Apostolaten“. Aber apostolisches Leben besteht weniger aus dem, was wir tun, sondern was wir sind, nämlich diejenigen, die berufen wurden, „das Leben der Apostel in der vom hl. Dominikus bestimmten Form“ zu führen.[4] Als Bischof Diego die Zisterzienserlegaten traf, die zur Predigt bei den Albigensern ausgeschickt worden waren, wies er sie an, „demütig unter-

[4] LCO 1, IV.

wegs zu sein, nach dem Beispiel unseres geliebten Meisters zu lehren und zu handeln, zu Fuß zu gehen, ohne Silber oder Gold und das Leben der Apostel in allem nachzuahmen“[5]. Ein Apostel zu sein, ist eine Lebensweise, kein Job.

Das erste Merkmal dieses apostolischen Lebens ist, dass es eine Beteiligung am Leben des Herrn ist. Apostel sind diejenigen, die „die ganze Zeit (...) zusammen waren, als Jesus, der Herr, bei [ihnen] ein und aus ging“ (Apg 1,21), die von ihm gerufen wurden, mit ihm wanderten, ihm zuhörten, mit ihm ausruhten und beteten, sich mit ihm stritten und von ihm ausgesandt wurden, die das Leben mit dem teilten, der Immanuel ist, „Gott mit uns“. Der Höhepunkt dieses Lebens war die Teilnahme am Letzten Abendmahl, dem Sakrament des Brotes des Lebens. Einer von ihnen musste jedoch früher gehen, denn er hatte noch einiges zu tun.

Das apostolische Leben ist für uns daher mehr als die verschiedenen Apostolate und Seelsorgstätigkeiten, die wir ausüben: Es ist eine Lebensweise. Yves Congar OP schrieb von der Predigt, dass sie „eine Berufung“ sei, „die das Wesen meines Lebens und Seins darstellt“.[6] Falls der Anspruch des Apostolats bedeutet, dass wir keine Zeit mehr haben, mit unseren Mitbrüdern zu beten und zu essen, ihr Leben zu teilen, dann sind wir keine Apostel im Vollsinn des Wortes, wie geschäftig wir uns auch herumtreiben. Meister Eckhart schrieb: „Die Menschen sollten sich nicht so viel darum sorgen, was sie tun, sondern mehr darum, was sie sein sollen. Wenn wir und unsere Wege gut sind, dann wird das, was wir tun, auch ausstrahlen.“[7] Dominikus war Prediger mit seinem ganzen Sein.

Aber dieses apostolische Leben muss uns notwendigerweise zerreißen. Darin besteht sein Schmerz und auch die Quelle seiner Fruchtbarkeit. Denn das Wort Gottes, dessen

[5] Cernai 21, zit. nach: *S. Tugwell,* Dominic, London 1997, 125.

[6] *Y. Congar,* What is my licence to say what I say?, in: *Dominican Ashram* März 1982, 10.

[7] *Meister Eckhart,* Die deutschen Predigten und lateinischen Werke, Bd. V., Stuttgart 1936, 10.

Leben die Apostel teilen, reicht hinaus bis zu all dem, was am weitesten von Gott entfernt ist, und schließt es in die Arme. Nach Eckhart blieb das Wort eins mit dem Vater, als es in die ganze Welt hinausging. Nichts Menschliches ist ihm fremd. Das Leben Gottes hat sich so weit für uns geöffnet, dass wir darin einen Platz für all das finden können, was wir sind; er wurde uns in allem gleich, außer der Sünde. Er nimmt unsere Zweifel und Ängste auf sich, tut, was wir für absurd halten, begibt sich also in eine Wildnis, in der alle Bedeutung verloren ist.

Ein apostolisches Leben voll zu leben, bedeutet daher für uns, dass auch wir aufgerissen werden und ausgedehnt. Ein Prediger zu sein, heißt nicht, den Menschen nur etwas über Gott zu erzählen. Es bedeutet, in unserem Leben diese Entfernung zwischen dem Leben Gottes und dem, was am meisten von Gott entfernt und ihm entfremdet ist und ihn verletzt hat, zu ertragen. Wir bieten nur dann ein Wort der Hoffnung, wenn wir den Schmerz und die Hoffnungslosigkeit derer, denen wir predigen, erahnen. Wir haben solange kein mitfühlendes Wort, solange uns ihre Misserfolge und Versuchungen nicht wie unsere eigenen bekannt sind. Wir haben kein Wort, das den Menschen hilft, eine Bedeutung für ihr Leben zu finden, solange wir nicht von ihren Zweifeln berührt worden sind und den Abgrund, in den sie fallen, erahnen. Ich denke an manche meiner französischen Mitbrüder, die nach einem mit theologischer Lehre und Forschung verbrachten Tag sich in der Nacht auf die Straßen begeben, sich mit Prostituierten treffen, deren Sorgen und Probleme anhören und ihnen ein Wort der Hoffnung anbieten. Irgendwie ist es kein Wunder, dass wir Dominikaner von Anfang an in einem schlechten Ruf stehen! Durch so etwas riskieren wir unsere Berufung. Jordan von Rivalto OP forderte im 14. Jahrhundert die Leute auf, nicht so hart mit den Mitbrüdern umzuspringen, wenn diese „verwahrlost" seien. Es ist Teil unserer Berufung: „Da sie unter den Menschen sind, die Dinge der Welt sehen, ist es für sie unmöglich, nicht ein wenig schmutzig zu werden. Sie sind Menschen aus Fleisch und Blut wie ihr, in der Frische ihrer Jugend; es ist ein Wunder, dass sie so sauber sind, wie sie sind. Dies ist kein Ort für Mönche!"[8]

Das apostolische Leben bietet uns daher keinen ausgewogenen und gesunden „Lebensstil" mit guten Karriereaussichten. Denn es bringt uns aus dem Gleichgewicht und neigt uns zum geraden Gegenteil: Wenn wir das Leben des Wortes Gottes in dieser Weise teilen, werden wir ausgehöhlt, geöffnet, damit in uns Raum und Stille wird für die Geburt eines neuen Wortes, als wäre es zum erstenmal.

Wir sind Gläubige, die danach streben, unsere Herzen denen zu öffnen, die nicht glauben. Manchmal sind wir selber unsicher, was das alles bedeuten soll. Wir sind wie die Apostel, die von Christus zusammengerufen wurden, die mit ihm nach Jerusalem zogen und wussten, dass er allein Worte des ewigen Lebens hatte. Aber trotzdem stritten sie untereinander, wer von ihnen der größere sei, und hatten oft keine Ahnung, wohin sie gingen.

Daher lädt uns das apostolische Leben dazu ein, in einem Spannungsverhältnis zu leben: Wir haben versprochen, unser Leben mit unseren dominikanischen Brüdern und Schwestern zu bauen. „Für uns bedeutet das, dass wir nur mehr dann Mensch sind, wir selbst sind, wenn wir Predigerbrüder sind; wir haben keine andere Lebensgeschichte mehr."[9] Hier ist unsere Heimat, und wir haben keine andere. Aber der Schwung des apostolischen Lebens treibt uns vorwärts in verschiedene Welten. Viele von unseren Brüdern hat er in die industrialisierte Welt getragen, die Welt der Fabriken und des Handels. Andere bringt er in die Universitäten. Er bringt uns in die Cyber-Welt des Internet. Ein neues Projekt der französischen Dominikaner, *Jubilatio*, trägt uns in die Welt der Jugendlichen. Ein Projekt in Benin befasst sich mit der Welt der öko-

---

[8] *Jordan von Rivalto,* Prediche del b. Fra Giordano da Rivalto, hrsg. von A. M. Bisconi und D. M. Manni, Florenz 1739, 9.

[9] *H. McCabe,* God Matters, London 1987, 240.

logischen Landwirtschaft. Wir sind in den Welten des Islam und des Judentums gegenwärtig. Diese ganzen Spannungen reißen uns auf, so dass das einzige Leben, das wir haben, nicht von uns gebaut oder geplant werden kann, sondern täglich als Geschenk empfangen werden muss, als „Brot des Lebens“, das Dominikus uns versprochen hat.

1.2 Die Arbeit in der heutigen Gesellschaft

In unserer modernen Gesellschaftssituation kann diese Spannung schnell zu einer Spaltung führen: Wir werden dadurch zu Menschen mit zwei Leben: einem Leben als Dominikaner in der Gemeinschaft und einem Leben im jeweiligen Apostolat. Diese Spaltung entsteht aus unserer heutigen Auffassung von Arbeit. Sie zerbricht die wunderbare, schmerzhafte, fruchtbare Spannung im Herzen des apostolischen Lebens, und aus uns werden Menschen, die tagsüber ihrem Job nachgehen und des Abends in ihre Klosterhotels zurückkommen. Warum ist gerade das eine der Herausforderungen, denen wir uns heute stellen müssen?

a) Die Bruchstückhaftigkeit unserer Leben

Die heutige westliche Gesellschaft bringt Brüche in unser Leben. Die Werktage sind getrennt vom Wochenende, Arbeit von Leitung, der Job von der Erholung – zumindest für die glücklichen, die noch einen Arbeitsplatz haben. Man kann tagsüber Lehrer sein, am Abend ist man Vater und am Sonntag ein Christ. Diese Bruchstückhaftigkeit kann es uns sehr schwer machen, unser Leben als ein ganzes zu leben. Dominikaner predigen auf fast unendlich verschiedene Arten und Weisen: Wir sind Pfarrer und Professoren, Sozialarbeiter und Krankenhausseelsorger, Dichter und Maler. Wie leben wir diese Apostolate als Brüder, Mitglieder unserer Kommunitäten, als Brüder und Schwestern mit Gelübden? Ich erinnere mich an ein sehr bewegendes Gespräch mit einem jungen

Dominikaner, der Journalist war und mir über die Schwierigkeiten erzählt hat, die das Leben in der Welt der Medien mit sich bringt. Tagsüber lebte er in dieser Welt, mit ihrem eigenen Wertemaßstab, ihrem „Lebensstil", am Abend kam er zurück in seine Ordensgemeinschaft. Wie konnte er dabei unzerrissen bleiben, zugleich Predigerbruder und Journalist? Wenn wir am Abend in unsere Gemeinschaften zurückkommen, dann wollen wir die Probleme und Schwierigkeiten unserer Arbeit genauso loswerden wie jeder andere Mensch in unserer Gesellschaft auch. Wir führen in unserer Arbeit wirklich ein „anderes" Leben.

b) Die Professionalisierung der Arbeit

Arbeit unterliegt heute einer immer stärkeren Professionalisierung. Selbst in der Verkündigung des Evangeliums werden wir immer qualifizierter und professioneller. Man kann sogar schon ein Predigt-Diplom oder ein Doktorat in Pastoraltheologie machen. Von denen, die Jesus damals gerufen hat, hatte aber keiner einen akademischen Grad in „Apostelwissenschaften"! Grundsätzlich ist an dieser Professionalisierung nichts falsch. Wir müssen genauso qualifiziert und professionell sein wie diejenigen, mit denen wir arbeiten. Trotzdem müssen wir uns davor hüten, „Professionelle" zu werden. Das gewährt Prestige und Ansehen. Dieses Streben verleiht Identität und verleitet zu einer bestimmten Lebensweise. Wir bringen unser Gehalt in unsere Gemeinschaft ein. Wie kann dieser Doktor, Professor, Seelsorger ein umherziehender Bettelmönch sein? Schränkt uns unsere Professionalität nur auf einen engen Pfad ein, der ausschließlich auf das berufliche Fortkommen hinführt? Lässt sie uns genug Freiheit für die manchmal unerwarteten Forderungen seitens unserer Brüder und seitens Gottes?

c) Das Arbeitsethos

In der westlichen Gesellschaft hat ein bestimmtes Arbeitsethos triumphiert, das unsere Existenz rechtfertigt. Das Heil wird nicht mehr in guten Werken, sondern in der Arbeit gesucht. Die Arbeitslosen sind vom Reich Gottes ausgeschlossen. Was auch immer wir predigen: Der hektische Aktivismus, den wir im Orden so oft antreffen, drängt den Gedanken auf, dass auch wir manchmal glauben, dass wir uns selber retten können durch das, was wir tun. Wir preisen Dominikus als *Praedicator Gratiae – Prediger der Gnade*, und obwohl wir verkünden, dass die Erlösung ein Geschenk ist, stellt sich die Frage, wie wir das leben? Betrachten wir unsere Mitbrüder unter diesem Blickwinkel? Messen wir einander daran, wie beschäftigt wir sind und deshalb wichtig?

1.3 Die Wildnis der Bedeutungslosigkeit

Das Leben eines Predigers muss also aufgebrochen werden. In einer bestimmten Weise haben wir teil am Exodus des Wortes Gottes, das aus dem Vater hervorging, um alles, was menschlich ist, in seine Arme zu schließen. Manchmal wird uns dieser Exodus in eine Wildnis führen, wo es keinen Weg ins Gelobte Land zu geben scheint. In so einer Lage geht es uns wie Hiob, der auf dem Misthaufen saß und verkündete, dass sein Erlöser lebe. Bloß dass wir manchmal nur auf dem Misthaufen sitzen. Wenn wir zulassen, dass uns die Zweifel und Ängste unserer Zeitgenossen berühren, dann finden wir uns manchmal in einer Wüste wieder, in der das Evangelium keinen Sinn mehr macht. „Meinen Pfad hat er versperrt“ (Hiob 19,8).

Die große, grundsätzliche Krise unserer Gesellschaft ist wahrscheinlich die der Bedeutung. Gewalt, Korruption und Drogenabhängigkeit sind Symptome einer tiefer liegenden Krankheit, nämlich des Hungers nach Bedeutung für unsere menschliche Existenz. Um uns zu tauglichen Verkündern zu machen, führt uns Gott manchmal mitten in diese Wildnis.

Dort zerbröckeln unsere alten Sicherheiten, und der Gott, den wir kannten und liebten, verlässt uns vielleicht. Dann haben wir teil an der dunklen Nacht von Gethsemane, in der alles absurd und sinnlos erscheint und wir uns vom Vater verlassen fühlen. Aber nur wenn wir uns dorthin führen lassen, wo nichts mehr Sinn macht, können wir das Wort der Gnade hören, das Gott unserer Zeit zuspricht. „Die Gnade zeigt sich dort, wo wir durch Hoffnungslosigkeit durchbrechen zu Bejahung des Lobpreises.“[10]

Die Konfrontation mit der Leere führt uns in die Versuchung, sie aufzufüllen, mit nur halbgeglaubten Plattitüden, mit Ausreden, die den lebendigen Gott ersetzen sollen. Der Fundamentalismus, den wir in unserer heutigen Kirche so oft erleben, ist vielleicht nur die ängstliche Reaktion derjenigen, die am Rande dieser Wüste stehen, aber nicht wagen, sie zu betreten. Die Wüste ist ein Ort erschreckender Stille, die wir dadurch versuchen zu übertönen, indem wir mit schrecklichem Ernst auf alte Formulare pochen. Aber der Herr führt uns in diese Wildnis, um uns seine Glorie zu zeigen. Daher, sagt Meister Eckhart, „steht fest und zittert nicht vor der Leere in euch“[11].

1.4 Gemeinschaften des apostolischen Lebens

Wie können uns unsere Gemeinschaften in diesem apostolischen Leben unterstützen? Wie können wir uns gegenseitig tragen, wenn ein Bruder oder eine Schwester sich in dieser Wildnis befindet, in der nichts mehr einen Sinn macht?

a) Ein Apostel ist ein Gesandter. Die Apostel haben um diese Arbeit nicht nachgesucht! Wir geben unser Leben dem Orden, damit er uns in seiner Mission hinausschickt. In den

---

[10] *C. Ernst,* The Theology of Grace, a. a. O., 72.

[11] *Meister Eckhart,* Predigten und Traktate, Bd. 1, nach der engl. Übersetzung von M. O. C. Walsh, London 1979, 44.

meisten dominikanischen Gemeinschaften gibt es einen regelmäßigen Rhythmus des morgendlichen Hinausgehens und abendlichen Wiederkommens. Aber wir verlassen unser Heim nicht einfach nur, um zur Arbeit zu gehen wie andere Berufstätige auch. Und die „Apostel kamen zurück und erzählten Jesus alles, was sie getan hatten" (Lk 9,10). Hören wir unseren Mitbrüdern zu, wenn sie abends nach ihrer Rückkehr über ihren Arbeitstag erzählen? Geben wir ihnen die Chance, uns die Probleme, die sich ihnen in der Seelsorge stellen, mitzuteilen? Wir sind für sie da draußen, in der Pfarrei oder dem Klassenzimmer, in ihrem Namen, wir repräsentieren sie. Im einzelnen Bruder oder der einzelnen Schwester ist die Gemeinschaft präsent.

Wie kann das gemeinsame Gebet am Morgen und am Abend nicht nur Erfüllung der gemeinschaftlichen Verpflichtung sein, sondern zum Rhythmus werden, in dem die Gemeinschaft ihre Mitglieder ausschickt und heimholt? Beten wir mit und für die Brüder in ihren Seelsorgstätigkeiten? Wenn nicht, darf dann unsere Gemeinschaft wirklich „apostolisch" heißen? Eigentlich ist sie dann nur mehr ein Hotel.

Das Generalkapitel von Caleruega hat klare und ausgezeichnete Vorschläge darüber gemacht, wie die Gemeinschaften die gemeinsame Sendung planen und auswerten könnten, damit in den Brüdern der Sinn für echte Zusammenarbeit wachsen kann. Nachdrücklich möchte ich alle Gemeinschaften dazu auffordern, diese Vorschläge auszuführen (Act. Cap. Gen. OP Caleruega 1995, Nr. 44).

b) In unseren Gemeinschaften sollten wir fähig sein, unseren Glauben und unsere Zweifel gleichermaßen mitzuteilen. Denn für die meisten von uns, vor allem für diejenigen, die heute in den Orden eintreten, ist es nicht mehr genug, nur die Psalmen gemeinsam zu rezitieren. Wir müssen miteinander über den Glauben sprechen, der uns in den Orden gebracht hat und der uns bis heute unterstützt. Das ist die Grundlage unserer Brüderlichkeit. Vielleicht tun wir das

nur zaghaft, scheu, aber trotzdem bieten wir unseren Brüdern und Schwestern damit „das Brot des Lebens und das Wasser des Himmels“. Die Generalkapitel haben regelmäßig empfohlen, dass wir in jedem öffentlichen Gottesdienst predigen – nicht nur, weil wir der Orden der Predigerbrüder sind, sondern auch weil wir uns untereinander unseren Glauben mitteilen sollen.
Wir müssen auch unsere Zweifel mitteilen können. Wenn ein Mitbruder in diese Wildnis geraten ist, wo nichts mehr einen Sinn macht, ist es das Wichtigste, dass wir ihn sprechen lassen. Wir müssen seinen Kampf respektieren und dürfen ihn niemals niedermachen. Wenn es ein Mitbruder wagt, über diese Momente der Dunkelheit und des Nichtverstehens zu reden, und wir es wagen, ihm zuzuhören, dann könnte das das größte Geschenk sein, das er uns jemals machen kann. Wenn der Herr einen Bruder in die dunkle Nacht von Gethsemane führt – wollen wir uns schlafen legen, während er zu kämpfen hat? Nichts bindet eine Gemeinschaft stärker zusammen als der Glaube, um den wir uns miteinander bemüht haben. Das kann auf der theologischen Fakultät gewesen sein oder in einem armen *barrio* in Lateinamerika. Nach dem gemeinsamen Kampf um den Sinn dessen, was wir sind und wozu wir im Licht des Evangeliums berufen wurden, werden wir sicherlich von Gott überrascht werden, der der immer Neue und Unerwartete ist. Wir werden darüber staunen, was wir alles entdecken, wenn wir uns gegenseitig so kennenlernen, als ob wir uns zum erstenmal sehen würden.

2. Das Gefühlsleben

2.1 Darin besteht die Liebe

„Nicht darin besteht die Liebe, dass wir Gott geliebt haben, sondern dass er uns geliebt und seinen Sohn als Sühne für unsere Sünden gesandt hat. Liebe Brüder, wenn Gott uns so geliebt hat, müssen auch wir einander lieben" (1 Joh 4,10-11).

Jedes apostolische Leben ist Teilhabe an der erlösenden Liebe Gottes der Menschheit gegenüber. Wenn sie das nicht ist, dann wird unsere Verkündigung im besten Fall zum Job und im schlechtesten zu einer Manipulation anderer Menschen, zur Propaganda einer Ideologie. Vielleicht sind deshalb in manchen Ländern die Kirchen so leer, weil dort die Verkündigung des Evangeliums mehr als Ausübung einer Kontrolle gesehen wird und weniger als Ausdruck von Gottes uneingeschränkter Liebe? Um daher lebendig zu werden, ganz und gar als Prediger lebendig, müssen wir herausfinden, wie wir lieben sollen. „Ma vocation, c'est l'Amour" – „Meine Berufung, das ist die Liebe."[12]

Anders gesagt: Für uns Dominikaner ist das Erlernen der Liebe untrennbar verbunden mit dem Ergriffensein vom Mysterium der Erlösung der Menschheit durch Gott. Das ist unsere Schule der Liebe. Heutzutage fangen alle Ausbilder in den Orden an, sich mit der Frage nach der „Affektivität" zu beschäftigen, ein Wort, das ich abscheulich finde. Wie können wir diejenigen, die in unseren Orden eingetreten sind, so formen, dass sie gut und voll lieben, als Ordensleute mit dem Gelübde der Keuschheit? Die meisten von uns hatten nur wenig oder keine Ausbildung für den Umgang mit den eigenen Gefühlen, der eigenen Sexualität, dem Hunger nach Liebe und dem, geliebt zu werden. Ich kann mich nicht daran erinnern, jemals eine Ausbildung irgendeiner Art in diesem Bereich erhalten zu haben. Damals wurde anscheinend angenommen oder zumindest gehofft, dass ein langer Dauerlauf und eine kalte Dusche „das Problem" schon irgendwie lösen würden. Leider laufe ich nicht, und ich hasse kalte Duschen!

In diesem Brief möchte ich nicht näher auf die Bedeutung der Affektivität in der Ausbildung eingehen. Ich möchte dazu nur folgendes sagen: Es ist nicht genug, dass wir hoffen, dass

---

[12] *Theresia v. Lisieux*, Manuscrits autobiographiques, Paris o. J., 226.

alles gut ausgeht, wenn wir nur völlig normale junge Männer und Frauen rekrutieren, die einen ausgewogenen Charakter und damit ein ausgewogenes Gefühlsleben besitzen. Werden Leute mit ausgewogenem Charakter ihr Leben für das ihrer Freunde zurückstellen? Werden sie die 99 Schafe zurücklassen, um das eine verlorene zu suchen? Werden sie mit Zöllnern und Sündern essen? Ich denke, dass sie dazu zu vernünftig sein werden. In seinem Kommentar zum Johannesevangelium schreibt Augustinus: „Zeig mir einen Liebenden, und er fühlt, was ich sage."[13] Nur diejenigen, die zur Liebe fähig sind, werden möglicherweise die Leidenschaft des apostolischen Lebens verstehen. Solange wir uns nicht von der Welle dieser immensen Liebe erfassen lassen, werden alle unsere Anstrengungen auf dem Gebiet der Keuschheit immer zu reinen Kontrollübungen. Vielleicht haben wir sogar Erfolg damit, aber wir riskieren, uns selbst schwer zu schaden. Und wenn wir hier scheitern, riskieren wir, andere zu verletzen. Erst wenn unser apostolischer Drang und unsere Fähigkeit zur Liebe tief in uns verwurzelt sind, werden sie zum Mittel, mit dem wir entweder andere oder uns kontrollieren können. Aber Jesus verzichtete auf die Kontrolle über sein Leben und gab es in unsere Hände.

2.2 Liebe und Leben für die Freunde

„Es gibt keine größere Liebe, als wenn jemand sein Leben für seine Freunde hingibt" (Joh 15,13).

Die Menschheit zu lieben ist etwas ganz Großartiges, aber es erscheint uns eher wie ein schaler und blasser Ersatz für die tiefe und persönliche Liebe, nach der wir manchmal hungern. Ist das wirklich alles? Unsere heutige Gesellschaft, in der das dominante Liebesmodell dasjenige der leidenschaftlichen Liebe zwischen Mann und Frau ist, verstärkt dieses Gefühl

---

[13] *Aurelius Augustinus*, In Joh, 26.

noch. Wenn wir dieses Bedürfnis spüren, wie können wir dann damit zufrieden sein, die Menschheit zu lieben?

Die leidenschaftliche eheliche Liebe ist ein tiefes menschliches Bedürfnis, und ich werde im folgenden etwas darüber sagen. Sie kann auch als Bild für unsere Beziehung zu Gott dienen, wie es zum Beispiel mittelalterliche Kommentare zum Hohenlied zeichnen. Aber daneben gibt es noch eine weitere Tradition, die vielleicht eher dominikanisch ist und die mitten aus dem Johannesevangelium kommt. „Es gibt keine größere Liebe, als wenn jemand sein Leben für seine Freunde hingibt“ (Joh 15,13). Wenn jemand sein Leben für seine Freunde hingibt, kommt das Geheimnis der Liebe tief zum Ausdruck. Eine wirklich leidenschaftliche Liebe eröffnet sich in der Beziehung Jesu’ zu seinen Jüngern, zu den Zöllnern und Dirnen, zu den Kranken und Aussätzigen und sogar zu den Pharisäern – eine Leidenschaft, die sich auf dem Weg nach Golgatha verzehrt. Ist sie nicht genauso leidenschaftlich wie jede Liebesgeschichte?

Unsere Gesellschaft mag unseren Weg der Liebe unverständlich finden, weil wir ihre typische Ausdrucksweise, die geschlechtliche Vereinigung mit einem anderen Menschen, für uns zurückweisen. Auch wir meinen manchmal, wir würden eine „wichtige Erfahrung“ verpassen und hätten nicht gelebt. Aber Thomas von Aquin hat uns gelehrt, dass im Herzen des Gottes, der die Liebe ist, Freundschaft ist, die unaussprechbare Freundschaft des Vaters und des Sohnes, die der Heilige Geist ist. Zu leben, wirklich lebendig zu sein, bedeutet für uns, eine Heimat in dieser Freundschaft zu finden und durch sie gewandelt zu werden. Sie reicht hinein in alles, was wir sind und tun. Wie Don Goergen OP sagte: „Zölibat selbst bezeugt nichts, aber die Zölibatären.“[14] Wir legen Zeugnis für das Reich ab, wenn wir als Menschen leben, deren Keuschheit sie für das Leben befreit.

---

[14] *D. Goergen* (Gespräch), in: *Review for Religious*, März 1998.

Unsere Gemeinschaften sollten Schulen der Freundschaft sein. Als er starb, wiederholte der hl. Hyazinth von Polen seinen Brüdern die Worte des hl. Dominikus: „Habt die Güte und Freundlichkeit (*dulcedo*) im Herzen. Haltet die Liebe zu Gott und zu den Brüdern fest.“[15] Sind wir immer freundlich und gutherzig zueinander? Im Ordensleben hat es oft eine Furcht vor Freundschaft gegeben, wenn das in der dominikanischen Tradition vielleicht auch nicht so stark war. Von Anfang an hat es hier tiefe und feste Freundschaften gegeben – zwischen Dominikus und seinen Brüdern, zwischen Jordan, Diana und Heinrich, zwischen Katharina von Siena und Raimund von Capua. Als ich jung war, gab es in den Kapiteln ein altes dominikanisches Sprichwort: „Ich habe nichts gegen Partikularfreundschaften; es sind die Partikularfeindschaften, die ich nicht mag.“ Freundschaft ist niemals exklusiv, aber dafür zutiefst wandelbar und befreit uns schmerzhaft und langsam von allem, was dominierend oder besitzergreifend ist, von aller Bevormundung und aller Geringschätzung. Wenn sie dazu noch Teilhabe am Leben der Dreifaltigkeit ist, dann wird sie zu einer Liebe, die den anderen nicht nur als Ebenbürtigen gelten, sondern ihn frei lässt. Bede Jarrett OP, der englische Provinzial, schrieb dazu 1931: „O liebe Freundschaft, Geschenk Gottes! Sprich' nicht schlecht von ihr, sondern preise ihren Schöpfer und ihr Vorbild, den dreifaltigen Gott.“[16] Eine solche Freundschaft aus Gott wird uns hinaustreiben in die Verkündigung der Guten Nachricht.

Der Höhepunkt unserer Liebe wird die Enteignung sein. Diejenigen, die wir lieben, müssen wir gehen lassen, müssen wir sie selbst sein lassen. Gibt meine Liebe anderen die Freiheit, ihr eigenes Leben zu führen, und lässt sie mich frei sein für die Sendung des Ordens? Unterstützt zum Beispiel meine Liebe zu dieser Frau das Wachstum ihrer Liebe zu ihrem Ehe-

---

[15] Zit. nach *D. A. Mortier*, Histoire des Maîtres généraux de l'Ordre des Frères Prêcheurs, Bd. 1, Rom 1903, 528.

[16] The Letters of Bede Jarrett OP, hrsg. von B. Bailey, A. Bellenger und S. Tugwell (Dominikanische Quellen in Englisch, Bd. 5), Bath 1989, 182.

mann oder verknüpfe ich ihr Leben so sehr mit dem meinen, dass ich sie von mir abhängig mache? Diese schmerzhafte, aber befreiende Enteignung lädt uns dazu ein, im Leben derer, die wir lieben, nur mehr am Rande vorzukommen. Wir sollten danach streben, aus der Mitte ihres Lebens zu verschwinden, damit sie uns vergessen können und frei sind, frei für jemand anderen, frei für Gott. Das ist das schwerste von allem, aber ich glaube fest, dass es uns mehr Freude geben wird, als wir uns jemals vorstellen können. Dann ist unsere Seite offen, damit lebendiges Wasser herausfließen kann.

Eines der schönsten Beispiele in unserer dominikanischen Tradition ist sicherlich die Liebe zwischen dem sel. Jordan von Sachsen, dem Nachfolger des Dominikus als Ordensmeister, und der sel. Dominikanerin Diana von Andalò. Sie haben einander innig geliebt. Nicht viele Ordensmeister haben je mit einer solchen Offenheit zu einer Frau geschrieben: „Wenn ich nicht Dein bin, bin ich nicht mit Dir: Dein in der Arbeit, Dein in der Ruhe, Dein wenn ich mit Dir bin, Dein wenn ich getrennt von Dir bin."[17] Und es ist klar, wie sehr sie ihn zu lieben gelehrt hat. Aber Jordan gibt sie in seinen Briefen immer frei für Gott. Er ist der Freund des Bräutigams, dessen Rolle es ist, dem Bräutigam die Braut zuzuführen: „Denke an ihn. Was Dir noch fehlt, kann ich Dir nicht geben. Öffne Dich für die Gemeinschaft mit einem besseren Freund, Deinem Bräutigam Jesus Christus, den Du treuer bei Dir haben wirst im Geist und in der Wahrheit und der zu Dir süßer und besser sprechen wird als Jordan."[18]

In einer bestimmten Weise müssen wir sogar von unserer Familie enteignet werden. Wir werden sie lieben, wie es sich gehört, und uns ihrer Liebe erfreuen, aber wenn wir einmal im Orden Profess gemacht haben, sollten wir frei sein, dorthin zu gehen, wo die Sendung des Ordens uns braucht, selbst

---

[17] *Diana von Andalò*, Brief 46, zit. nach der engl. Ausgabe: *G. Vann*, To heaven with Diana, London 1959, 120.
[18] Ebd., 28.

wenn dieser Ort weit entfernt von unserer Familie und unserer Heimat liegt. Das ist Teil unserer Armut. Denn jetzt gehören wir zuerst dem Orden und der Verkündigung des Evangeliums.

2.3 Geschlechtlichkeit, Leiblichkeit und Verlangen

a) Ein unerreichbares Ideal?

Das alles scheint ein wunderschönes Ideal zu sein, aber daher wirkt es auch weit entfernt und unerreichbar. Wenn wir mit sexuellem Verlangen kämpfen, mit Phantasien, die uns beherrschen, dann wird diese selbstlose Freundschaft außerhalb unserer Möglichkeiten liegen. Die Massenmedien versichern uns täglich, dass dieses Ideal „unrealistisch“ ist. Aber Gott verwandelt die Menschen nicht mit der Einladung, uns den Himmel zu erarbeiten. Das göttliche Leben kommt zu uns, wo wir sind, in Fleisch und Blut. Jesus fordert Zachäus auf, vom Baum herabzusteigen und ihn auf dem Erdboden zu begrüßen. Das Wort wird Leib, nimmt unsere Begierden, unsere Leidenschaft, unsere Geschlechtlichkeit auf sich. Wenn wir dem Herrn begegnen und von ihm geheilt werden wollen, dann müssen auch wir Fleisch werden, in den Körpern, die wir haben, mit all unseren Leidenschaften, unseren Verletzungen und unserer Gier.

Wir beginnen bei dem, was und wer wir sind. Wenn wir mit dem Habit eingekleidet werden, dann bringen wir dem Orden genau diese Person, mit ihrer Geschichte und ihren Verwundungen. Das ist der Mensch, den Gott gerufen hat, und kein ideales menschliches Wesen. Wir kommen mit den Narben früherer Erfahrungen, vielleicht mit unverheilten Erinnerungen an Liebesbeziehungen, an Missbrauch, an Sex. Unsere Familien haben uns zu lieben gelehrt, aber vielleicht haben sie uns auch Wunden beigebracht, die lange Zeit zur Heilung brauchen. Es braucht Zeit, um in dieser Christus ähnlichen Liebe zu wachsen, und diese Zeit wird uns gegeben. Sie ist ein Geschenk, und Gott gibt seine Geschenke immer durch Zeit. Er nahm sich Jahrhunderte Zeit, um sein Volk zu formen, um den Weg für die Geburt seines Sohnes zu bahnen. Gott schenkt uns unser Leben nicht mit einem Schlag, sondern Schritt für Schritt. Wenn wir dieses Geschenk annehmen, müssen wir auch die Art und Weise akzeptieren, wie Gott es schenkt, eben „nicht wie die Welt (…) gibt, gebe ich euch“ (Joh 14,27). Vor allem in unserer Gesellschaftssituation ist es wichtig, dieses Zeit-Geschenk anzunehmen, wo das Heranwachsen länger dauert und wir alle erst spät zur Reife kommen. Wir müssen bei unseren Wünschen beginnen, unserer Gier, unseren Körpern. Wir sind weder Engel noch Tiere, aber aus Fleisch, Blut und Geist und bestimmt für das Reich. Aber, wie Pascal sagte: Wenn wir den Fehler machen zu glauben, dass wir Engel sind, werden wir zu Tieren.

b) Verlangen

„Ich nehme das Herz von Stein aus eurer Brust und gebe euch ein Herz von Fleisch“ (Ez 36,26). Wenn unsere Herzen Fleisch werden wollen, müssen wir zulassen, dass unsere Begierden gewandelt werden.

Welches Verlangen oder welche Wünsche formen unser Herz und welche verbergen wir vor anderen und vielleicht sogar vor uns selber? „Keiner von uns besitzt soviel Selbsteinsicht, um wirklich zu wissen, was sich im eigenen Herzen befindet.“[19] Solange wir unseren Begierden nicht voll ins Gesicht sehen und lernen, die richtigen Wünsche zu haben, solange werden wir ihrer Kontrolle unterworfen sein und ihr Gefangener. Diese Aufgabe ist vor allem in einer Gesellschaft schwer zu lösen, die sich der Züchtung von Wünschen verschrieben hat. Unsere Gesellschaft stirbt nicht an Hunger, sondern an einem Übermaß an Verlangen. Jede Werbeanzeige

---

[19] Frei übersetzt nach *N. Lash*, The Beginning and the end of Religion, Cambridge 1996, 21.

fordert uns auf, noch mehr, end- und zwecklos zu begehren. Unsere Welt wird von einem wilden, unmäßigen Verlangen verschlungen, das auch uns eines Tages verzehren wird. Ungezügeltes sexuelles Verlangen ist lediglich ein Symptom dessen, wie wir angeleitet wurden, die Welt wahrzunehmen, nämlich sie zu nehmen und sie zu konsumieren.

Zu allererst lädt uns die Liebe, die Freundschaft ist, ein, den anderen wahrzunehmen, ohne ihn gleich besitzen zu wollen. Es ist schwer, diese Herzensfreiheit zu gewinnen, wenn wir dieser Markt-Kultur verhaftet bleiben, in der alles da ist, um erworben und verwendet zu werden, selbst andere Menschen. Wir müssen die richtige Wahrnehmung lernen, die notwendige Klarheit, durch Augen, die einander und die Welt nicht verschlingen. Der hl. Thomas schrieb: „Ubi amor, ibi oculus" – „wo dein Herz ist, da ist dein Auge."[20] Er meinte, wenn wir etwas begehrten, würden wir den anderen Menschen sehen, wie ein Löwe sich einen Hirsch anschaut, nämlich als zum Fressen bereitgestellte Mahlzeit. Liebe ist daher untrennbar mit einer echten Armut des Herzens verbunden. So, wie William Blake fragte: „Kann das Liebe sein, die den anderen trinkt, wie ein Schwamm das Wasser?"[21]

Daher impliziert die Heilung des Verlangens eine neue Weise des In-der-Welt-Seins, nämlich echte Armut. Was für ein Zeichen soll außerdem Keuschheit sein, wenn wir nur auf andere Weise einnehmend sind? Wie Don Goergen OP schrieb: „Wenn ich in einer Konsumgesellschaft mitmache, den Kapitalismus verteidige, Machismus toleriere, glaube, dass die weltliche Kultur über allen anderen steht, und sexuell abstinent bin, dann bezeuge ich einfach nur das, für was wir stehen: Kapitalismus, Sexismus, westliche Arroganz und sexuelle Abstinenz. Letztere ist dann aber kaum von hoher Bedeutung und verständlicherweise sehr zu hinterfragen."[22]

---

[20] Sentenzen 3 d 35, 1, 2, 1.

[21] *W. Blake,* Visions of Albion, 7.17: „Can that be Love that drinks another as a sponge drinks water?".

[22] D. Goergen (Gespräch), a. a. O.

Wir müssen uns auch über die wahre Bedeutung der Geschlechtlichkeit klar werden und uns befreien von der Mythologie, die unsere heutige Gesellschaft um die Sexualität entworfen hat. Wir müssen den Sex entmythologisieren. Auf der einen Seite wird eine geschlechtliche Beziehung normalerweise als Krönung all unserer Wünsche nach Gemeinschaft und als einziger Ausweg aus der Einsamkeit betrachtet. Sie wurde sogar schon als das letzte Sakrament der Transzendenz bezeichnet, als das einzige Zeichen, dass wir füreinander existieren, sogar: dass wir überhaupt existieren. Ohne sexuelle Beziehung zu leben bedeutet also, halb tot zu sein. Auf der anderen Seite wird die Geschlechtlichkeit trivialisiert. Eine englische Ehefrau erklärte vor kurzem, dass Sex nicht wichtiger sei als eine Tasse Tee. Die Kombination von Vergöttlichung und Trivialisierung der Sexualität ist der Grund, warum der Zölibat so schwer zu ertragen ist. Uns wird beigebracht, dass wir Sex haben müssen und dass man ihn hat, ohne einen Gedanken daran zu verschwenden. Die neue Erziehung unseres menschlichen Herzens verlangt, dass wir uns über die Geschlechtlichkeit im Klaren sind. Sexualität ist wirklich ein wunderbares Sakrament der Gemeinschaft miteinander, das Geschenk des Sich-Selbst-Gebens, und darf daher niemals trivialisiert werden. Daneben gibt es aber auch andere Wege, voll und ganz zu lieben, daher verurteilt uns ein Leben ohne Sex nicht zu Isolation und Einsamkeit.

Im übrigen sind wir eingeladen, angesichts der unstillbaren Begierden des Marktes nichts zu unterdrücken, sondern nach immer mehr zu gieren. Wir sind leidenschaftliche Wesen, und diese Leidenschaft in uns zu töten würde bedeuten, uns selbst und unsere Menschlichkeit zu verkrüppeln und zu schwächen. Es würde uns zu Verkündern des Todes machen. Hingegen sollen wir unsere tieferen Wünsche nach der unbegrenzten Güte Gottes freisetzen. Wie der japanische Dominikaner Oshida sagt, bitten wir Gott, dass er sich selbst unwiderstehlich machen soll. Unsere Begierden gehen vielleicht nicht deshalb in die Irre, weil wir nach zu vielem fragen, sondern weil wir schon mit viel zu Billigem und Winzigem zufriedengestellt sind. „Unser Ideal ist nicht, dass wir unseren Appetit kontrollieren, sondern dass wir ihm erlauben, sich zu einem unkontrollierbaren Appetit nach Gott zu entwickeln.“[23] Die Werbeanzeigen, die unsere Straßen säumen, laden uns ein, gegeneinander zu kämpfen, in einem Wettbewerb einander zu unterdrücken, um unsere endlosen Wünsche zu erfüllen. Unser Gott bietet uns die Befriedigung unseres endlosen Verlangens frei und gratis an. Lasst uns daher nach Tieferem verlangen!

Diese Wandlung des Verlangens bringt einige Askese mit sich. Das ist eine Schlussfolgerung, die ich lange Zeit abgelehnt habe! Dominikus erlangte seine Freiheit, seine Spontaneität, seine Leichtherzigkeit zum Teil daher, weil er ein maßhaltender Mensch war, der wenig aß und trank. Er feierte mit seinen Brüdern, fastete aber auch. Es gibt Askese, die nicht gleich in eine manichäische Ablehnung der göttlichen Schöpfung münden muss, sondern die uns die wahren Freuden zeigt, die in der Schöpfung stecken. „Es handelt sich darum, zu entsagen, nicht dem Verlangen an sich – das wäre reichlich unmenschlich –, sondern seiner Gewalt. Es handelt sich darum, der Gewalt des Vergnügens abzusterben, seiner Allmacht.“[24] Mäßigung begrenzt unseren Appetit gegen die wirklichen Bedürfnisse unseres Leibes und rettet uns damit aus den Verblendungen der Phantasie und der Tyrannei des Verlangens.

c) Leib

Ich erlange keine reife Beziehung zu meiner Geschlechtlichkeit, solange ich den menschlichen Körper nicht akzeptiere und sogar Gefallen an ihm finde, an meinem eigenen Leib und an dem anderer Menschen. Das ist der Leib, den ich habe und der ich bin, älter werdend, dicker, mit Haarausfall und all

[23] *S. Tugwell,* Reflections on the Beatitudes, London 1980, 78.
[24] *J.-L. Bruguès,* Les idées heureuses, Paris 1996, 56.

dem anderen, was zur Sterblichkeit gehört. Ich muss ungezwungen mit anderer Leute Körper umgehen können, mit den schönen und den hässlichen, den kranken und den gesunden, den alten und den jungen, den männlichen und den weiblichen. Der hl. Dominikus gründete damals den Orden, um die Menschen aus der Tragödie einer dualistischen Religion zu befreien, die diese geschaffene Welt als böse verurteilte. Von Anfang an steht daher im Zentrum unserer Geschichte eine positive Würdigung der Leiblichkeit. Der Leib ist der Ort, zu dem Gott kam, um uns zu treffen und uns zu erlösen, indem er Mensch wurde, aus Fleisch und Blut wie wir. Das zentrale Sakrament unseres Glaubens ist die Teilhabe an seinem Leib; unsere letzte Hoffnung ist die Auferstehung des Leibes. Das Gelübde der Keuschheit ist daher keine Flucht vor unserer leiblichen Existenz. Wenn Gott Fleisch und Blut geworden ist, dann dürfen wir es genauso wagen.

Was es für uns bedeutet, einen Körper zu haben, entdecken wir am Höhepunkt des Lebens Jesu', als er uns seinen Leib übergibt: „Das ist mein Leib, der für euch hingegeben wird." Daran können wir sehen, dass ein Körper nicht einfach bloß ein Haufen Fleisch ist, eine Masse aus Muskeln, Blut und Fett. Die Eucharistie führt uns die Berufung unseres menschlichen Leibes vor Augen: Wir sollen einander Geschenk sein, die Möglichkeit der Gemeinschaft bieten.

Der schlimmste Schmerz des Zölibates besteht darin, dass wir auf den Augenblick intensivster Leiblichkeit verzichten, in dem zwei Leiber sich einander ohne Rückhalt schenken. Gerade hier wird die Bedeutung des Körpers als Sakrament der Gegenwärtigkeit und nicht als bloßer Fleischklumpen besonders deutlich. Der Geschlechtsakt drückt unseren tiefen Wunsch aus, unser Leben mitzuteilen, er gibt diesem Wunsch Fleisch und Blut. Das ist der Grund dafür, dass die Hochzeit Christi mit seiner Kirche ein Bild für Jesu Einheit mit der Kirche darstellt. Auch wir Ordensleute können mit unserer Leiblichkeit auf unsere Weise diesen Christus präsent machen. Der Prediger bringt das Wort zum Ausdruck, nicht nur in seinen eigenen Worten, sondern in allem, was wir sind. Gottes Mitleid möchte Fleisch und Blut in uns werden – in unserer Zärtlichkeit, selbst in unseren Gesichtern.

Im Alten Testament findet sich häufig die Bitte, dass Gottes Antlitz über uns leuchten möge. Dieses Gebet wurde schließlich mit einem menschlichen Antlitz beantwortet, das die Züge Christi trägt. Er schaut den reichen jungen Mann an, liebt ihn und fordert ihn auf, ihm zu folgen; sein Blick fällt im Hof des Gerichtes auf Petrus, nachdem dieser ihn verleugnet hat, und er sah ebenso Maria Magdalena im Garten und rief sie beim Namen. Als Verkünder in Fleisch und Blut können wir diesem barmherzigen Blick Gottes einen Leib geben. Unsere Leiblichkeit ist nicht von unserer Berufung ausgeschlossen. „Und der Mann, der sowohl ein Prediger als auch ein Mitbruder ist, kann in einem schmerzhaften und vielleicht wenig harmonischen Prozess lernen, was es bedeutet, ein Gesicht Gottes zu sein, gerade weil er ein menschliches Gesicht hat; ein Gesicht, das sich freuen und das lachen kann, das weinen und gelangweilt dreinschauen kann. (…) Aufgrund unserer Einzigartigkeit und Individualität, die von Ewigkeit her von Gott erwünscht und ermöglicht wird, sind wir auch die Offenbarung, Manifestation, der Ausdruck dessen, der das Eine Wort ist, das vor aller Zeit aus der Stille Gottes hervortrat.“[25]

Eine echte Reinheit des Herzen bedeutet nicht, von den Einflüssen der Welt frei zu sein. Es bedeutet eher, dass man ganz in dem präsent ist, was man tut und ist, mit einem Gesicht und einem Leib, die uns ausdrücken, ohne Betrug und Fälschungen. Unsere Gesichter sind transparent, ungeschützt, zeigen die Nacktheit und Verwundbarkeit Christi. Sie haben auch seine Freiheit und Spontaneität. „Nur wer ein reines Herz hat, kann in einer Freiheit lachen, die auch für die anderen Freiheit schafft.“[26]

---

[25] *S. Tugwell,* Reflections on the Beatitudes, a. a. O., 96.

[26] Zit. nach der engl. Ausgabe von *J. Pieper*, A brief Reader on the virtues of the human heart, San Francisco o. J., 44.

d) Fortpflanzung

Vielleicht mehr als alles andere habe ich vermisst, keine Kinder zu haben. Und wenn schon ich, als Mann, das so schmerzhaft fühle, was wird es dann erst für eine Frau bedeuten, nie ein Kind zu gebären? Dahinter steht ein fundamentales Verlangen, das wir anerkennen müssen. Wenn unser apostolisches Leben von der fruchtbaren Liebe Gottes für die Menschen umfangen ist, dann wird auch dieses Leben fruchtbar sein. Meister Echkart meinte, dass Gottes Liebe in uns grün und fruchtbar sei. Gott ist in uns „ebenso grünend und blühend in all der Freude und dem Glanz, der in ihm ist“[27]. „Das Hauptziel Gottes ist, Leben zu gebären. Er ist solange nicht zufrieden, solange er seinen Sohn nicht in uns gezeugt hat. Und die Seele ist ebenfalls solange nicht beruhigt, solange nicht der Sohn in ihr geboren wurde.“[28]

Zur unserer Liebe für unsere Brüder und Schwestern gehört es, dass wir ihnen helfen, fruchtbar zu sein. Apostolisches Leben bedeutet nicht einfach bloß endlose Arbeit. Wenn unsere Apostolate vom Überfluss des Lebens Gottes her lebendig sind, dann haben wir auch teil an seiner Kreativität.

Aber Vater oder Mutter zu sein bedeutet, in der Freude und in der Angst zu leben, sein Kind gehen lassen zu müssen. Die Vollendung elterlichen Lebens ist, den eigenen Kindern ihre Freiheit zu schenken und ihnen zu erlauben, ihr eigenes Leben aufzubauen, das sich von dem, was wir für sie erhoffen, unterscheidet. Auch wir müssen gehen lassen, was wir geboren haben. Wir wissen, dass wir wirklich Frucht gebracht haben, wenn Projekte, die wir begonnen und denen wir unser Leben geschenkt haben, neue Wege einschlagen und in die Hände anderer übergehen. Das ist hart, aber ebenso großzügig, wie die Eltern es sind, die ihren Kindern die Freiheit schenken.

---

[27] *Meister Eckhart*, Predigten und Traktate, a. a. O., Sermo 8.
[28] Ebd., Sermo 68.

2.4 Wie können wir einander unterstützen?

Wenn wir der Liebe, die Gott ist, erlauben, uns zu berühren, werden wir langsam lebendig. Es mag sicherer erscheinen, tot, unverwundbar und unberührbar zu bleiben. Aber stimmt das wirklich? „Die Natur verabscheut ein Vakuum. Schreckliche Dinge können einem Menschen geschehen, der ein leeres Herz hat. Als letzter Ausweg ist es besser, einen öffentlichen Skandal zu riskieren, als ein Kloster zu haben – einen Chor, ein Refektorium, eine Rekreation – voller toter Menschen. Unser Herr sagte nicht: ‚Ich bin gekommen, damit sie Sicherheit haben und sie in Fülle haben.' Einige von uns würden tatsächlich alles für ein Gefühl der Sicherheit geben, Sicherheit für unser Leben in der Welt und in der nächsten, aber wir können nicht beides haben: Sicherheit und Leben; wir müssen wählen."[29] Wenn wir das Leben wählen, dann brauchen wir Gemeinschaften, die uns so unterstützen, dass wir lebendig werden können, die uns helfen, in einer Liebe zu wachsen, die wirklich heilig ist und teilhat am Voranströmen des Wortes Gottes.

a) Gemeinschaften der Hoffnung

Über alles andere hinaus sollten wir einander Hoffnung und Gnade schenken. Oft werden wir vom Orden angezogen, weil wir Mitbrüder bewundern. Wir hoffen, dass wir werden wie sie. Aber bald schon finden wir heraus, dass sie genauso sind wie wir, zerbrechlich, sündhaft und egoistisch. Diese Entdeckung kann ein Moment tiefster Enttäuschung sein. Ich kann mich an einen Novizen erinnern, der sich über diese traurige Entdeckung beklagt hat. Sein Magister antwortete ihm: „Ich freue mich, zu hören, dass du uns nicht länger bewunderst. Jetzt besteht auch die Chance, dass du uns lieben kannst." Das erlösende Geheimnis der Liebe Gottes besteht nicht darin,

---

[29] *G. Vann*, To heaven with Diana, a. a. O., 46 ff.

Mitglied einer Gemeinschaft spiritueller Helden, sondern von Brüdern und Schwestern zu sein, die sich gegenseitig auf der Reise ins Reich Gottes mit Hoffnung und Gnade stärken. Der auferstandene Herr erschien mitten in einer Gemeinschaft von schwachen und furchtsamen Menschen. Wenn wir ihn treffen wollen, müssen auch wir wagen, zu dieser Gemeinschaft zu gehören. Jordan von Sachsen schrieb an die Brüder in Paris, die ganz genauso waren wie wir: „Es kann nicht sein, dass Jesus denen erscheinen wird, die sich selbst von der Einheit der Bruderschaft losgesagt haben: Thomas, der nicht bei den anderen Jüngern war, als Jesus kam, bezweifelte, dass sie ihn gesehen hatten: Und ihr glaubt, dass ihr selber heiliger seid als Thomas?“[30]

Darüber hinaus brauchen wir alle unsere Gemeinschaften, wenn wir in der Liebe versagen. Wir versagen vielleicht, weil wir in eine unfruchtbare Zeit eintreten, in der wir uns selber unfähig fühlen, überhaupt zu lieben, und in der unsere Herzen aus Fleisch durch Herzen aus Stein ersetzt wurden. Dann brauchen wir sie, damit sie für uns glauben, dass:

„Verborgen im tiefsten
Selbst – ganz gleich wie
treulos einer war
und wie bestechlich – verborgen
im tiefsten Selbst
bleibt die Saat der Liebe bestehen.“[31]

Unsere Gemeinschaften müssen Orte sein, an denen es keine Anklagen gibt, „denn der Ankläger unserer Brüder wurde gestürzt“ (Offb 12,10). Wir haben vielleicht gesündigt und glauben, unsere Berufung damit zerstört zu haben und den Orden in Schande verlassen zu müssen. Dann müssen unsere Brüder und Schwestern für uns an Gottes Gnade glauben,

---

[30] Zit. nach *G. Vann,* To the heaven with Diana, a. a. O., 157.

[31] *P. Murray,* A Song for the Afflicted (unveröffentlicht): „Hidden within the deepest / self – no matter how / treacherous one has been / or how corruptible – hidden / within the deepest self / the seed of love remains.“

wenn wir nicht einmal mehr an uns selber glauben können. Wenn Gott sogar den toten Baum auf Golgatha zum Blühen bringen konnte, dann kann er auch aus meiner Sünde gute Früchte hervorbringen. Wir brauchen unsere Brüder, damit sie daran glauben, dass ein Misserfolg nicht das Ende bedeutet, sondern dass Gott in seiner unendlichen Fruchtbarkeit auch dieses Versagen zu einem Schritt auf dem Weg zur Heiligkeit machen wird, wenn wir es nicht glauben können. Selbst unsere Sünden können Teil unserer tastenden Versuche zu lieben sein. Für Augustinus waren die ganzen Jahre seiner sexuellen Abenteuer vielleicht Teil seiner Suche nach dem einen, am meisten Geliebten, und seine Keuschheit war nichts anderes als die Vollendung seines Verlangens.

b) Gemeinschaft und (gleich)geschlechtliche Orientierung

Gerade hier können die kulturellen Unterschiede besonders deutlich wahrgenommen werden. Eine große Feinfühligkeit ist hier nötig, um sowohl einen Skandal als auch die Verwundung unserer Schwestern und Brüder zu vermeiden. In manchen Kulturen ist die Zulassung von homosexuell orientierten Menschen zum Ordensleben eigentlich undenkbar. In anderen wird es ohne Fragen akzeptiert. Alles, was über dieses Thema geschrieben wird, wird sofort danach eingeordnet, ob der Autor „für" oder „gegen" Homosexualität ist. Aber das ist die falsche Frage. Es steht uns nicht zu, Gott vorzuschreiben, wen er ins Ordensleben beruft oder nicht. Das Generalkapitel von Caleruega bestätigte, dass für alle Brüder dieselben Verpflichtungen der Keuschheit gelten, egal in welche Richtung sie sexuell orientiert sind, und dass niemand aus diesem Grund ausgeschlossen werden darf. Über diese Frage gab es in Caleruega große Diskussionen, und ich bin sicher, dass diese auch weiterhin geführt werden.

Wie können unsere Gemeinschaften die Brüder stützen und unterstützen, die gerade mit der Frage ihrer sexuellen Orientierung konfrontiert sind? Das erste, was wir beachten müssen, ist, dass sie unser Selbstverständnis tiefgehend beeinflusst. Daher ist diese Frage eine empfindliche und wichtige für viele junge Leute, die in den Orden eintreten, und zwar aus zwei Gründen: Zuallererst gibt es ein starkes Verlangen nach Identität. Für viele junge Leute lautet die wichtigste Frage: „Wer bin ich?" Zum zweiten wird die Frage nach der sexuellen Orientierung oft erst spät gelöst, weil in vielen Kulturen die Zeit des Erwachsenwerdens viel länger dauert. Manchmal erreichen uns Bitten von Mitbrüdern um Dispens von den Gelübden, weil sie erst sehr spät im Leben realisiert haben, dass sie grundsätzlich heterosexuell sind und daher heiraten können.

Wenn ein Mitbruder merkt, dass er homosexuell ist, dann ist es wichtig, dass er weiß, dass er als der angenommen und geliebt wird, der er ist. Vielleicht lebt er in einer Angst vor Zurückweisung und Anklage. Aber diese Annahme ist das Brot auf der Entdeckungsreise zu einer tieferen Identität, nämlich der eines Kindes Gottes. Denn keiner von uns, weder der Hetero- noch der Homosexuelle, findet seine tiefste Identität in seiner sexuellen Orientierung. Wer wir wirklich sind, müssen wir in Christus entdecken. „Liebe Brüder, jetzt sind wir Kinder Gottes. Aber was wir sein werden, ist noch nicht offenbar geworden. Wir wissen, dass wir ihm ähnlich sein werden, wenn er offenbar wird; denn wir werden ihn sehen, wie er ist" (1 Joh 3,2). Durch unsere Gelübde haben wir uns selbst der Nachfolge Christi geweiht und dazu, unsere Identität in ihm zu finden. Es gehört zu unserer Armut, dass wir über unsere kleinen „Identitäten" hinaus getragen werden. „Die Wurzel allen Verlangens nach Besitz ist der besitzergreifende Wille, Ich zu sein: Der Wunsch, dass in meiner Mitte nicht dieser namenlose Abgrund ist, in den wie in ein Vakuum ein namenloser Gott unaufhaltsam gezogen wird, sondern eine Identität, die mir gehört, eine Identität, die dadurch definiert ist, dass sie mein Eigentum ist."[32] Jeder Bruder, der seine

---

[32] *R. Williams*, Open for Judgement, London o. J., 184.

sexuelle Orientierung zum Mittelpunkt seiner öffentlichen Identität macht, hat missverstanden, wer er wirklich ist. Auf dem Weg nach Jerusalem hält er an einem Straßenrand an. Wirklich fundamental ist, dass wir lieben können und daher Kinder Gottes sind, der uns ja nicht sexuell anzieht. Aber die Frage unserer Identität betrifft uns nicht nur als Individuen. Unsere Beziehung zu unseren Brüdern und Schwestern ist bereits identitätsstiftend. Wir sind auch für die Folgen, die unsere Selbstdarstellung für unsere Brüder hat, verantwortlich, insbesondere auf einem so empfindlichen Gebiet wie dem der sexuellen Orientierung.

Zwar sollte jeder Bruder als der angenommen werden, der er ist, aber die Heranbildung irgendwelcher sexuell orientierter Untergruppen ist in höchstem Maße entzweiend für eine Gemeinschaft. So etwas kann die Einheit einer Gemeinschaft schwer gefährden; für die Brüder kann die Übung der gelobten Keuschheit dadurch schwerer werden. Es kann auf die Brüder einen Druck ausüben, so dass sie anfangen, über sich auf eine Weise nachzudenken, die nicht wesentlich ist für ihre Berufung als Verkündiger des Reiches Gottes und bei der sie vielleicht erst später realisieren, dass sie nicht wahr ist.

c) Sich verlieben

So sehr wir auch Freundschaft als eine höhere Offenbarung jener Liebe ansehen, die das Leben Gottes ist, so kann es uns dennoch passieren, dass wir uns verlieben – und diese Erfahrung mag eine der bedeutsamsten unseres Lebens sein. Eine der ersten Fragen, die mir nach meiner Wahl zum Ordensmeister gestellt wurden, nämlich bei einem Treffen einer großen Zahl Studenten von den Philippinen, lautete: „Timothy, warst du jemals verliebt?" Und die zweite Frage war: „War das vor oder nach deinem Ordenseintritt?" Wenn das passiert, dann brauchen wir wirklich die Unterstützung und die Liebe unserer Gemeinschaften.

Sich zu verlieben, bedeutet für einen Bruder oder eine Schwester, der bzw. die ihr Leben dem Orden geweiht haben, immer auch eine Krise. Aber, wie Jean-Jacques Pérennès OP uns auf den Sitzungen des Generalkonsils oft erinnert, eine Krise ist auch eine Gelegenheit, und zwar eine sehr fruchtbare. Jede Liebes-Erfahrung kann eine Begegnung mit Gott sein, der die Liebe ist. Sich zu verlieben kann der Moment sein, an dem unser Egozentrismus aufgerissen wird und wo wir merken, dass wir nicht die Mitte der Welt sind. Es kann, zumindest für eine Weile, unsere Selbsteingenommenheit niederreißen, die uns tötet. Sich zu verlieben ist „für viele die außerordentlichste und offenbarendste Erfahrung ihres Lebens, bei der die Mitte alles dessen, was für sie Bedeutung hat, herausgerissen und das träumende Ego erschüttert wird durch das plötzliche Bewusstwerden einer von ihm getrennten Realität“[33].

Wenn wir einmal durch diese tiefe Erfahrung durchgegangen sind, können wir nicht mehr so leben, als ob nichts geschehen wäre. Wir können nicht so tun, als ob wir diesen Menschen niemals getroffen hätten und dass wir zu unserem früheren Leben zurückkehren könnten, als sei nichts passiert. Das dürfte wohl einer der Gründe sein, warum ein Bruder, der sich verliebt hat, um die Dispens von den Gelübden ansucht, denn das frühere Leben, dem er sich verpflichtet hatte, ist vorbei.

Als Thomas Merton, ein amerikanischer Trappist, auf dem Gipfel seines Ruhmes als geistlicher Schriftsteller stand, verliebte er sich rettungslos in eine Krankenschwester, die ihn im Krankenhaus gepflegt hatte. Er schrieb in sein Tagebuch, dass er gequält werde „von dem Bewusstsein, dass wir uns lieben und dass ich nicht weiß, wie ich ohne sie weiterleben soll“[34]. Wie Othello es sagte, als er mit dem Verlust seiner geliebten Desdemona konfrontiert war: „Ich sammelte die

---

33 *I. Murdoch*, The Fire and the Sun. Why Plato banished the Artists, Oxford 1979, 36; zit. in: *F. Kerr*, Immortal Longings. Versions of Transcending Humanity, Indiana 1997, 72.

34 *J. Howard Griffin*, Thomas Merton. The Hermitage Years, London 1993, 60.

Trümmer meines Herzens auf, leben muss ich, ohne es ertragen zu können; der Brunnen, aus dem meine Bäche fließen, ist nun versiegt."

In so einer Situation können wir nicht getrennt von dem geliebten Menschen leben, und daher müssen wir gerade dann für das Geschenk eines Lebens beten, das wir uns nicht vorstellen können, eines Lebens, das als Geschenk von Gott kommt. Am Kreuz erwartete Jesus kein vorstellbares Leben mehr, „nur" noch das unbegreifliche und unbegrenzte Leben, das der Vater ihm geben wollte. Wir können Leben nicht machen; es muss uns geschenkt werden.

Es ist sehr schwer, in so einem Moment uns selbst in die Hände des Vaters zu übergeben, im Vertrauen, dass unser Tod uns den Weg zur Auferstehung öffnet. Wie nie zuvor werden wir dann unsere Brüder, Schwestern und Freunde brauchen, die, wenn wir es nicht können, für uns daran glauben, dass wir in der Wüste den Herrn des Lebens finden werden. Wahrscheinlich haben wir uns nie zuvor so lebendig, so vital gefühlt. Wir denken sogar, dass diese Liebe das ist, was wir unser ganzes Leben lang gesucht haben. Wie können wir da das Risiko eingehen und sie verlieren? Das Ergebnis: Innere Unruhe, schlechte Laune, Frustration! In diesem Augenblick müssen wir darauf vertrauen, dass, wenn wir treu zu unseren Gelübden stehen, auch Gott uns gegenüber treu sein wird. Wir werden Leben in Fülle haben. Mertons Biograf schreibt, dass seine Erfahrung des Verliebtseins ihm „eine innere Freiheit" gab, „die ihm einen neuen, in den Tiefen seiner Persönlichkeit verankerten Sinn von Sicherheit, von Unvorsichtigkeit und Schutzlosigkeit in seiner Berufung und in den Tiefen seiner selbst vermittelte"[35].

Es mag vielleicht scheinen, ich vertrete, dass eine derartige Erfahrung ein beinahe notwendiger Schritt auf dem Weg unserer geistlichen Entwicklung sei. Das meine ich aber überhaupt nicht. Größere Liebe hat niemand, als wer sein Leben

[35] Frei übersetzt nach: *J. Howard Griffin*, Thomas Merton, a. a. O., 87.

gibt für seine Freunde (vgl. Joh 15,13). Als Ordensleute verpflichten wir uns dazu, die Fülle des Lebens durch das Geheimnis dieser Freundschaft zu empfangen, die niemand in Besitz nimmt. Außerdem können wir Priester und Ordensleute uns selber und anderen schrecklich schaden, wenn wir uns verlieben. Die anderen werden uns für „gefestigt" halten und sich daher selber sicher fühlen. Wir können andere leicht dadurch missbrauchen, dass wir einer Art „Gefühlstourismus" frönen, der uns die Freiheit lässt, in unsere Gemeinschaft zurückzukehren, wenn die Lage gefährlich wird, aber dabei lassen wir möglicherweise einen anderen Menschen zurück, der Schaden an uns genommen hat und dessen Vertrauen in die Kirche und sogar in Gott für immer untergraben ist.

d) Die Wildnis der Einsamkeit

Auf unserem Weg des Heranwachsens als Menschen, die immer mehr zur Liebe fähig sind, werden wir manchmal durch eine Wildnis geführt. Sie besteht vielleicht darin, dass wir uns unfähig zur Liebe fühlen, oder darin, dass wir verliebt sind, oder darin, dass wir in unseren Gelübden versagt haben. Wenn uns das apostolische Leben in die Bestürzung von Gethsemane führt, wo das Leben alle Bedeutung verliert, dann konfrontiert uns diese Krise mit der Einsamkeit des Kreuzes.

Die Erfahrung der Einsamkeit offenbart uns eine fundamentale Wahrheit über uns selbst, nämlich dass wir allein unvollständig sind. Entgegen aller Vorstellungen, die uns die westliche Gesellschaft vermittelt, sind wir nämlich keine uns selbstgenügenden und uns selber ausreichenden Wesen. Die Einsamkeit offenbart mir, dass ich nicht aus mir selber heraus lebendig bin und schon gar nicht sein kann. Ich existierte nur in meinen Beziehungen zu anderen. Allein sterbe ich. Die Einsamkeit offenbart eine Leere, einen Abgrund im Zentrum meines Lebens. Wir sind vielleicht versucht, diese Leere mit allen möglichen Dingen anzufüllen, zum Beispiel durch

Essen, Getränke, Sex oder Arbeit. Aber die Leere bleibt. Der Alkohol – oder was auch immer es ist – ist ein versteckter Durst nach Gott. Ich glaube, dass wir die Leere nicht einmal mit der Gegenwart anderer Menschen füllen können. Ein Raum voller einsamer Menschen ändert an ihr nichts. „Die Schrecklichkeit der Einsamkeit zeigt sich gerade in der Tatsache, dass alle an ihr teilhaben, dass keiner von ihr ausgenommen ist."[36] Als Merton verliebt war, entdeckte er, dass das, wonach er suchte, nicht seine Geliebte war, sondern eine Lösung für das Loch, das er im Inneren seines Herzens spürte. Sie war „der Mensch, dessen Namen ich wie einen Zauberspruch verwendete, um den Bann der schrecklichen Einsamkeit in meinem Herzen zu brechen"[37].

Im übrigen glaube ich, dass diese Einsamkeit nicht einfach bloß ertragen werden muss. Sie muss als eine Tür in die Einsamkeit Christi vor seinem Tod gelebt werden, die alle menschliche Einsamkeit erträgt und verwandelt. „Mein Gott, mein Gott, warum hast du mich verlassen?" (Mt 27,46) Wenn wir sie so auffassen, dann wird der Vorhang im Tempel zerreißen, und wir werden Gott entdecken, der im Herzen unseres Seins lebt und uns in jedem Augenblick das Leben schenkt: *„Tu autem eras interior intimo meo." – „Du bist mir näher als ich mir selbst."*[38] Wenn wir uns selbst das Kreuz der Einsamkeit aufladen und damit weitergehen, dann wird offenbar werden, dass die moderne Vorstellung des Ichs nicht wahr ist. Die tiefste Wahrheit über uns selbst ist die, dass wir nicht alleine sind. Auf dem tiefsten Grund meines Seins lebt Gott, der mir die Fülle des Lebens schenkt. Die hl. Katharina von Siena beschreibt sich in den Dialogen als „in der Zelle der Selbsterkenntnis wohnend, um Gottes Güte mir gegenüber besser kennen zu lernen". Aus einer tieferen Selbsterkenntnis folgt nicht die moderne Vorstellung vom Ich, son-

---

36 *S. Moore,* The inner Loneliness, London 1982, 40.
37 *J. Howard Griffin,* Thomas Merton, a. a. O., 58.
38 *Aurelius Augustinus,* Confessiones, 3. 6. 11.

dern ein Ich, dessen Existenz untrennbar mit Gott verbunden ist, der uns unser Leben jeden Augenblick neu schenkt.

Wenn wir also diese Wüste betreten und Gott darin begegnen, dann werden wir frei sein, um frei und nicht besitzergreifend zu lieben, ohne Manipulation und ohne Beherrschung anderer. Wir werden dann in der Lage sein, die anderen nicht mehr als Lösungen für die eigenen Bedürfnisse oder als Antworten auf die eigene Einsamkeit zu verwenden, sondern sie einfach da sein lassen, zu unserer eigenen Freude. „Steh' daher still und zittere nicht wegen deiner Leere." Am Fuß des Kreuzes war es, als Jesus seine Mutter und seinen geliebten Jünger einander schenkte und damit die Gemeinschaft der Kirche geboren war.

3. Das Gebetsleben

„Ich habe euch Freunde genannt; denn ich habe euch alles mitgeteilt, was ich von meinem Vater gehört habe" (Joh 15,15).

Derjenige, der berührt wurde vom Überfluss des Lebens, liebt, ohne Besitz zu ergreifen, spontan und freudig. Sein Herz aus Stein wird zum Herz aus Fleisch. Diese tiefe Verwandlung unserer Menschlichkeit verlangt unserer Tradition gemäß sowohl nach Studium als auch nach Gebet. Jordan von Sachsen erzählt uns, dass beides genauso notwendig für uns ist wie Essen und Trinken. Durch das Studium erneuern wir unser menschliches Herz. Wir entdecken, dass „intellektuelle Erleuchtung uns hineinführt in ein Gefühl der Liebe"[39]. Sowohl Studium als auch Gebet gehören zum kontemplativen Leben, zu dem jeder Dominikaner berufen ist. (...)

---

[39] S.th. I 43, 5 ad 2.

Gegen Ende der meisten Visitationen macht der Visitator normalerweise einige aufbauende Bemerkungen darüber, dass man mehr beten muss. Dann nicken wir dazu weise und fassen ein paar vage Beschlüsse. Entsteht dabei bei irgendjemand der Eindruck, dass der eigentliche Dreh- und Angelpunkt ist, wie diese trockenen Knochen lebendig werden sollen?

Wenn ein Kind geboren wird, dann beginnen die Eltern sofort damit, mit ihm zu sprechen. Lange, bevor es sie versteht, wird das Kind mit Worten gefüttert, in Worten gebadet und mit Worten beruhigt. Mutter und Vater sprechen aber nicht mit dem Kind, um ihm Informationen mitzuteilen. Sie sprechen es ins Leben. In diesem See von Wörtern wird es ein Mensch. Schritt für Schritt wird es ihm möglich sein, in der Liebe, die seine Eltern füreinander haben, seinen Platz zu finden. Es wächst zu einem menschlichen Leben heran.

Auch wir werden dadurch gewandelt, indem wir in das Wort Gottes eintauchen, das an uns gerichtet ist. In erster Linie lesen wir dieses Wort ja nicht zu Informationszwecken. Wir denken darüber nach, studieren es, meditieren darüber, leben mit ihm, essen und trinken es. „Diese Worte, auf die ich dich heute verpflichte, sollen auf deinem Herzen geschrieben stehen. Du sollst sie deinen Söhnen wiederholen. Du sollst von ihnen reden, wenn du zu Hause sitzt und wenn du auf der Straße gehst, wenn du dich schlafen legst und wenn du aufstehst“ (Dtn 6,6 f.). Dieses Wort Gottes arbeitet in uns, macht uns zu Menschen, bringt uns zum Leben, formt uns in dieser Freundschaft, die das wahre Leben Gottes ist. Wie Jordan 1229 an Diana schrieb: „Lies dieses Wort in deinem Herzen, wende es in deinem Geist um, lass es auf deinen Lippen süßer sein als Honig; denk darüber nach, wohne in ihm, damit es mit dir und in dir für immer lebt.“[40]

---

[40] *Diana von Andalò*, Brief 41, zit. nach der engl. Ausgabe: *G. Vann*, To heaven with Diana, a. a. O., 112.

Freunde von mir haben ein Kind adoptiert. Sie hatten es in einem großen Krankenhaus in Saigon gefunden, als Waise des Vietnam-Krieges. In seinen ersten Monaten im Krankenhaus hatte keiner Zeit gehabt, nach ihm zu sehen oder mit ihm zu sprechen. Als es aufwuchs, war es unfähig zu lachen. Aber seine Adoptiveltern sprachen mit ihm und lachten es an, mit einer Mühe, wie sie sich nur die Liebe macht. Ich kann mich an den Tag erinnern, an dem das Kind zum erstenmal zurücklachte. Das Wort Gottes ernährt uns, damit wir leben und vielleicht sogar zu Gott zurücklächeln können. Eine Gemeinschaft, die Leben schenkt, wird eine Gemeinschaft sein, in der das Wort Gottes aufbewahrt und geteilt wird. Es reicht nicht aus, einfach nur mehr Gebete zu sprechen. Das könnte uns eher ersticken, besonders dann, wenn sie mit hoher Geschwindigkeit rezitiert werden. Wenn Dominikus betete, genoss er förmlich die Worte Gottes, „er ließ die Worte Gottes, so wie sie waren, auf seiner Zunge zergehen und freute sich daran, sie zu rezitieren", so wie jemand einen guten französischen Wein genießt. Albert der Große sagt, dass wir „von der Süßigkeit (wieder: *dulcedo*) des Wortes Gottes genährt" werden sollen.[41]

Nachdem das Kind durch die Worte seiner Eltern genährt wurde, machte es die befreiende und erschreckende Entdeckung, dass es nicht das Zentrum der Welt ist. Hinter den Brüsten entdeckt es die Mutter. Nicht alles steht zu seiner Verfügung. Es entdeckt sich als Teil der menschlichen Gemeinschaft. Im Gespräch unserer Eltern entdecken wir die Welt, zu der wir gehören. Dadurch und weil wir durch das Wort Gottes genährt werden, werden wir in eine größere Welt geführt. Der gute Hirte, der gekommen ist, dass wir das Leben haben und es in Fülle haben, ist derjenige, der uns die Tür öffnet, damit wir heraustreten und in die großen, freien Räume der Welt eintreten können. Im Gebet vollziehen wir einen Exodus, der uns weit über die zerbrechliche Hülle unserer Selbst-Besessenheit hinaus-

---

41 *Albertus Magnus*, Predigt, in: *Récherches de Théologie Ancienne et Médiévale* 36 (1969), 109.

führt. Wir betreten die größere Welt Gottes. Gebet ist „eine Disziplin, die mich davon abhält, mich selbst für das feste Zentrum eines kleinen Universums zu halten, und die mir erlaubt, mich immer wieder zu finden, zu verlieren und wiederzufinden in den ineinander verflochtenen Mustern einer Welt, die ich nicht gemacht habe und die ich nicht kontrollieren kann."[42]

Das Kind reift im Gespräch seiner Eltern und entdeckt, dass es nicht alleine ist. Genauso sind auch wir hineingenommen in die Freundschaft mit Gott und werden dadurch von unserer Selbstbesessenheit geheilt und beginnen, die reale Welt zu erkennen. Yeats schrieb: „Wir haben unser Herz durch Phantasien gefüttert; von dieser Verpflegung ist es gewalttätig geworden."[43] Das Gebet heilt unser Herz von Phantasien. Thomas von Aquin sagt, dass das Beten des Vaterunsers „unserem ganzen Gefühlsleben Form gibt"[44]. In der Bitte, dass Gottes Wille geschehe und dass sein Reich komme, werden unsere Herzen neu.

Wenn wir von unseren selbst-besessenen Phantasien geheilt sind und Gottes größere Welt betreten haben, entdecken wir, dass andere unter Gewalt und Sorgen leiden. Vincent de Couesnongle OP sprach von der „Kontemplation der Straße". Für Dominikus bildeten die Niedergeschlagenen und Bedrückten „einen Teil des ‚contemplata' im ‚contemplata aliis tradere' (...) Die Wunde dieses Wissens öffnete Dominikus' Sinn und Herz in der Kontemplation, erlaubte ihm mit erschreckender Ungeschütztheit, die Schmerzen und Nöte seines Nächsten zu erfahren, die er nicht nur für einfache Ansammlung schmerzhafter Erinnerungen hielt, die er seinem mitfühlenden Naturell nach wahrnahm."[45] Paul Murray OP

[42] *R. Williams,* Open for Judgement, a.a.O., 120.

[43] *W. B. Yeats,* Meditations in time of Civil War, in: Collected Poems, London 1969, 230: „We had fed the heart on fantasies; the heart's grown brutal from the fare."

[44] S.th. II-II 83, 8.

[45] *P. Murray,* Dominicans grounded in contemplative experience – Vortrag, gehalten im Juni 1997 in River Forest/Chicago.

nannte dies die „kontemplative Wunde“. Sie ist der Grund, warum das kontemplative Leben im Zentrum jeder Suche nach einer gerechteren Welt steht. Die Kontemplation befähigt uns, selbstlos zu sehen.

3.2 Gemeinschaften des Gottesdienstes und des Schweigens

Wenn ein Kind heranwächst, hört es auf zu schreien und erlangt sowohl die Fähigkeit der Sprache als auch des Schweigens. Es lernt zu sprechen und zuzuhören. Daher impliziert für uns der Aufbau von Gemeinschaften des Gebets mehr, als einfach nur der Vesper einen weiteren Psalm anzufügen. Wir müssen eine Umgebung schaffen, in der wir sowohl sprechen als auch hören, uns freuen und schweigen können. Das ist das Ökosystem, das wir zu unserem Gedeihen brauchen.

Der dominikanischen Tradition gemäß bedeutet „Sprechen mit Gott“, ihn um alles zu bitten, was wir wollen. Das ist nicht naiv, sondern realistisch. Es zeigt, dass wir aus der kleinen Phantasie-Welt des Marktes erwacht sind, in der man alles kaufen kann, und dass wir erkannt haben, dass in der wirklichen Welt alles ein Geschenk desjenigen ist, der die „Quelle darstellt für all das, was gut für uns ist“ (S.th. II-II 83, 2 ad 3). Wenn wir zu bitten beginnen, befinden wir uns auf dem Weg des Erwachsenwerdens. Wenn wir gemeinsam beten, wagen wir es dann, Gott darum zu bitten, was unser tiefster Wunsch ist? Oder rezitieren wir lediglich einige Bitten aus dem Brevier?

Der Exodus aus dem Ägypten der Selbst-Besessenheit ist ein Augenblick der Ekstase. Wir werden aus der dunklen und beengten kleinen Welt unseres Egos befreit. Wir werden überschwänglich sein vor Freude wie Miriam, nachdem sie das Rote Meer durchschritten hatte. Wir werden über die weiten offenen Räume der Freundschaft Gottes jubeln. David tanzte vor der Bundeslade, Maria pries den Herrn, der Großes an ihr getan hatte. Auch das Gebet des Verkündigers wird ein jubelndes, ein ekstatisches sein. Wir sind gerufen, „zu loben, zu segnen, zu verkünden". Wenn die Psalmen sagen: „Singt dem Herrn ein neues Lied!" (Ps 33,3), dann machen wir das doch! Dominikus war überschwänglich in seinem Gebet. Er verwandte seinen ganzen Körper dazu, streckte seine Arme aus, legte sich auf den Boden, beugte die Knie und machte dabei viel Lärm. Der ganze Leib wird durch die Gnade gerettet und wird daher auch zum Lob eingesetzt. Einige meiner schönsten Erinnerungen stammen vom gemeinsamen Gebet mit den Mitbrüdern. Ich denke da an die ekstatische Eucharistiefeier auf Haiti, mitten in Armut und Gewalttätigkeit, an den Tanz und das Lied unserer Zulu-Schwestern in Südafrika, an den wunderbaren und leidenschaftlichen Gesang bei der Ostervigil in Krakau, an das Feuerwerk und die Gongs ein Jahr später auf Taiwan. Feiern wir gemeinsam Gottesdienst und loben wir gemeinsam den Herrn, der Großes an uns getan hat? Oder betrachten wir das eher als eine Verpflichtung, der wir nachkommen müssen? Es ist übrigens wirklich eine Verpflichtung, eine höchst feierliche Verpflichtung, die aus der Freundschaft erwächst. Wir freuen uns daran, für unsere Freunde etwas tun zu können.

Eckhart schrieb, dass „die beste und edelste Fähigkeit, die er in seinem Leben erlernt hatte, darin bestand, still zu sein und Gott in sich arbeiten und sprechen zu lassen"[46]. Es gibt keine Freundschaft ohne Stille. Solange einer nicht gelernt hat, zu sprechen aufzuhören, zu schweigen und dem anderen zuzuhören, solange bleibt er in seiner eigenen kleinen Welt gefangen, in der er wirklich das Zentrum, aber auch den einzigen Bewohner darstellt. In der Stille machen wir die wunderbare und befreiende Entdeckung, dass wir keine Götter sind, sondern nur Geschöpfe.

Es gibt verschiedene Arten von Schweigen – zum Beispiel das Schweigen der Frauen am Grab, die „niemandem etwas

---

[46] *Meister Eckhart,* Predigten und Traktate, nach der engl. Übersetzung von M. O. C. Walsh, a. a. O., Bd. 1,6.

davon sagten, denn sie fürchteten sich" (Mk 16,8). Das ist das Schweigen, mit dem wir das vollkommen Unerwartete einsperren, das Neue, das Undenkbare. Das ist das Schweigen, hinter dem ich unwillkommene Worte verschließe, die mir meinen geistigen Frieden rauben könnten. Dann gibt es das Schweigen der Jünger auf dem Weg nach Emmaus, als sie dem Herrn zuhörten, wie er ihnen den Sinn der Schrift erschloss. Dazu sagten sie nichts, aber später riefen sie aus: „Brannte uns nicht das Herz, als er unterwegs mit uns redete und uns den Sinn der Schrift erschloss?" (Lk 24,32). Paul Phillibert OP nannte das Gebet unsere Offenheit für Gottes geheime Initiativen. In dieser verwundbaren Stille lassen wir ihn neue und unerwartete Dinge tun. Wir sind offen, um durch die Neuheit eines Gottes erstaunt zu werden, der überrascht: „Seht, ich mache alles neu" (Offb 21,5).

Das ist das Schweigen, das dem Wort der Verkündigung den Weg vorbereitet. Ignatius von Antiochia sagte, dass das Wort aus dem Schweigen des Vaters herausträte. Das Wort war stark, klar, entschieden und wahrhaftig, weil es im Schweigen geboren wurde. Er „ist nicht als Ja und Nein zugleich gekommen; in ihm ist das Ja verwirklicht. Er ist das Ja zu allem, was Gott verheißen hat" (2 Kor 1,19 f.). Oft fehlt unserem Wort die Autorität, weil es eben ja und nein ist; weil es aus Anspielungen und heimlichen Bedeutungen besteht, weil es durchsetzt ist von Sticheleien und Zweideutigkeiten, scharfen Spitzen und leisem Unwillen. Wir müssen in uns ein Schweigen schaffen, in dem wahre Worte empfangen und mitgeteilt werden können.

Wie können wir ein solches Schweigen in uns selbst und unseren Gemeinschaften wiederentdecken? Meiner Erfahrung nach gibt es keinen einfacheren Weg, als sich täglich Zeit zu nehmen, um in Gottes Gegenwart zu schweigen (vgl. LCO 66 § II). Das ist eine Übung, die ich versuche und nach der ich strebe, seitdem ich im Orden bin, die ich aber genauso lange schon unterlasse und vernachlässige. Wenn ich sie tue, denke ich die meiste Zeit ans Essen und an zu beantwortende Post. Für dieses kontemplative Schweigen brauchen wir unsere gegenseitige Unterstützung. Ein buddhistischer Mönch meinte zu Merton: „Bevor du meditieren kannst, musst du lernen, die Türen nicht zuzuschlagen.“ Jeder, der je in meiner Nähe gewohnt hat, weiß, dass ich diese Kunst bis heute nicht gelernt habe! Jede Gemeinschaft muss darüber nachdenken, wie sie Orte und Zeiten des Schweigens für sie schaffen kann.

Es geht dabei nicht um das niederdrückende Schweigen einer Leichenhalle, die man früher öfters vorfinden konnte, ein Schweigen, das andere Menschen ausschließt. Wir bedürfen eines Schweigens, das uns mehr zur Kommunikation vorbereitet, als dass es diese unterdrückt. Es geht um das wohltuende Schweigen, das vor und nach dem Mitteilen eines Wortes kommt, nicht um dieses schreckliche Stillsein, das entsteht, wenn wir uns nichts mehr zu sagen haben. Als ich ein Kind war, gingen mein jüngerer Bruder und ich öfter in den Wald, um nach Vögeln und Tieren zu sehen. Das Geheimnis war, dass wir gemeinsam schweigen mussten. Es war eine Gemeinschaft geteilter Aufmerksamkeit. Vielleicht schaffen wir es, dass wir so gemeinsam darauf warten, dass das Wort zu uns kommt.

3.3 Die Wildnis des Todes und der Auferstehung

Jesus ruft uns, damit wir das Leben haben und es in Fülle haben. Das ist die Gute Nachricht, die wir verkündigen. Darüber hinaus haben wir gesehen, dass die Antwort auf diesen Ruf sein kann, dass wir uns in eine Wildnis führen lassen müssen. Als Verkündiger des Wortes stellen wir vielleicht fest, dass wir kein Wort anzubieten haben, nichts mehr, was Sinn macht. Als Verkündiger der Liebe Gottes stellen wir vielleicht fest, dass wir einsam sind, allein und verlassen. Als diejenigen, die eingeladen sind, Gottes eigenes Leben zu finden, werden wir mit unserer eigenen Sterblichkeit konfrontiert. Wir sind Geschöpfe, keine Götter, und wir müssen sterben. Dann schreien wir vielleicht wie die Israeliten: „Gab es denn keine Gräber in Ägypten, dass du uns zum Sterben in die Wüste holst?“ (Ex 14,11). Dann müssen wir „still stehen und nicht wegen unserer Leere zittern“ und darauf vertrauen, dass uns unser Leben geschenkt wird.

Wie können wir uns gegenseitig unterstützen und ermutigen, wenn wir unserer Sterblichkeit begegnen? Zuerst müssen wir uns gegenseitig mit der Freiheit Jesu anspornen. Im Wissen, dass der Menschensohn sterben müsse, kehrte er um, um nach Jerusalem zu gehen. Diese Freiheit habe ich bei manchen Brüdern und Schwestern gesehen, die ihr Leben hingegeben haben. Ein Jahr vor seiner Ermordung nahm Pierre Claverie OP, Bischof von Oran in Algerien, den Weg nach Jerusalem, als er sich weigerte, sich von Drohungen einschüchtern zu lassen und die Menschen dort zu verlassen. 1994 sagte er in einer Predigt: „Ich habe für das Gespräch und die Freundschaft zwischen den Menschen, Kulturen und Religionen gekämpft. Das alles verdient vielleicht den Tod, und ich bin bereit, dieses Risiko einzugehen.“[47]

Jesu Freiheit im Angesicht des Todes findet ihren Höhepunkt in der Nacht vor seinem Leiden, in der er seinen Leib nahm und ihn seinen Jüngern gab – eine Geste erstaunlicher Freiheit. Das angesichts unserer Sterblichkeit einander zu tun, ist auch uns aufgetragen. Ich kann mich an einen Morgen in Oxford erinnern, wo wir freudig die Eucharistie zusammen mit einem Mitbruder feierten, der an Krebs starb. Die ganze Gemeinschaft war in seinem Zimmer versammelt. Danach tranken wir zur Ehre der Auferstehung Sekt. Ich erinnere mich an die Eucharistiefeier zusammen mit den Brüdern und Schwestern im Irak vor einigen Wochen, als wir auf den Militärschlag warteten, der erfolgen sollte (1998; Anm. der Hrsg.). Die Eucharistie soll nicht das Zentrum unseres Gemeinschaftslebens sein, weil wir in ihr vereint sind oder gar, damit

[47] *P. Claverie*, Predigt anlässlich des Todes von Bruder Henri und Schwester Paule-Hélène, in: *La vie spirituelle*, Oktober 1997, 764.

wir uns in ihr vereint fühlen. Sie ist das Sakrament der Fülle des Lebens, das ganz und gar Geschenk ist, das „Brot des Lebens“, von dem Dominikus versprach, dass wir es im Orden finden würden. Wir empfangen es zusammen, indem wir einander Nahrung in der Wildnis schenken.

Für diese so verstandene Eucharistie legen wir in unserem Leben Zeugnis ab, indem wir einander freigeben, uns gegenseitig mit der grenzenlosen Freiheit Christi infizieren – durch die kleine Freiheit einer frei geschenkten Vergebung, oder indem wir einige unserer alten Lebensmuster aufbrechen lassen, oder indem wir ein Risiko eingehen. Wir lassen gehen. Wie Lacordaire schrieb: „Ich gehe, wohin Gott mich führt, zwar unsicher über mich, aber sicher über ihn.“ In allen diesen Arten und Weisen lassen wir uns vom Schwung des Heiligen Geistes mittragen, der aus dem Vater und dem Sohn hervorgeht und mit uns „Abba, Vater“ ruft. Wie Eckhart sagt: „Wir beten nicht, wir werden gebetet.“ Außerdem finden wir dort Eingang in die Freiheit und Spontaneität, wo wir am lebendigsten sind. Wir lassen zu, dass wir diese Bewegung aufnehmen, wie ein Tänzer einen Rhythmus aufnimmt, und entdecken Gnade und Freiheit darin.

Die Weisheit tanzte in der Gegenwart Gottes, während sie die Welt schuf. Thomas von Aquin sagt, dass die Kontemplation eines weisen Menschen wie ein Spiel sei, weil sie vergnüglich abliefe und weil sie um ihrer selbst willen unternommen werde, eben wie ein Tanz. „Vollständiger Ernst deutet einen Mangel an Tugend an, da er Spiel ganz verachtet, das aber für ein gutes Leben genauso notwendig ist wie die Erholung.“[48] Die Fülle des Lebens führt uns in die Spielfreude derer, die die Bürde niedergelegt haben, ein kleiner Gott sein zu wollen. Wir können diese schreckliche Ernsthaftigkeit derjenigen fallen lassen, die glauben, dass sie das Wort auf ihren Schultern tragen. Dann werden auch unsere Gemeinschaften

---

[48] *Thomas von Aquin*, Eth ad Nic, IV, lb 854, vgl. *H. Rahner*, Der spielende Mensch, o. O. 1949.

wirklich zu Orten, wo die Zufriedenheit des Reiches Gottes aufscheint.

Hl. Dominikus: *Nos junge beatis – Geselle uns den Seligen bei*, damit wir einen Vorgeschmack ihrer Seligkeit schon hier schmecken.

DER BÄR UND DIE NONNE

Der Sinn des Ordenslebens in der heutigen Zeit

Auf der Suche nach einer Geschichte

Man hat mich gebeten, zu Ihnen über „Das Ordensleben und seinen Sinn in der heutigen Zeit“ zu sprechen. Diese Frage stellt sich mit großer Eindringlichkeit allen Ordensleuten heute, weil viele unter uns darüber nachdenken, ob der von uns eingeschlagene Lebensweg irgendwelchen Sinn hat. In Westeuropa gibt es weniger Berufungen als je zuvor. In Frankreich verkleinern sich viele Ordensgemeinschaften und einige sterben aus. Ordensmann oder Ordensfrau zu sein hat nicht mehr den gleichen Status, gewährt nicht mehr den gleichen Respekt wie ehedem. Wir mögen den Anschein erwecken, unsere Rolle in einer Kirche verloren zu haben, die klerikaler geworden zu sein scheint, und unsere Bedeutung in einer Gesellschaft verloren zu haben, in der Laien viele Dinge tun, die vormals größtenteils von Ordensleuten wahrgenommen wurden. Mit dem neuen Gefühl von der Heiligkeit der Ehe sieht man eben unsere Lebensweise nicht mehr als vortrefflicher als eine andere an. Es ist verständlich, dass eine Anzahl Ordensleute fragen: „Was hat das Ordensleben heute für einen Sinn?“

In dieser Situation wäre es ganz natürlich, den Sinn des Ordenslebens in einer uns besonderen Art zu finden, in etwas, das wir nur tun und keine andere Person macht, in etwas, das uns unseren besonderen Platz gewährt, unsere ganz bestimmte Identität. Wir sind vergleichbar mit Schmieden in einer Welt der Automobile auf der Suche nach einer neuen Rolle. Mir scheint, dass dies einer der Gründe ist, warum wir Ordensleute oftmals mit Eifer von uns selbst als Propheten sprechen. Wir geben vor, der prophetische Teil des Lebens der Kirche zu sein. Dies gibt uns eine Rolle, Identität, ein

Markenzeichen. Ich glaube daher in der Tat, dass das Ordensleben dazu berufen ist, prophetisch zu sein, nicht aber als Lösung unserer Identitätskrise!

Ich möchte hingegen an anderer Stelle ansetzen, nämlich mit der Sinnkrise, die die westliche Gesellschaft durchlebt. Ich glaube, dass das Ordensleben wichtiger ist als je zuvor wegen der Art, in der wir gerufen werden, uns der Sinnkrise unserer Zeitgenossen zu stellen. Unsere Lebensweise muss die Antwort sein auf die Frage: „Welchen Sinn hat menschliches Leben heute?" Vielleicht ist dies immer das wesentlichste Merkmal des Ordenslebens gewesen.

Wie können wir überhaupt beginnen, über eine so weitreichende Frage wie die der zeitgenössischen Sinnkrise nachzudenken. Um etwas den Umständen Angemessenes sagen zu können, hätte ich Bücher über die Moderne und Postmoderne studieren müssen. Dies habe ich nicht getan. Meine Entschuldigung läuft darauf hinaus, dass ich keine Zeit hatte, weil ich ständig unterwegs bin. Die Wahrheit ist aber, dass, selbst wenn ich diese Bücher läse, ich diese wahrscheinlich nicht verstünde. Sie sind hauptsächlich von klugen Franzosen geschrieben und übersteigen das Fassungsvermögen der Engländer! Ich werde stattdessen einen einfacheren Zugang versuchen. Ich möchte Ihnen den Gegensatz zwischen zwei Bildern anbieten, zwei im menschlichen Leben enthaltene Geschichten.

Jede Kultur benötigt Geschichten, die ein Verständnis verkörpern, was es bedeutet, Mensch zu sein; unter welchem Leitbild das Leben steht. Wir brauchen Geschichten, die uns sagen, wer wir sind und wohin wir gehen. Tritt eine Sinnkrise in einer Gesellschaft auf, dann besteht ein Symptom darin, dass die von dieser Gesellschaft erzählten Geschichten anscheinend keinen Sinn mehr für unsere Erfahrungen ergeben. Sie passen einfach nicht mehr. Unterliegt eine Gesellschaft einem Augenblick tiefgreifender Veränderung, wird eine neue Form von Erzählung benötigt, die ihrem Leben Sinn verleiht.

Ich werde demonstrieren, dass es sich bei der fundamentalen Sinnkrise in unserer Gesellschaft darum handelt, dass die der europäischen Kultur einige Jahrhunderte innewohnende Geschichte keinen Sinn mehr ergibt. Es ist eine Geschichte von Fortschritt, des Überlebens des Gesündesten, der Triumph des Starken. Held dieser Geschichte ist der moderne Mensch selbst. Er (und es ist gewöhnlich ein Er!) lebt allein und ist frei. Dies ist die Geschichte, die sich durch unsere Romane, Filme, Philosophie, Wirtschaft und Politik zieht. Nun aber hört sie auf, unserer Erfahrung Sinn zu geben. Als Symbol dieser Geschichte nehme ich einen Bären, den ich oft auf den Plakaten in Rom gesehen habe.

Also sind wir eine Gesellschaft, die nach einer neuen Geschichte hungert, die dem, was und wer wir sind, einen gewissen Sinn gibt. Ich glaube, dass der Sinn des Ordenslebens in der Beantwortung dieser Frage liegt: „Worin liegt der Sinn menschlichen Lebens heute?" In unserer Lebensweise müssen die Leute eine Einladung erkennen, auf neue Art Mensch sein zu dürfen. Das Symbol dieser anderen Geschichte wird eine zu Füßen der Osterkerze in der Dunkelheit singende Nonne sein.

Also möchte ich Ihnen diesen Gegensatz zwischen zwei Bildern aufzeigen, zwei Geschichten, die eines Bären und die einer Nonne. Ich möchte diese beiden Geschichten kontrastieren, indem ich auf die drei Elemente schaue, deren jede Geschichte bedarf: eine Handlung, die sich über einen Zeitraum entwickelt; die Ereignisse, die die Geschichte vorantreiben; und die Handelnden. Wenn sich also unsere Zeitgenossen verloren und verwirrt, hungrig nach Sinn fühlen, dann ist dies so, weil die Geschichten der Moderne eben keinen Sinn mehr haben für unsere Erfahrung der Zeit, der Ereignisse und für das, was es bedeutet, ein Individuum zu sein. Wir Ordensleute müssen einen anderen Weg verkörpern, lebendig zu sein.

Handlung und Zeit

Lassen Sie mich beginnen, Ihnen von meinem Bären zu erzählen. Vor einem Jahr waren die Wände Roms mit Plakaten bedeckt, die einen großen und zornigen Bären zeigten. Die Aufschrift des Plakats lautete: ‚*La forza del prezzo giusto.*' – ‚*Die Macht des richtigen Preises.*' Beim Warten auf Busse hatte ich viel Zeit, diesen Bär zu betrachten. Er versinnbildlicht sehr gut die Geschichte der Moderne.

An erster Stelle suggeriert dieser Bär, dass die grundlegende Handlung der Geschichte aus einem unwiderstehlichen Fortschritt besteht. Darwin wäre stolz auf diesen Bären gewesen, einen Sieger im Evolutionsprozess. Die Geschichte des Menschen marschiert vorwärts. Er ist gleichfalls ein Symbol der globalen Wirtschaft, dem Markt. Die Wirtschaft treibt die Geschichte des Menschen voran. ‚*La forza del prezzo giusto.*' – ‚*Die Macht des richtigen Preises.*' Geschichte ist die Geschichte des unvermeidlichen Fortschritts durch die Liberalisierung des Marktes. Das beste Wirtschaftssystem muss triumphieren. Der Bär ist der Sieger.

Als ich aufwuchs (und wenn ich Sie mir anschaue, möchte ich vermuten, dass auch viele von Ihnen so aufwuchsen), war es gerade noch möglich, daran zu glauben, dass die Menschheit auf dem Weg zu einer strahlenden Zukunft sei. Aber es gab bereits Schatten. Ich wurde eine Woche vor dem Ende eines Krieges geboren, der 50 Millionen Tote verursachte. Nach und nach haben wir etwas über den Holocaust und die in den Lagern verstorbenen sechs Millionen Juden erfahren. Ich wuchs unter dem Schatten der Bombe auf. Ich kann mich daran erinnern, dass meine Mutter Nahrungsmittel in Dosen im Keller hortete für den Fall des Ausbruchs eines Nuklearkrieges. Dennoch war es möglich, an der Vorstellung festzuhalten, dass sich die Menschheit vorwärts bewegte. Jedes Jahr erlebten wir die Entlassung eines Teils unserer alten Kolonien in die Unabhängigkeit, der Medizin war es möglich, Krankheiten wie Tuberkulose und Malaria auszumerzen.

Armut – so hofften wir – würde sicherlich auch bald ein Ende finden. Selbst Flugzeuge und Autos wurden jedes Jahr schneller. Alles würde immer noch besser werden.

Heute sind wir weniger sicher. Der Graben zwischen Arm und Reich wächst immer weiter. Malaria und Tuberkulose kehren zurück, und innerhalb eines Jahres werden wahrscheinlich vierzig Millionen Menschen an AIDS erkrankt sein. In Europa allein zählen wir zwanzig Millionen Arbeitslose. Die Träume von einer gerechten Welt scheinen weit von ihrer Verwirklichung entfernt. Wohin bewegt sich die Menschheit? Hat unsere Geschichte einen Sinn, weist sie in eine Richtung? Oder wandern wir in Kreisen in der Wüste herum, ohne dem versprochenen Land näher zu kommen? Selbst die Kirche, die sich beim Zweiten Vatikanischen Konzil auf den Weg der Erneuerung und zu einem neuen Leben zu begeben schien, scheint nun nicht zu wissen, wohin sie geht.

Im Herzen der Moderne existiert ein Widerspruch. Daher ist ihre Geschichte auch nicht länger plausibel. Auf der einen Seite ist der Bär in der Tat unwiderstehlich. Der globale Markt triumphiert über alle seine Feinde. In Osteuropa ist der Kommunismus zusammengefallen. Selbst in China sieht es so aus, als könnte er unterliegen. Andererseits aber führt uns die Geschichte nicht ins Himmelreich. Wir erleben wachsende Armut und Krieg. Selbst die Tiger Asiens sind krank. Unwiderstehlich ist der Bär, aber er reißt uns in Stücke. So enthält die Moderne einen unerträglichen Widerspruch. Wir können uns in ihr nicht mehr wiederfinden.

Ohne Geschichten können wir nicht leben. Weil wir die Geschichte des Vormarsches der Menschheit in Zweifel ziehen, müssen andere Geschichten die entstandene Leere füllen. Es mögen tausendjährige Geschichten sein vor dem Ende der Welt, Geschichten außerirdischer Wesen, Geschichten wie der Sieg bei der Fußballweltmeisterschaft. Oft genug handelt es sich dabei lediglich um das, was wir im Englischen mit *soap operas* – *Seifenopern* bezeichnen, triviale Fernsehserien. Vor kurzem wurde die letzte Episode einer Seifenoper in den USA von 80 Millionen Menschen angeschaut. Restaurants blieben an diesem Abend geschlossen. Weniger Interesse erweckte die Ankündigung, dass am 26. Oktober 2026 ein riesiger Asteroid auf die Erde niedergehen würde. Nachdem wir dem Fortschrittsmythos nunmehr ungläubig gegenüberstehen, nehmen wir Zuflucht in Fiktionen.

Mag sein, dass dieser Hunger nach einer Geschichte die außergewöhnliche Reaktion auf den Tod der Prinzessin Diana erklärt. Wie Ihnen bekannt, sind Engländer wenig empfindsam. Wenigstens glauben Franzosen, dies zu wissen! Ich aber habe niemals zuvor einen derartigen Kummer erlebt. Es schien, als hätte die Geschichte im Herzen der Menschheit ihr Ende unter einer Brücke in Paris gefunden. Millionen Menschen weinten, als hätten sie ihre Frau oder ihr Kind oder ihre Mutter verloren. Wo auch immer ich mich in der Welt befinde, weiß ich, dass die Menschen zum Schluss mit mir über die Prinzessin sprechen werden. Ich bin bereit, nach diesem Vortrag Fragen über sie zu beantworten. In Vietnam wurde mir sogar gesagt, ich sähe aus wie Prinz William. Ich war entzückt, aber dann sind es auch sehr höfliche Menschen! Das war die Seifenoper der Welt. Vielleicht rührte ihre Geschichte so viele Menschen eben deshalb an, weil wir uns selbst in ihr erkennen konnten. Sie war ein guter, aber nicht perfekter Mensch, der sich wirklich um andere Menschen kümmerte, dessen Leben wunderbar hätte sein sollen, und doch war es ein unerklärlicher Misserfolg. Es war eine traurige und bedeutungslose Geschichte, die an die Belanglosigkeit erinnert, die so viele Menschen empfinden, wenn sie sich fragen, wohin ihr Leben sie führen wird.

In welchem Sinn kann Ordensleben eine andere Handlung, eine alternative Geschichte suggerieren?

Lassen Sie mich Ihnen ein anderes Bild darbieten. In diesem Jahr feierte ich das Osterfest in einem Kloster beschaulicher Dominikanerinnen. Das Kloster war auf einem Hügel hinter Caracas in Venezuela erbaut worden. Die Kirche war mit jungen Leuten gefüllt. Wir zündeten die Osterkerze an und stellten sie auf ihren Ständer. Eine junge Nonne, die sich auf einer Gitarre begleitete, sang ein Liebeslied am Fuße der Kerze. Dieses Lied war voll der rauen Leidenschaft Andalusiens. Ich bekenne, dass mich dieses Bild einer jungen Nonne, die dem neu geborenen Feuer in der Dunkelheit ein Liebeslied singt, bis ins Innerste aufwühlte. Dieses Bild zeigt, dass wir hier in ein anderes Drama, eine andere Geschichte verwickelt werden.

An erster Stelle suggeriert die in der Nacht singende Nonne, dass die ursprüngliche Handlung der Menschheitsgeschichte länger dauert als diejenige, die durch den Bären dargestellt wird. Im Garten draußen hatte der Zelebrant die Kerze mit diesen Worten beschrieben: „Christus gestern und heute, der Anfang und das Ende, Alpha und Omega. Alle Zeit gehört Ihm und alle Zeitalter. Ihm allein gebührt Ruhm und Macht durch alle Zeiten. Amen."

Ordensleben ist vielleicht an erster Stelle ein lebendiges „Amen" auf diesen längeren Handlungszeitraum. Innerhalb dieser Ausdehnung der Geschichte von Alpha bis Omega, der Schöpfung bis zum Reich Gottes muss das Leben jedes Menschen seinen Sinn finden. Wir sind diejenigen, die für das Reich Gottes leben, in dem nach Julian von Norwich „Alles gut sein wird, alle möglichen Dinge gut sein werden".

Am radikalsten wird diese längste Geschichte ans Licht gebracht durch die Berufung kontemplativer Mönche oder Nonnen. Überhaupt keinen Sinn hat ihr Leben, wenn sie nicht auf dem Weg zum Reich Gottes sind. Kardinal Basil Hume ist der am meisten geachtete Christ Englands, und dies teilweise, weil er ein Mönch war († 1999; Anm. der Hrsg.). Dies schrieb er über Mönche: „Wir sehen uns nicht in der Rolle von Ausführenden einer besonderen Mission oder Funktion in der Kirche. Wir haben keine Absicht, den Lauf der Geschichte zu ändern. Von einem menschlichen Standpunkt aus gesehen, sind wir fast nur zufällig da. Und, glücklicherweise, fahren wir fort ‚nur da zu sein'."[1]

Mönche sind einfach nur da, und so hat ihr Leben gar keinen Sinn, abgesehen von der Tatsache, dass es auf die Erfüllung aller Zeiten hinweist, dem Treffen mit Gott. Einfach da sein, auf den Autobus wartend, der sicherlich kommen muss. Es gibt einfach keinen vorläufigen oder teilweisen Sinn. Keine Kinder, keine Karriere, keine Errungenschaften, keine Beförderungen, keinen Nutzen. Durch eine Abwesenheit von Sinn kommt durch ihr Leben eine Fülle von Sinn ans Licht, die wir nicht definieren können; so wie das leere Grab auf die Auferstehung hinweist, oder wie das Funkeln auf der Bahn eines Sterns den unsichtbaren Planeten anzeigt.

In einer Krise wurde das westliche Mönchtum geboren. Während durch die Angriffe der Barbaren das römische Kaiserreich eines langsamen Todes starb, begab sich Benedikt nach Subiaco und gründete eine Mönchsgemeinschaft. Während also die Geschichte der Menschheit nirgendwohin zu führen schien, gründete Benedikt eine Kommunität von Männern, deren Leben keinen anderen Sinn hatte als dieses Schlussziel, nämlich das Reich Gottes.

Man könnte sagen, dass uns das Ordensleben zwingt, die Krise der Moderne nackt zu durchleben. Das Leben der meisten Menschen hat eine Form und Geschichte, die es ermöglicht, die grundsätzliche Frage auf Distanz zu halten. Ein Leben mag seinen eigenen Sinn haben über das Verliebtsein, die Heirat, Kinder und Enkel. Oder die Geschichte eines anderen bekommt ihren Sinn durch eine Karriere, das Aufsteigen auf der Beförderungsleiter, durch den Erwerb von Reichtum, sogar Berühmtheit. Wir könnten so viele Geschichten erzählen, die ein einstweiliges Muster und einen Sinn für die Jahre

---

[1] *B. Hume*, In Praise of Benedict. A. D. 480-1980, Ampleforth 1996, 23.

unseres Lebens ergeben. Und dies ist gut und richtig. Jedoch gewähren uns unsere Gelübde diesen Trost nicht. Keine Heirat kann uns den Rahmen für unser Leben bieten. Wir haben keine Karrieren. Nackt stehen wir vor der Frage: „Was für einen Sinn hat das menschliche Leben?“

Aber es genügt nicht, herumzusitzen und auf das Kommen des Reiches Gottes zu warten. Manchmal mögen die jüngeren Brüder nicht mit mir übereinstimmen, aber man muss doch jeden Morgen aus dem Bett heraus und etwas tun. Selbst Mönche und Nonnen müssen etwas tun! Ich erinnere mich, einem besonders faulen Bruder die Frage gestellt zu haben, was er an einem gewissen Tag tun würde. Er antwortete mir, dass er ein „eschatologisches Zeichen“ wäre, das auf das Himmelreich wartete. Welchen Wert messen wir dem bei, was wir jetzt tun? Die meisten von uns verbringen ihre Tage mit nützlichen Dingen. Wir lehren, arbeiten in Krankenhäusern, helfen in Pfarrgemeinden, kümmern uns um die Vergessenen. Was sagen unsere täglichen Leben aus über die Geschichte der Menschheit?

Kehren wir doch nochmals zurück zu der jungen Nonne. Mitten in der Nacht singt sie ihr wildes Lied. In der Nacht lobt sie Gott. Selbst in der Dunkelheit, zwischen Anfang und Ende, kann man Gott begegnen und Ihn loben. Jetzt ist die Stunde. Während Er darauf wartet, getötet zu werden, sagt Jesus zu seinen Jüngern: „In der Welt seid ihr in Bedrängnis; aber habt Mut. Ich habe die Welt besiegt“ (Joh 16,33). Nun ist die Stunde des Sieges und Lobes.

Was dies suggeriert, ist ein neuer Zeitsinn. Was der Zeit Form verleiht, ist nicht die Geschichte unvermeidlichen Fortschritts zu Reichtum und Erfolg. Der verborgene Rahmen unserer Leben ist das Wachstum an Freundschaft mit Gott, wie wir Ihm am Wege begegnen und „Amen“ sagen. Es ist eben nicht nur das Ende der Geschichte, das ihr Sinn verleiht. Das Muster meines Lebens ist die Begegnung mit Gott und meine Erwiderung auf Seine Einladung. Das macht aus meinem Leben nicht nur eine Abfolge von Ereignissen, sondern einen Bund. In den Worten von Cornelius Ernst OP: „Schicksal ist Aufforderung und Einladung des Gottes der Liebe, Ihm durch liebevolle und schöpferische Zustimmung zu antworten.“[2] Selbst in der Dunkelheit, in Verzweiflung, wenn nichts mehr einen Sinn ergibt, können wir dem Gott des Lebens begegnen. So wie es ein jüdischer Philosoph beschrieb: Jeder Augenblick kann zur kleinen „Pforte“ werden, durch die der Messias eintreten kann.[*] Die Geschichte unseres Lebens handelt von diesem Treffen mit Gott, der wie ein Liebhaber in der Nacht kommt.

Einige der bewegendsten Augenblicke der letzten sechs Jahre waren jene Zeiten, in denen ich gemeinsam mit meinen Brüdern und Schwestern unter schwierigsten Umständen Gott preisen durfte. In einem Kloster in Burundi nach einer Tour in einem von ethnischer Gewalt zerrissenen Land, im Irak, als wir auf das Fallen der Bomben warteten, in Algerien mit unserem Mitbruder und Bischof Pierre Claverie OP vor seiner Ermordung. Im Mittelpunkt des Ordenslebens muss der Lobpreis Gottes stehen, selbst in der Dunkelheit. Wir singen die Psalmen, die *tehillim*, Lobpreisungen. Wir messen den Tag nach den Stunden der Gottesdienste, nach der Liturgie der Psalmen und nicht gerade nach den mechanischen Stunden der Uhr. „Siebenmal am Tag singe ich dein Lob“ (Ps 119,164). Nun, für die meisten von uns wenigstens zweimal …

Ich erinnere mich an eine Geschichte, die zeigt, wie sich die Zeit des Lobes und die Uhrzeit, die Zeit der Moderne, gegenseitig beeinflussen können. Als einer meiner Mitbrüder als Kind in der Schule war, kam ein Zahnarzt dorthin, um den Kindern Unterricht in Zahnhygiene zu erteilen. Er fragte die Klasse, wann die Zähne geputzt werden müssen. Es herrschte absolutes Schweigen. Daraufhin rief er ihnen zu: „Nun, ihr wisst doch, wann ihr eure Zähne putzen müsst, morgens und abends…“ Dies war wie der Druck auf einen Knopf im Ver-

---

2 *C. Ernst,* The Theology of Grace, Dublin 1974, 82.

* Vgl. *W. Benjamin*, Gesammelte Schriften, Band I/2, Frankfurt/M. 1991, 704.

stand der lieben kleinen Katholiken, die ihren Katechismus kannten. Sie alle riefen miteinander „vor und nach den Mahlzeiten". „Ausgezeichnet", sagte der Zahnarzt. „In Zeiten der Versuchung und in der Stunde unseres Todes." Wirklich! Putzten wir unsere Zähne immer in den Stunden der Versuchung, könnten wir viele Sünden vermeiden!

Der regelmäßige Lobesrhythmus ist mehr als nur ein Optimismus, der darauf baut, dass alles ein gutes Ende nehmen wird. Wir behaupten, dass selbst jetzt in der Wüste der Gott des Lebens uns begegnet und unser Leben formt. In diesem Sinne sollte das Ordensleben wahrlich prophetisch sein; denn es ist der Prophet, der sieht, wie die Zukunft in die Gegenwart hineinbricht. Mit den Worten Habakuks: „Zwar blüht der Feigenbaum nicht, an den Reben ist nichts zu ernten, der Ölbaum bringt keinen Ertrag, die Kornfelder tragen keine Frucht; im Pferch sind keine Schafe, im Stall steht kein Rind mehr. Dennoch will ich jubeln über den Herrn und mich freuen über Gott, meinen Retter" (Hab 3,17 f.).

Vor kurzem bin ich mit den Promotoren des Ordens für Gerechtigkeit und Frieden in Lateinamerika zusammengetroffen. Das ist eine neue Generation. Nicht die alte Garde der späten Sechziger, wie ich! Es waren junge Männer und Frauen, die einen Traum am Leben erhalten. Ich war durchaus darauf gefasst, wegen der sich verschlechternden wirtschaftlichen Lage, der wachsenden Gewalt, des gesellschaftlichen Zerfalls auf dem Kontinent, diese entmutigt vorzufinden. Im Gegenteil! Genau in diesem Augenblick, sagten sie, wo alle Utopien verschwunden waren, wo das Reich Gottes weiter entfernt sei als je zuvor, hätten wir Ordensleute unsere Rolle wahrzunehmen. Kein anderer könnte nun einen Traum haben. Jetzt für eine gerechtere Welt zu kämpfen, da anscheinend überhaupt kein Fortschritt jemals gemacht wird, bedeutet, dass man eine Person des tief innerlichen Gebets sein muss. Nach unserem brasilianischen Mitbruder Frei Betto OP muss man heutzutage Mystiker sein, um an Gerechtigkeit und Frieden zu glauben.

Es gibt einen zweiten Gegensatz zwischen den Geschichten des Bärs und der Nonne, auf den ich hinweisen möchte. Dies bezieht sich auf die Art und Weise, wie die Dinge sich ereignen. Was ist die treibende Kraft der Geschichte? Was bewegt die Geschichte voran? Wir brauchen sowohl Handlung als auch Ereignis.

Wir sind uns bereits bewusst, dass der Bär den Kampf ums Überleben darstellt. Was die Geschichte voran bringt, ist dieser Wettbewerb, in dem der Schwache zugrunde geht, der Starke aber floriert. Ob man Evolution oder Wirtschaft studiert, genauso tragen sich die Dinge zu. Das ist das Grundprinzip der modernen Geschichte. Der Antrieb der Geschichte ist freier Wettbewerb, der das Fehlerhafte, Hoffnungslose, Lebensunfähige beseitigt.

Aber wiederum sehen wir einen Widerspruch. Denn dieser Bär ist das Symbol der Freiheit, die das Herz der Moderne ist: Freiheit des Wettbewerbs auf dem freien Markt, wo jeder frei ist, das zu wählen, was er möchte. Doch haben wir bereits bemerkt, dass auch diese Freiheit in gewissem Maße illusorisch ist. Wir befinden uns in einer globalen Umwandlung der Welt, die uns ohnmächtig macht, die keiner von uns aufhalten kann, die Gemeinschaften zerstört und den Planeten verschlingt. Also befindet sich im Zentrum der modernen Geschichte ein doppelter Widerspruch. Fortschritt wird uns angeboten, wir aber finden Armut; Freiheit bietet man uns, doch wir sind machtlos. Welch alternative Geschichte kann denn das Ordensleben verkörpern?

Lassen Sie uns aber nochmals auf die junge Nonne schauen, die in der Dunkelheit ihr Liebeslied singt. Sie erzählt eine andere Geschichte. Die Geschichte, die sie zelebriert, handelt von einem Mann, den die Starken zerschmettert haben, doch der für immer lebt. Die großen Bären Roms und Jerusalems verschlingen den schwachen Mann aus Galiläa. Was wir in dieser Geschichte feiern, ist nicht die überragende Stärke

Gottes, Gott als den größeren Bär, sondern seine absolute Kreativität durch die Erweckung Jesus von den Toten.

Solange sich nichts Neues ereignet, gibt es keine Geschichte. Geschichten erzählen davon, wie Dinge sich verändern. Aber das Modell der Veränderung in der Moderne ist das Überleben der Stärksten.

Evolution, sei sie nun biologischer oder wirtschaftlicher Art, bringt Veränderung, aber durch den Wettbewerb des Überlebens. Unsere Geschichte von der Nonne hält aber eine noch radikalere Neuigkeit bereit: das unvorstellbare Geschenk eines neuen Lebens. Wir preisen den Gott, der verkündet: „Seht, ich mache alles neu“ (Offb 21,5). Wir Ordensleute sind berufen, Zeichen Gottes unsagbarer Neuigkeit, seiner unaussprechlichen Kreativität zu sein.

Wie können wir Ordensleute Zeichen dieser seltsamen Geschichte vom Gott des Todes und der Auferstehung sein? Das deutlichste Zeichen ist die Anwesenheit all jener Ordensleute, die sich weigern, Orte des Todes und der Gewalt zu verlassen im Vertrauen auf den Herrn, der die Toten erweckt. Wo immer Gewalt herrscht, in Ruanda, Burundi, im Kongo oder in Chiapas (im Süden von México), können wir Ordensleute, Brüder und Schwestern finden, deren Anwesenheit ein Zeichen jener anderen Geschichte ist, von der uns die Nonne singt. Natürlich denken wir hier in Frankreich an die vielen Ordensleute, die ihr Leben in Algerien gegeben haben. Sie alle werden die wundervollen Worte kennen, die Christian de Serge, Prior der Trappistenmönche, in seinem geistigen Testament kurz vor seinem Tode niederschrieb. Ich hoffe, dass Sie mir gestatten, diese noch einmal zu wiederholen:

„Schaut man einem Adieu entgegen“

„Sollte ich eines Tages – und dies könnte heute geschehen – Opfer des Terrorismus werden, der sich jetzt auf alle in Algerien lebenden Ausländer zu erstrecken scheint, möchte ich gerne, dass sich meine Kommunität, meine Kirche, meine Familie daran erinnern, dass mein Leben für alle und dieses Land gegeben wurde. Mögen sie akzeptieren, dass der Alleinige Herr allen Lebens kein Fremder bei diesem brutalen Abschied gewesen sein wird. Mögen sie für mich beten; denn wie sonst wäre ich dieses Opfers für würdig befunden worden? Mögen sie diesen Tod mit so vielen anderen gleichermaßen gewalttätigen Toden verbinden können, die aber in der Gleichgültigkeit eines anonymen Todes belassen wurden (...). Dieses verloren gegangene Leben, völlig mein und ihres, dafür danke ich Gott, der es voll und ganz gewollt hat, um der *Freude* willen in allem und trotz allem."

Die Vorbereitung auf ein derartiges Zeugnis muss doch wohl darin bestehen, dass jede Ordensgemeinschaft ein Ort sein sollte, an dem man lernt, wie man durch Tod und Auferstehung zum Leben gelangt. Eine meiner Großtanten trat als Nonne in die Gemeinschaft vom Heiligsten Herzen Jesu ein. Im Alter von sieben Jahren erschreckte sie ihre zahlreichen Schwestern mit der Befestigung eines Bogens Papier an der Wand des Kinderzimmers, auf dem zu lesen stand: „Ich möchte mich auflösen und mit Christus vereint sein." Ich möchte bezweifeln, ob es heutzutage viele Kandidaten für ein Ordensleben gibt, die so etwas tun. Gott sei Dank! Aber eine Ordensgemeinschaft muss gewiss ein Ort sein, wo uns gelehrt wird zu sterben und aufzuerstehen, also ein Ort der Verwandlung. Wir sind keine Gefangenen unserer Vergangenheit. Wir können an Heiligkeit zunehmen. Wir können sterben und erneuert werden.

Dies aber wird wahrscheinlich nicht geschehen, wenn wir vor dem Duell mit dem Tod unserer Institutionen flüchten. In Westeuropa müssen heute eine Reihe von Kongregationen, Gemeinschaften, Klöstern und Provinzen dem Tod ins Auge schauen. Viele Strategien gibt es, dieser Wahrheit aus dem Wege zu gehen. Man kann einen Ordensgründer selig sprechen, großartige Bauvorhaben einleiten, herrliche Dokumente über Projekte verfassen, die niemals realisiert werden. Aus welchem Grunde entsenden wir Brüder oder Schwestern auf die Philippinen, nach Kolumbien, nach Brasilien? Geschieht dies aus einem plötzlichen und neuen missionarischen Eifer heraus, oder wollen wir Berufungen, damit wir überleben können? Wenn wir uns nicht der Perspektive des Todes stellen können, was haben wir dann noch vom Herrn des Lebens zu berichten? Eines Tages stattete ich in Begleitung eines betagten Mitbruders einem Dominikanerinnenkloster in England einen Besuch ab. Offensichtlich näherte es sich dem Ende seines Lebens. Eine der Nonnen aber wandte sich an meinen Begleiter: „Ehrwürdiger Pater, sicherlich würde unser Herr dieses Kloster nicht sterben lassen.“ Worauf er erwiderte: „Hat Er nicht sogar seinen Sohn sterben lassen?“

Diese unvorstellbare Geschichte von Tod und Auferstehung können wir dadurch gewisslich vorleben, dass wir an unerwarteten Orten neues Leben erblühen lassen. Wir müssen diejenigen sein, die das Tal des Todes betreten und die ihren Glauben an den Gott bezeugen, der die Toten auferweckt. Ich erinnere mich an einen meiner schottischen Mitbrüder. Er war Dichter und Kämpfer, eine außergewöhnliche Kombination. Aber dann war er auch ein in jeder Hinsicht außergewöhnlicher Mensch. Er startete in Schottland ein Programm, durch das Gefangenen Kunst näher gebracht werden sollte. Er war davon überzeugt, dass diese ohne unseren Glauben in ihre Kreativität niemals geheilt würden. Seinen ersten Versuch unternahm er in einem für seine Härte bekannten Glasgower Gefängnis. Er fragte die Gefangenen, was sie ausprobieren möchten: Malerei, Poesie, Bildhauerei, Tanz. Die Reaktionen können Sie sich vorstellen! Also rollte er seine Ärmel hoch und rief: „Wenn einer unter Ihnen der Meinung sein sollte, dass Kunst nichts für echte Männer sei, dann werde ich mich eben mit ihm schlagen!“ Und das war genau das, was er tat (...) mit jedem von ihnen. Alle begannen Kurse in Poesie und Malerei! Glücklicherweise ist dies nicht die einzige Art, Menschen zum Glauben an den Gott zu bringen, der alle Dinge neu macht.

Eine andere, vielleicht traditionellere Art, in der Ordensleute immer ein Zeichen des ewigen schöpferischen Gottes gewesen sind, liegt in der Schönheit. Sie sind sich in Frankreich dieser Tatsache immer viel bewusster gewesen als in vielen anderen Ländern. Vor einigen Wochen bin ich in Deutschland einem betagten dominikanischen Maler und Bildhauer begegnet. Ich habe ihn gefragt, was er am liebsten täte. Er hat geantwortet, dass es ihm immer große Freude bereitet hätte, Grabsteine zu gravieren! Es gibt so tiefe Wunden, dass einzig und allein Schönheit diese heilen kann. Gegenüber gewissen Leiden kann Hoffnung nur durch Kunst zum Ausdruck gebracht werden. Ein sehr schöner Grabstein kann mit Eloquenz von der Hoffnung auf die Auferstehung künden, von Gott, der die Toten aufzuerwecken weiß.

Schließlich gibt es die Schönheit der Liturgie, die Schönheit des Lobgesangs Gottes, der von dem Gott spricht, der alle Dinge verwandelt. Es ist die Schönheit, mit der wir begonnen haben, die der jungen Nonne, die vor einer Kerze in der Nacht ein Liebeslied singt. Es ist die Schönheit eines einfachen Liedes von der Leidenschaft der Menschen im Süden Spaniens, die mich überwältigt hat. Dies lässt mich an Pablo Neruda denken, der sagte, dass er zwischen dem Drama der Geburt und dem des Todes die Gitarre gewählt hätte!

Handelnder

Schließlich gibt es keine Geschichten ohne Handelnde, ohne Persönlichkeiten. Jede Geschichte muss ihren Helden haben. Und welch besseres Bild könnte man für das moderne Ich finden als unseren Bären, zornig und allein. Aber dieses „moderne Ich" steckt in einer Krise.

Wesentlich ist die Moderne gekennzeichnet durch die Idee vom Menschen als einem separaten autonomen Selbst, losgelöst und frei, letztendlich allein. Dies ist die Frucht einer Entwicklung, die Jahrhunderte dauert, in der sich soziale Bindungen aufgelöst haben, das Privatleben möglich, ja selbst ein Ideal geworden ist. Dies ist unser Held seit der Zeit Descartes'. Wir sehen ihn in allen amerikanischen Westernfilmen als einsame Gestalt.

Zum Teil geht die Krise der Moderne darauf zurück, dass das „moderne Ich" einen Widerspruch enthält. Man kann kein „Ich" ganz allein sein. Man kann nicht als ein einsames, autonomes Atom existieren. Ohne Gemeinschaft kann man nicht existieren, ohne Menschen, mit denen man spricht, ohne das was Charles Taylor „Gesprächsnetze" nennt.[3] Der Widerspruch befindet sich im Zentrum der modernen Geschichte: Wir sehen uns im Wesentlichen als Einzelgänger, tatsächlich kann aber niemand ein Individuum außerhalb einer gewissen Gemeinschaft sein. Es ist unmöglich, auf lange Zeit ein „modernes Ich" zu sein. Der Bär des Plakats verkörpert ein unmögliches Ideal. Allein stürbe er.

Lassen Sie uns letztmalig zu unserer Nonne zurückkehren, die vor der Osterkerze singt. Sie ist nicht allein. Gerade sichtbar im Licht der Kerze ist die Menge junger Menschen. Die Osterwache ist die Versammlung des Volkes Gottes. Was in dieser Nacht geboren wird, ist eine Gemeinschaft. Wir versammeln uns, um uns unserer Taufe im Leib Christi zu erinnern und zusammen unseren gemeinsamen Glauben zu bekennen. Das verkörpert eine andere Sicht dessen, was es bedeutet, ein Selbst zu sein.

„Was ist heute der Sinn menschlichen Lebens?" Eine Weise, durch die das Ordensleben versucht, diese Frage zu beantworten, ist durch das Leben in einer Gemeinschaft. Als Bruder oder Schwester in dieser Gemeinschaft die Identität zu finden, bedeutet, ein anderes Bild des Selbst zu leben, eine andere Art Mensch zu sein. Sie verkörpert eine alternative Geschichte zu der des modernen Helden. In der Frühzeit nannte man eine dominikanische Gemeinschaft eine *sacra praedicatio*, eine „heilige Predigt". In brüderlicher Gemein-

---

[3] *Ch. Taylor*, Sources of the Self, Cambridge 1989, 36.

schaft „als ein Herz und eine Seele" zusammenleben war eine Predigt, bevor einer ein einziges Wort gesagt hatte. Wahrscheinlich werden mehr junge Menschen vom Ordensleben durch die Suche nach Gemeinschaft als durch irgendwelche anderen Gründe angezogen. Nach der postsynodalen apostolischen Ermahnung über das Ordensleben, *Vita Consecrata*, sind wir ein Zeichen der Gemeinschaft für die ganze Kirche, ein Zeugnis des Lebens der Dreifaltigkeit.

Wenn aber die Gemeinschaft junge Menschen zum Ordensleben hinzieht, führt aber auch die Schwierigkeit gemeinschaftlichen Lebens ebenso dazu, dieses aufzugeben. Wir streben nach Gemeinschaft, und doch ist es sehr schmerzhaft, darin zu leben. Wenn ich mit jungen, in der Ausbildung befindlichen Dominikanern zusammentreffe, frage ich sie oftmals, was ihnen am besten und am schlechtesten am Ordensleben gefällt. Im allgemeinen geben sie auf beide Fragen die gleiche Antwort: das Leben in der Gemeinschaft. Das liegt daran, dass wir alle Kinder unseres / dieses Zeitalters sind, geformt durch seine Wahrnehmung des modernen Selbst. Wir sind keine Wölfe im Schafsfell. Wir sind Bären in einer Nonnenhaut!

Man könnte vielleicht sagen, dass wir im Ordensleben das Spiegelbild der Krise des modernen Ich leben. Das moderne Ich erstrebt Autonomie, Freiheit, Loslösung, die unhaltbar sind, weil kein Mensch für sich allein sein kann. Um Mensch sein zu können, müssen wir Gemeinschaften angehören, was immer auch wir davon halten mögen. Wir Ordensleute aber leben das Spiegelbild dieses Dramas. Wir beginnen das Ordensleben, weil wir die Gemeinschaft erstreben. Wir möchten wirklich einander Brüder und Schwestern sein, und doch sind wir Erzeugnisse der Moderne, gezeichnet durch ihren Individualismus, ihre Angst vor einer Bindung, ihren Durst nach Unabhängigkeit. Die Mehrzahl von uns stammt aus Familien mit anderthalb Kindern. Das Leben in einer größeren Gruppe gestaltet sich daher schwierig. Das moderne Ich und das Ordensleben sind somit alternative Aspekte der gleichen Spannung. Das moderne Individuum träumt von einer unmöglichen Autonomie, wir Ordensleute aber erstreben eine Gemeinschaft, die schwer zu ertragen ist.

Aus dem Bären kann nach einem Jahr Noviziat keine Nonne werden. Es ist der langsame Weg der Erziehung zum Menschen, sprechen und hören lernen, die Macht der Ichbezogenheit und des Egoismus sprengen, die aus dem Ich den Mittelpunkt der Welt macht. Die langsame Wiedergeburt durch Gebet und Gespräch wird mich von falschen Bildern befreien, die ich mir von Gott und der anderen Person mache.

Darin erleben wir nackt und intensiv das Drama der modernen Kirche. Niemals zuvor hat sich die Kirche mit einer solchen Eindringlichkeit als Gemeinschaft präsentiert. *Koinonia* steht im Mittelpunkt aller zeitgenössischen Ekklesiologien. Und dennoch hat die Kirche, wenigstens in Westeuropa, niemals zuvor so wenig wirkliche Gemeinschaft geboten. Wir sprechen die Sprache der Gemeinschaft, aber nur selten leben wir danach. Sprache und Wirklichkeit sind voneinander getrennt. Gewisslich versuchen wir auf eine Art dem Traum der Gemeinschaft Gestalt zu geben, wenn wir wagen, an unmöglichen Orten Gemeinschaften aufzubauen, dort wo andere aufgegeben haben. In den vergangenen Jahren habe ich oftmals kleine Gruppen, im allgemeinen von Ordensfrauen, gefunden, die eine Gemeinschaft dort aufbauten, wo andere anscheinend verzweifelten, wo Menschen durch Gewalt und Armut erdrückt und verzweifelt sind. Dort, wo alles ohne Hoffnung scheint, findet man einige Schwestern im Begriff, ein Haus der offenen Tür einzurichten.

Ein Bild mag für viele Erinnerungen stehen. Am Tag, nachdem ich mit jener Nonne die Ostervigil im Kloster gefeiert hatte, suchte ich eine von Mitbrüdern in Caracas betreute kleine Kapelle in einem der gewalttätigsten *barrios* Lateinamerikas auf. Die Kapelle war mit Löchern übersät, die Geschosse hinterlassen hatten. Im Durchschnitt werden jedes Wochenende 28 Menschen in dieser Pfarrgemeinde erschossen. Das hinter dem Altar an der Wand befindliche Fresko ist von Kindern des Viertels gemalt worden. Das Gemälde zeigt Jesus beim Essen des Abendmahls, umgeben von Dominikanerinnen und Dominikanern. Dominikus streichelt seinen Hund. Der geliebte Jünger aber, der an Jesu Seite eingeschlafen ist, ein Straßenjunge, ist ein Kind des Viertels: ein Symbol des Kindes, das endlich seine Zugehörigkeit in dieser gewalttätigen Welt gefunden hat, das Versprechen eines Zuhauses.

Schluss

Ich behauptete zu Anfang, dass wir nur dann den Sinn des Ordenslebens finden können, wenn wir es als Antwort auf die Suche nach dem Sinn menschlichen Lebens begreifen. Anschließend habe ich die zeitgenössische Sinnkrise in der westlichen Gesellschaft dahingehend interpretiert, dass die grundlegende Geschichte über das, was wir sind und wohin wir gehen, keine Wirkung mehr hat. Dies symbolisiert unser geliebter Bär. Hier haben wir eine Geschichte voller Widersprüche. Sie spricht von Fortschritt, führt uns aber in die Armut. Sie verspricht Freiheit, doch wir fühlen uns oftmals machtlos. Sie lädt uns ein, das moderne Ich, autonom und allein zu sein, doch wir entdecken, dass wir ohne Gemeinschaft keine Menschen sein können.

Also kann auch das Ordensleben nur dann diesen Hunger nach Sinn stillen, indem es eine andere Geschichte verkörpert, eine andere Sicht des Menschseins, dessen Symbol für uns die Nonne darstellt, wie sie in der Nacht vor der Kerze singt. Und dies ist eine Geschichte, die einen anderen Sinn der Zeit aufzeigt. Dies ist nicht länger mehr der unvermeidliche Marsch des Fortschritts. Vielmehr erzählt sie uns, wie wir dem Herrn begegnen können, der uns zu sich ruft. Was diese Geschichte bewegt, ist nicht der freie Wettbewerb, sondern die unvorstellbare Kreativität Gottes, der die Toten auferweckt. Der Held dieser Geschichte ist nicht der einsame Held der Moderne, sondern der Bruder und die Schwester in der Gemeinschaft, die für andere eine Gemeinschaft aufbauen.

Ordensleben ist nichts anderes als der Versuch, diese andere Geschichte zu leben, die Ostergeschichte vom Tod und der Auferstehung. So wie Bruno Chenn in seinem ausgezeichneten, von mir zu spät gelesenen Buch geschrieben hat: „Ordensleute wollen eine gewisse Logik der Taufe in Gang bringen, ein Leben in Christus bis zu seiner letzten Konsequenz.“[4] Die Gelübde verleihen unserem Leben keinen anderen oder besonderen Sinn. Aber sie machen unsere Zurückweisung der Geschichte des Bären in der Öffentlichkeit eindeutig klar. Der Gehorsam zum Beispiel ist eine klare Zurückweisung des Bildes vom autonomen, einsamen, ungebundenen Selbst. Damit erklären wir unsere Absicht, nach der anderen Geschichte zu leben, zu entdecken, wer wir sind im gemeinsamen Leben mit den Brüdern. Wir verpflichten uns damit zur Befreiung, wie auch dazu, uns von der unerträglichen Last des modernen und einsamen Selbst befreien zu lassen. Im Gehorsam weisen wir auch das Bild vom Leben als Kampf um die Macht zurück, genauso wie wir mit der Armut öffentlich auf den Konkurrenzkampf um Erfolg verzichten, das Drunter und Drüber der Konsumgesellschaft nicht mitmachen. Im Gelübde der Keuschheit akzeptieren wir, dass die größte Fruchtbarkeit, die wir jemals haben könnten, die des schöpferischen Gottes ist, der die Toten auferweckt.

Diese Gelübde lassen uns nackt und exponiert. Sie stellen jedwede andere Geschichte, die unserem Leben einen vorläufigen Sinn geben könnte und uns gestattete weiterzumachen, auf den Kopf. Wir versprechen, unsere Karriere, finanziellen Erfolg, alle Verstecke aufzugeben, die suggerieren könnten, dass der Bär doch Recht hat. Sollte diese österliche Geschichte unwahr sein, dann hat unser Leben keinen Sinn, und „wir sind erbärmlicher daran als alle anderen Menschen“ (1 Kor 15,19).

---

[4] *B. Chenn*, L'urgence prophétique. Dieu au défi de l'Histoire, Paris, 262.

Leicht ist es nicht. Wir sind Kinder der Moderne. Ihre Geschichten haben uns geformt, ihre Träume haben wir mit ihr geteilt. Ich weiß zum Beispiel, dass ich mehr dem Bären als der Nonne gleiche. Meine unwillkürlichen Erwiderungen gleichen wesentlich öfter denen des einsamen Selbst als denen des Bruders. Mir ist bewusst, dass ich kaum den Vorgang der Wiedergeburt begonnen habe. Meine Vorstellungskraft ist erst zur Hälfte geformt. Wenn ich an der Bushaltestelle in Rom warte und mir die Plakate anschaue, dann sehe ich mich selbst.

Daraus ziehe ich zwei Schlüsse. Vor allem kann ich mit meinen Zeitgenossen einen Kampf teilen, die Maske des Bären zu verlassen und menschliche Gestalt anzunehmen. Teilte ich diesen Kampf nicht, hätte ich keine Antwort auf die Frage: „Welchen Sinn hat menschliches Leben heute?" Der Ordensmann ist kein himmlisches Wesen, das der Moderne entkommt, sondern eine Person, für die die Gelübde den Kampf um die Wiedergeburt unvermeidlich und ohne Ausrede gemacht haben. Mit anderen teilen wir die Schmerzen der Wiedergeburt. Stehen wir ehrlich zu unserem Ringen, werden andere vielleicht unsere Hoffnung mit uns teilen.

Schließlich müssen wir uns wirklich, auch wenn dies schwierig ist, dem Bau von Gemeinschaften widmen, in denen dieses neue österliche Leben möglich wird. Eine religiöse Gemeinschaft muss mehr sein als nur ein Ort, an dem wir unsere Mahlzeiten einnehmen, einige Gebete sprechen und jeden Abend zum Schlafen zurückkehren. Sie ist ein Ort des Todes und der Auferstehung, wo wir uns gegenseitig helfen, uns zu erneuern. Ich freunde mich mit der Vorstellung des Ordenslebens als eines Ökosystems an, ein Konzept, das ich an anderer Stelle entwickelt habe.[5] Ein Ökosystem ermöglicht erst fremdartigen Lebensformen aufzublühen. Jede Art fremden Lebens benötigt sein Ökosystem. Dies gilt besonders für junge Menschen, die jetzt das Ordensleben beginnen und

---

5 *T. Radcliffe,* Berufung zum Ordensleben. Die gewohnten Kennzeichen von Identität hinter sich lassen, in diesem Band 97-118.

oftmals erst vor kurzem zum Glauben an Gott gekommen sind. Ein seltener Frosch kann nur dann leben und sich fortpflanzen und einer Zukunft entgegensehen, wenn er über alle unerlässlichen Elemente seines Ökosystems verfügt: einen Teich, Schatten, verschiedene Pflanzen, viel Schlamm und andere Frösche. Ordensmitglied zu sein bedeutet die Wahl eines fremdartigen Lebens. Ein jeder von uns braucht eine ihn tragende Umgebung: Gebet, Stille, Gemeinschaft. Ohne sie könnten wir uns nicht entwickeln. Ein guter Superior ist auch ein Ökologe, der seinen Brüdern hilft, die Umgebungen zu schaffen, die für ihre gute Entwicklung erforderlich sind. Aber die Ökosysteme sind keine kleinen Gefängnisse, die uns von der modernen Welt trennen. Ein Ökosystem ermöglicht das Aufblühen einer Lebensform und eine kreative Reaktion auf andere Lebensformen.

Wir benötigen Ökosysteme, die in uns den Sinn der Osterzeit stützen, den Rhythmus des liturgischen Jahres, der uns vom Advent bis Pfingsten trägt. Wir brauchen von diesen Rhythmen gezeichnete Gemeinschaften, diese Rahmen des Feierns und des Fastens. Wir brauchen Gemeinschaften, in denen wir nicht einfach ein paar Psalmen herunterleiern, bevor wir uns auf den Weg zur Arbeit machen, sondern in denen wir als Menschen getragen werden, die selbst in der Wüste das Lob singen werden. Wir müssen Gemeinschaften schaffen, in denen wir unseren Glauben miteinander teilen können, aber auch unsere Verzweiflung, wodurch wir uns gegenseitig helfen, die Wüste zu durchqueren. Wir benötigen Gemeinschaften, in denen wir langsam zu Schwestern und Brüdern wiedergeboren werden können, zu Kindern des lebendigen Gottes.

Die Nonne singt in der Dunkelheit, so wie Dominikus auf seinen Wanderungen durch den Süden Frankreichs sang. Dies ist die christliche Berufung. Der hl. Augustinus sagte uns: „Wandere deines Weges. Singe, während du wanderst. (...) Dies tun die Reisenden, um die Last zu erleichtern (...) Sing ein neues Lied. Dass keiner mir dort alte Lieder singt. Sing die Liebeslieder deines Heimatlandes. Singt wie die Reisenden, und sie singen oft des Nachts. Alle Geräusche, die sie im Umkreis hören, sind furchterregend. Aber sie singen, selbst wenn sie Angst vor Räubern haben."[6]

Oder vor Bären!

[6] *Aurelius Augustinus*, Enarrationes in Psalmos 66.6.

BRIEF AN DIE BRÜDER UND SCHWESTERN IN DER GRUNDAUSBILDUNG

Unsere Brüder und Schwestern in der Grundausbildung sind ein Geschenk Gottes an den Orden, und wir ehren den Schöpfer, wenn wir dieses Geschenk annehmen. Das geschieht dadurch, dass wir euch die bestmögliche Ausbildung zukommen lassen. Die Zukunft des Ordens hängt davon ab; deshalb verbringt auch jedes Generalkapitel des Ordens so viel Zeit mit der Diskussion über die Ausbildung. Im Laufe der letzten Jahre hat der Orden eine ganze Reihe ausgezeichneter Dokumente über die Ausbildung verfasst, und daher habe ich alle diese Dokumente zusammenstellen lassen*, damit sie euch und euren Ausbildern leicht zugänglich sind, anstatt einen langen Brief über die Ausbildung zu schreiben, in dem ich alles noch einmal wiederhole, was schon anderswo gesagt worden ist. Aber dennoch möchte ich mich zusätzlich noch direkt an euch wenden, meine Brüder und Schwestern, die ihr euch auf das Leben als Dominikaner und Dominikanerinnen vorbereitet, im Wissen, dass vielleicht gerade in diesem Augenblick eure Ausbilder euch über die Schulter schauen. Ich werde hier vor allem über die Ausbildung der Brüder sprechen, weil ich mich darin besser auskenne. Ich hoffe freilich, dass das Gesagte auch für die Erfahrungen der Schwestern relevant ist.

Die Begegnungen mit euch gehören im Rahmen meiner Besuche im Orden zu meinen größten Freuden. Eure Begeisterung für den Orden, euer Wunsch nach Studium und Predigt, eure echte dominikanische Freude haben mich tief bewegt. In der Ausbildung wird es aber auch Augenblicke des Schmerzes, der Verwirrung, der Entmutigung und des Sinnverlustes geben. Manchmal werdet ihr euch fragen, warum

---

* Initialis Formatio Fratrum Ordinis Praedicatorum. Documenta recentiora, Roma 1999 (Manuskriptdruck) (Anm. d. Hrsg.).

ihr überhaupt hier seid und wozu ihr noch weiter bleiben sollt. Solche Momente sind ein notwendiger und schmerzlicher Bestandteil der Ausbildung und gehören zu eurem Heranwachsen als Dominikaner. Wenn sie nicht einträten, würde euch eure Ausbildung nicht tief genug prägen.

Ausbildung oder „Formation" besteht nach unserer Tradition nicht einfach nur aus dem Modellieren eines passiven Stoffes, um daraus das Standardprodukt „ein Dominikaner" herzustellen. Sie besteht in eurer Begleitung und eurer freien Antwort auf den dreifachen Ruf, den ihr erhalten habt: vom auferstandenen Herrn, der euch einlädt, ihm zu folgen, von den Brüdern und Schwestern, die euch einladen, einer/eine der Ihren zu werden und von den Anforderungen unserer Sendung. Wenn ihr ganz und großzügig auf diese Anfragen antwortet, dann werdet ihr verändert werden. Es wird ein todsicheres Vertrauen in den Herrn der Auferstehung von euch verlangen. Das wird schmerzhaft und befreiend, begeisternd und beängstigend sein. Es wird euch zu dem Menschen formen, den zu sein Gott euch gerufen hat. Es wird ein Prozess sein, der euer ganzes Leben als Dominikaner und Dominikanerinnen andauern wird. Die Jahre der Grundausbildung sind nur der Anfang. Ich schreibe euch diesen Brief, um euch auf dieser Reise zu ermutigen. Gebt nicht auf, wenn es hart wird!

Zur Grundlage für die Darlegung dieses Themas möchte ich den Text über die Begegnung Maria Magdalenas, der Patronin des Ordens, mit dem auferstandenen Jesus (Joh 20,11-18) nehmen.

„Wen suchst du?"

Als Jesus Maria Magdalena begegnet, fragt er sie: „Wen suchst du?" (Joh 20,15) Unser Leben im Orden beginnt mit einer ähnlichen Frage, wenn wir bei der Einkleidung ausgestreckt auf dem Boden liegen: „Was erbittest du?" Es ist die Frage, die Jesus seinen Jüngern am Beginn des Evangeliums stellt.

Mit Hunger im Herzen müsst ihr in den Orden kommen, aber mit Hunger wonach? Kommt ihr, weil ihr kurz zuvor das Evangelium entdeckt habt und es nun mit jedem Menschen teilen wollt? Kommt ihr, weil ihr einen Dominikaner getroffen habt, den ihr bewundert und den ihr nachahmen wollt? Kommt ihr, weil ihr vor der Welt mit all ihren Schwierigkeiten, vor der mühsamen Gestaltung menschlicher Beziehungen weglaufen wollt? Kommt ihr, weil ihr schon immer Priester werden wolltet und das Gefühl hattet, eine Gemeinschaft zu brauchen? Kommt ihr, weil ihr über den Sinn eures Lebens nachdenkt und ihn bei uns zu entdecken hofft? Wen sucht ihr? Was sucht ihr? Wir können diese Fragen nicht für euch beantworten, aber wir können bei euch sein, wenn ihr euch ihnen stellt, und euch helfen, zu einer ehrlichen Antwort zu finden.

Während unseres Lebens als Dominikaner werden wir diese Fragen zu den verschiedenen Zeitpunkten jeweils verschieden beantworten. Der Grund, der uns in den Orden gebracht hat, wird nicht der Grund sein, warum wir bleiben. Ich bin in den Orden eingetreten, weil ich von dem Verlangen getrieben wurde, meinen Glauben besser zu verstehen. Das Motto des Ordens, *Veritas (Wahrheit)*, zog mich an. Ich bezweifelte, ob ich jemals den Mut aufbringen würde, eine Predigt zu halten. Später bin ich geblieben, weil der Wunsch zu predigen mich gefangen hielt. Manchmal wird es uns ganz und gar nicht klar sein, warum wir immer noch da sind und wonach wir suchen. Wir halten uns dann an nicht mehr als einem vagen Gefühl fest, das uns sagt, wir seien berufen. Die meisten von uns bleiben letztlich, weil sie, wie Maria Magdalena im Garten, den Herrn suchen. Eine Berufung ist die Geschichte eines Verlangens, eines Hungers. Wir bleiben, weil wir von der Liebe festgehalten werden, und nicht wegen eines Versprechens persönlicher Erfüllung oder einer späteren Karriere. Meister Eckhart sagt:

„Die Liebe ähnelt einem Angelhaken. Der Angler kann keinen Fisch fangen, solange er nicht am Haken hängt. Der, der am Haken hängt, ist so schnell davon gefangen worden, dass Fuß und Hand, Mund, Augen und Herz, dass alles, was diesen Menschen ausmacht, nur mehr Gott gehört. Daher sucht nach diesem Angelhaken, um selig gefangen zu werden, denn je mehr ihr gefangen seid, desto mehr werdet ihr frei sein."[1]

Vielleicht wirst du entdecken, dass du tatsächlich auf der Suche nach dem auferstandenen Herrn bist, aber dazu berufen bist, ihn in einer anderen Lebensform zu finden, vielleicht als verheirateter Jünger. Vielleicht hat Gott dich nur für eine Weile in den Orden berufen, um dich in einer ganz anderen Weise zum Prediger zu machen?

Die Freude der österlichen Begegnung ist das Herz unseres Lebens als Dominikaner. Diese Freude teilen wir durch unsere Predigt anderen mit. Aber wir können in dieser Freude nur wachsen, wenn wir durch Augenblicke des Verlustes gehen. Der, den Maria Magdalena liebt, ist verschwunden: „Herr, wenn du ihn weggebracht hast, sag mir, wohin du ihn gelegt hast. Dann will ich ihn holen" (Joh 20,15). Sie trauert über den Verlust des Menschen, den sie liebt. Manchmal wird der Eintritt in den Orden genau von dieser Erfahrung des Verlassenseins geprägt. Vielleicht seid ihr voller Begeisterung eingetreten. Ihr wolltet euch selber ganz Gott geben, Stunden ekstatischen Gebets erleben. Aber Gott scheint verschwunden zu sein. Das Gebet wird zur ermüdenden Wiederholung langer Psalmen zu unpassender Zeit, mit Brüdern, die falsch singen. Wir glauben dann sogar, die Brüder seien durch ihren fehlenden Eifer verantwortlich dafür, dass Gott sich entzogen hat. Warum tauchen sie nicht einmal zum Chorgebet auf? Ihre Verkündigung scheint den Glauben zu unterminieren, der mich hergebracht hat. Das Wort Gottes wird in ihren Vorlesungen zergliedert, und uns erzählen sie, das alles sei nicht buchstäblich zu nehmen. Wo haben sie meinen Herrn begraben?

---

[1] Zit. nach *Meister Eckhart*, Predigten und Traktate, Bd. 1, nach der engl. Übersetzung von M. O. C. Walsh, London 1979, 46-47.

„Jesus sagte zu ihr: Maria. Da wandte sie sich ihm zu und sagte auf hebräisch zu ihm: Rabbuni!, das heißt: Meister" (Joh 20,16). Um ihn wiederfinden zu können, erstaunlich lebendig und unerwartet nahe, müssen wir Christus verlieren. Wir müssen Gott gehen lassen, von ihm verlassen werden, über seine Abwesenheit trauern, damit wir entdecken können, dass er uns näher ist, als wir uns je vorstellen konnten. Wenn wir diese Erfahrung nicht machen, bleiben wir in einer kindlichen und infantilen Beziehung zu Gott stecken. Es gehört zu unserer Ausbildung, dass wir manchmal verstört werden, verwirrt wie Maria im Garten, und nicht wissen, was gerade geschieht. Sonst könnten wir niemals von der plötzlichen Nähe des auferstandenen Herrn überrascht werden. Und es muss immer wieder und wieder so sein, wenn der Angler uns einholt. Der verloren geglaubte Herr erscheint und spricht mit ihr, und er weist sie an, ihn wieder gehen zu lassen: „Halte mich nicht fest."

Wenn sie anscheinend den Leib des Herrn weggebracht haben, dann gib nicht auf und lauf nicht davon! Als Jesus verschwand, ging Petrus – typisch männlich – wieder zurück an seine Arbeit. Es kann zur Versuchung werden, unsere alte Lebensweise wieder aufzunehmen. Maria Magdalena hat nicht aufgegeben, sondern weiter gesucht, sogar nach einem Leichnam. Wenn wir durchhalten, werden wir genauso überrascht wie sie. Ich kann mich an eine lange Zeit der Verlassenheit während meiner Jahre mit einfacher Profess erinnern. An der Existenz Gottes hatte ich keine Zweifel, aber Gott schien so unendlich weit weg zu sein und nicht viel mit mir zu tun zu haben. Jahre später, nach meiner ewigen Profess, wurde diese Leere im Garten Getsemani in Jerusalem gefüllt. Eines Tages werde ich diese Abwesenheit von Neuem ertragen müssen, und dann werdet vielleicht ihr es sein, meine Brüder und Schwestern, die mir helfen, mich weiterzutragen, bis zur nächsten überraschenden Begegnung.

Jesus sagt zu ihr nur ein Wort, ihren Namen: „Maria". Gott spricht uns immer mit Namen an. „Samuel!", rief Gott dreimal in einer Nacht. Wer wir sind, welches unsere tiefste Identität ist, entdecken wir in der Antwort auf den Ruf unseres Namens. „Der Herr hat mich schon im Mutterleib berufen; als ich noch im Schoß meiner Mutter war, hat er mich beim Namen genannt“ (Jes 49,1). Von daher besteht unsere dominikanische Berufung nicht darin, einen Job oder selbst einen für die Kirche und die Gesellschaft nützlichen Dienst zu finden. Sie ist das Ja zu dem Gott, der mich ins Leben gerufen hat, das Ja zu meinen Mitbrüdern, mit denen ich lebe, und das Ja zu der Sendung, die mir aufgetragen ist. Ich bin genauso ins Leben gerufen wie einer, der aus dem Grab gerufen wurde durch eine Stimme, die rief: „Lazarus, komm heraus!“ (Joh 11,43)

Daher können wir sagen, dass das fundamentale Ziel der Ausbildung darin besteht, uns zu helfen, Christ zu werden, Ja zu Christus zu sagen. Wenn sie das nicht tut, spielen wir nur Spielchen. Aber heißt das, ob man ein Dominikaner wird, sei nicht so wichtig und rein zufällig? Nein, denn es geht um den Weg des Dominikus in der Nachfolge Christi. Vielleicht war der früheste Name für die Christen „der Weg“ (Apg 9,2). Auf seinen Wanderungen durch Südfrankreich entdeckte Dominikus einen Weg zum Reich Gottes. Der Orden bietet uns einen Weg des Lebens an, mit seinem gemeinschaftlichen Gebet, seiner Form der Leitung, mit seiner Art, Theologie zu betreiben und ein Mitbruder zu sein. Wenn wir die Profess ablegen, dann vertrauen wir darauf, dass uns diese eigenartige Lebensform zum Reich Gottes führen kann.

Deshalb warte ich nicht, bis ich ein guter Christ bin, bevor ich ein Prediger werde. Das Wort Gottes mit anderen zu teilen, ist Teil meiner Suche nach dem Herrn im Garten. Wenn ich damit kämpfe, ein Wort für die Predigt zu finden, bin ich wie Maria Magdalena, die den Gärtner bat, ihr zu sagen, wohin er den Leib des Herrn gebracht hatte. Wenn ich mein Ringen mit dem Wort vermitteln kann, dann kann ich auch den Augenblick der Offenbarung mitteilen, in dem der Herr meinen Namen nennt. Ich muss es wagen, ins Grab hineinzuschauen, und sehen, dass der Leichnam weg ist, wenn ich an der folgenden Begegnung teilnehmen möchte. Ein Verkünder zu sein bedeutet, alle Momente dieses Dramas im Ostergarten zu teilen: Verlassenheit, Fragen, Offenbarung. Aber wenn ich darüber rede wie jemand, der alles das einfach weiß, der nie Probleme mit seinen Zweifeln hatte, dann werden die Menschen von meinem Wissen zwar sehr beeindruckt sein, aber sie werden fühlen, dass es wenig mit ihnen zu tun hat.

„Geh zu meinen Brüdern!"

Jesus ruft Maria Magdalena beim Namen und schickt sie zu seinen Brüdern. Wir antworten auf Gottes Ruf, indem wir einer der Brüder werden.

Ein Bruder zu werden ist mehr, als einer Gemeinschaft beizutreten und einen Habit anzuziehen. Es bringt eine tiefgreifende Umformung meines Seins mit sich. Der Blutsbruder von jemandem zu sein bedeutet mehr, als dieselben Eltern zu haben; es schließt Beziehungen ein, die mich ganz allmählich zu dem Menschen gemacht haben, der ich bin. Genauso verlangt das Werden eines Dominikaner-Bruders eine geduldige und manchmal schmerzhafte Umformung dessen, was ich bin. Es wird – manchmal durchaus längere – Zeiten des Todes, aber auch der Auferstehung geben.

Es stimmt, dass die meisten Dominikaner-Brüder Priester sind und dass wir zu einem „klerikalen Institut" gehören, aber die Weihe macht uns nicht weniger zu Brüdern. Während der Jahre meiner Ausbildung habe ich gelernt, gern einer der Brüder zu sein. Ich wollte gar nichts anderes. Ich habe die Priesterweihe empfangen, weil meine Brüder mich darum gebeten hatten und um der Sendung willen. Ich habe es schätzen gelernt, dass ich Priester bin, weil die Gemeinschaft und die Gnade, die das Herzstück unseres brüderlichen Lebens sind, damit ihren sakramentalen Ausdruck innerhalb der ganzen Kirche finden. Aber ich bin genauso Bruder geblieben wie vorher. Im Orden gibt es keinen höheren Titel als diesen. Das ist einer der Gründe, weshalb ich glaube, dass die Pflege der Berufung von *Cooperatores* – ein Wort, das ich nie gemocht habe – so wichtig für die Zukunft des Ordens ist. Sie erinnern uns an das, was wir alle sind: Brüder des Dominikus. Im Orden darf es keine Brüder zweiter Klasse geben.

Ich kann mich noch gut an den Besuch eines Priesters aus einer anderen Provinz in unserer Gemeinschaft in Oxford erinnern, als ich Student war. Als er ankam, traf er auf einen Dominikaner, der die Eingangshalle fegte. Der Besucher fragte ihn: „Sind Sie ein Bruder?“ – „Ja“, war die Antwort. – „Na, Bruder, dann gehen Sie mal und holen Sie mir eine Tasse Kaffee.“ Nach dem Kaffee forderte er den Bruder auf, sein Gepäck in sein Zimmer zu bringen. Und zum Schluss meinte der Besucher: „Und jetzt, Bruder, möchte ich den Pater Prior sprechen.“ – „Ich bin der Prior“, meinte der andere.

Verschiedene Vorstellungen vom Bruder-Sein

Ein Bruder zu sein bedeutet zunächst, zu uns zu gehören, bei den Mitbrüdern zu Hause zu sein. Im Übrigen werden wir Dominikaner die verschiedensten Vorstellungen darüber haben, was es bedeutet, ein Bruder zu sein.

Eines der Schockerlebnisse im Noviziat kann darin bestehen, dass man entdecken muss, dass die Mitnovizen mit ganz anderen Ansichten über das Leben als Dominikaner gekommen sind als man selbst. Als ich eintrat, wurde ich nicht nur stark von der Suche nach der *Veritas* (Wahrheit) angezogen, sondern auch von der dominikanischen Armut. Ich stellte mir vor, wie ich in den Straßen um Brot betteln würde. Schnell wurde mir klar, dass die meisten meiner Mitnovizen das für romantisch und närrisch hielten. Einige von euch werden aus Liebe zum Studium kommen, andere aufgrund des Wunsches, für eine gerechtere Welt zu kämpfen. Vielleicht ärgert ihr euch darüber, wenn ihr einen anderen Novizen unendliche Mengen an Büchern oder einen CD-Player auspacken seht. Einige von euch würden den Habit gerne 24 Stunden am Tag tragen, andere ziehen ihn so schnell wie möglich aus. Leicht trampeln wir auf den Träumen der anderen herum.

Häufig gibt es Spannungen unter den verschiedenen Generationen von Mitbrüdern. Einige von den jungen Leuten, die heute in den Orden eintreten, schätzen die Tradition und die sichtbaren Zeichen der dominikanischen Identität sehr hoch: das Studium des hl. Thomas, die traditionellen Lieder und Gesänge des Ordens, das Tragen des Habits, die liturgischen Feste unserer Heiligen. Diesen Wunsch nach einer deutlichen und sichtbaren dominikanischen Identität nehmen die Mitbrüder der älteren Generation oft etwas verdutzt zur Kenntnis. Für sie hatte das Abenteuer gerade darin bestanden, diese alten Formen hinter sich zu lassen, die anscheinend zwischen uns und der Verkündigung des Evangeliums standen. Wir mussten doch auf der Straße sein, bei den Menschen, durch deren Augen sehen; und das musste in der Anonymität geschehen, wollten wir ihnen nahe sein. Manchmal kann das zu gewissen Missverständnissen führen, sogar zu gegenseitigen Verdächtigungen. Die Provinzen, die heute gedeihen, sind oft diejenigen, die über diese ideologischen Konflikte längst hinausgelangt sind. Wie können wir eine Brüderlichkeit aufbauen, die tiefer geht als alle diese Differenzen?

Zuallererst werden wir wohl feststellen, dass jeder von uns tief in sich vom selben evangelischen Impuls getragen wird. Mit Habit oder ohne Habit – wir verkünden alle denselben auferstandenen Herrn. Ich habe mich immer bei den Mitbrüdern beheimatet gefunden, ob ich nun mit einigen wenigen am Amazonasufer saß und die Psalmen im T-Shirt rezitierte oder ob ich an einer sorgfältig ausgearbeiteten polyphonen Liturgie in Toulouse teilnahm. Neben den objektiven Forderungen unserer Gelübde und der Konstitutionen lassen sich überall vertraute Ähnlichkeiten feststellen: eine bestimmte Art der Freude, ein Sinn für die Gleichheit aller Brüder, eine Leidenschaft für die Theologie, selbst für dem eigenen Standpunkt widersprechende Tendenzen, ein Vertrauen in unsere demokratische Tradition, ein Fehlen von Anmaßung. All das weist auf den Lebensweg hin, den wir alle miteinander teilen, trotz etwaiger oberflächlicher Unterschiede.

Zum Zweiten werden unsere verschiedenen Visionen des dominikanischen Lebens geformt durch die verschiedenen Momente in der Geschichte der Kirche und des Ordens. Viele von uns, die in der Zeit des Zweiten Vatikanischen Konzils Dominikaner wurden, sind in einem vertrauten Katholizismus aufgewachsen und waren sich der Identität dieses Katholizismus sicher. Unser Abenteuer bestand darin, alle Barrieren einzureißen, um diejenigen zu erreichen, die sich weit von Christus entfernt hatten. Die Brüder und Schwestern dieser Generation wurden oft angetrieben von der Sehnsucht, dem unsichtbaren Christus nahe zu sein, der in jeder Fabrik, in jedem *barrio* (Stadtviertel), in jeder Universität gegenwärtig ist. Um der Verkündigung willen wurde jedes Zeichen sichtbarer Identität unterdrückt. Unsere Arbeiterpriester waren zum Beispiel ein Zeichen des Gottes, der selbst denen nahe ist, die seinen Namen vergessen haben.

Viele von denen, die heute in den Orden kommen, vor allem im Westen, haben eine ganz andere Pilgerreise gemacht, sind oft weit vom Christentum entfernt aufgewachsen. Daher wollt ihr wohl den Glauben, den ihr angenommen habt und liebt, feiern und bejahen. Ihr wollt als Dominikaner erkannt werden, weil auch das zur Verkündigung, zum Predigen gehört. Es kann genau derselbe evangelische Impuls sein, der einige Mitbrüder dazu veranlasst, den Habit anzuziehen, und andere, ihn auszuziehen.

Diese Spannung ist letztlich fruchtbar und für die Lebenskraft des Ordens notwendig. Junge Menschen in den Orden einzulassen stellt für uns eine Herausforderung dar. Genauso wie die Geburt eines Kindes das Leben der ganzen Familie verändert, verändert jede Generation von jungen Mitbrüdern die ganze Bruderschaft. Ihr kommt mit euren Fragen, auf die wir nicht immer eine Antwort haben, mit euren Idealen, die vielleicht unsere Unzulänglichkeit sichtbar machen, mit euren

Träumen, die wir nicht immer teilen. Ihr kommt mit euren Freunden und eurer Familie, euren Kulturen und euren Stämmen. Ihr kommt, um uns zu stören – und das ist der Grund, warum wir euch brauchen. Oft kommt ihr und verlangt etwas, was wirklich zentral für unser Leben als Dominikaner ist, aber was wir inzwischen vergessen oder heruntergespielt haben: ein tieferes und schöneres gemeinsames Gebet, eine vertiefte Brüderlichkeit, in der wir uns mehr um den anderen kümmern, den Mut, alte Beschäftigungen zurückzulassen und uns wieder auf den Weg zu machen.

Oft wird der Orden gerade dadurch erneuert, dass die Jungen zu uns kommen und darauf bestehen, das dominikanische Leben aufzubauen, das sie in Büchern kennen gelernt haben. Besteht weiterhin darauf!

Uns, die wir vor euch kamen, fällt es leicht zu sagen: „Ihr wollt doch bei uns eintreten und nicht wir bei euch." Das stimmt auch, aber nicht ganz. Denn als wir damals in den Orden kamen, gaben wir uns in die Hände der Mitbrüder, die noch kommen sollten. Wir gelobten denen Gehorsam, die noch nicht einmal geboren waren. Es stimmt, dass wir nicht in jeder Generation den Orden neu erfinden müssen, aber zur Genialität des Dominikus gehörte es eben, dass er einen Orden gegründet hat, zu dessen Wesen Anpassung und Flexibilität gehören. Wir müssen uns von denen erneuern lassen, die von der Begeisterung für die Vision des Dominikus gepackt sind. Wir dürfen euch nicht rekrutieren, damit ihr unsere alten Schlachten kämpft. Wir müssen der Versuchung widerstehen, euch in irgendwelche Kategorien wie in Schubladen einzuordnen und mit Etiketten wie „konservativ" oder „progressiv" zu bekleben – genauso wie ihr euch davor hüten müsst, uns als Überbleibsel aus „den Siebzigern" abzutun.

Auch ihr werdet von denen herausgefordert, die vor euch eingetreten sind – zumindest hoffe ich das. Zu akzeptieren, dass es verschiedene Wege gibt, Dominikaner zu sein, bedeutet nicht, dass einfach jeder seine eigene Deutung davon erfinden darf. Ich kann zum Beispiel nicht behaupten, dass für mich die Gelübde mit dem Halten einer Mätresse und dem Fahren eines Sportwagens kompatibel wären. Unsere Lebensweise bringt einige objektive und unausweichliche Anforderungen mit sich, die mich letztlich zu einer tiefgehenden Umformung meines Seins auffordern. Solange ich dem aus dem Weg zu gehen versuche, werde ich niemals einer der Brüder werden.

Vor allen Dingen sollten uns die verschiedenen Konzepte des Dominikaner-Seins niemals wirklich spalten, denn die Einheit des Ordens liegt nicht in einer gemeinsamen ideologischen Linie, ja nicht einmal in einer einzigen Spiritualität begründet. Wenn sie das täte, wären wir schon vor langer Zeit zerfallen. Was uns zusammenhält, ist eine Lebensweise, die uns eine große Verschiedenheit und Flexibilität erlaubt, eine gemeinsame Sendung und eine Form der Leitung, die jedem seine Stimme gibt. Der dominikanische Löwe und das dominikanische Lamm können miteinander leben und die Gesellschaft des anderen genießen.

Zu Beginn des Lebens des Ordens wurde die *Vita fratrum (Das Leben der Brüder)* aufgeschrieben, um das Gedächtnis an die erste Generation unserer Brüder wach zu halten. Durch die Geschichten aus der Vergangenheit und durch die Träume von der Zukunft werden wir zu einer Gemeinschaft zusammengebunden. Die sichtbaren Zeichen der dominikanischen Identität haben ihren Wert und sagen etwas Wichtiges darüber aus, wer wir sind, aber sie dürfen nicht zu Bannern verfeindeter Kriegsparteien werden. Die Dominikaner, deren Andenken wir in Ehren halten, waren oft so sehr von der Leidenschaft für die Predigt ergriffen, dass sie sich nicht die Zeit nahmen, groß über ihre Identität als Dominikaner nachzudenken. Wie Simon Tugwell OP geschrieben hat: „Als der Orden sich selber am treuesten war, hat er sich am wenigsten um das Dominikaner-Sein Sorgen gemacht.“[2]

---

[2] *S. Tugwell,* Dominican Spirituality, in: Compendium of Spirituality, hrsg. von E. De Cea, New York 1996, 144.

Die Ausbildung soll uns eine starke dominikanische Identität vermitteln und uns unsere Geschichte und Tradition lehren. Es geht dabei nicht darum, über den Ruhm des Ordens nachzudenken, wie wichtig wir sind oder waren, sondern darum, uns auf den Weg zu machen und gemeinsam hinter dem armen Christus herzugehen. Ein starker Sinn für Identität befreit uns davon, allzu viel über uns selbst nachzudenken; ansonsten wären wir zu sehr mit uns selber beschäftigt, als dass wir die Stimme hören könnten, die uns fragt: „Wen sucht ihr?"

So ist also Bruderschaft auf mehr als nur eine einzige, allein gültige Vision gegründet. Sie wird in aller Geduld aufgebaut, indem wir lernen, aufeinander zu hören, stark und verletzlich zu sein, einander die Treue zu halten und die Brüder zu lieben.

Sprechen und Hören

Daran, dass wir einfach so miteinander sprechen können, im Vertrauen, dass die Mitbrüder zumindest versuchen werden, uns zu verstehen, erkennen wir, dass wir zu Hause sind. Wahrscheinlich gehört das zu unseren Erwartungen, wenn wir in den Orden eintreten. Jesus sagt zu Maria Magdalena: „Geh (...) zu meinen Brüdern und sag ihnen: Ich gehe hinauf zu meinem Vater und zu eurem Vater, zu meinem Gott und zu eurem Gott" (Joh 20,17). Sie wird beauftragt, ihren Glauben an den auferstandenen Herrn mitzuteilen, selbst wenn ihre Brüder glauben, sie mache sich etwas vor. Wir bauen uns im Orden unser gemeinsames Zuhause, in dem wir es wagen, einander mitzuteilen, was uns hergebracht hat. Manchmal wird uns das schwer fallen. Wir sind vielleicht mit der Erwartung gekommen, im Orden Menschen zu finden, die ähnlich denken wie wir, ähnliche Träume haben und ähnliche Einstellungen. Doch wir müssen entdecken, dass die anderen auf so ganz anderen Wegen in den Orden gekommen sind, dass wir uns in dem, was sie sagen, gar nicht wiederfinden können. Daher zögern wir, das, was uns am wertvollsten ist, unseren zerbrechlichen Glauben, der Kritik auszusetzen. Das Mitteilen des Glaubens bringt eine große Verwundbarkeit mit sich. Bei Menschen, mit denen wir nicht zusammenleben müssen, fällt sie uns wohl manchmal leichter.

Eine der größten Herausforderungen für die Ausbilder liegt darin, Vertrauen aufzubauen, damit ihr es wagen könnt, offen zu sprechen. Martin Buber schreibt: „Entscheidend ist, ob die jungen Menschen bereit sind zu reden. Wenn jemand ihnen mit Vertrauen begegnet, ihnen zeigt, dass er an sie glaubt, dann werden sie mit ihm sprechen. Die größte Notwendigkeit besteht darin, dass der Lehrer in seinen Schülern das Wertvollste von allem heranwachsen lässt: echtes Vertrauen."[3] Genauso wichtig ist, dass ihr euch gegenseitig vertraut. Manchmal wird es sogar Zeiten geben, in denen ihr den Mut haben müsst, eure Zweifel mitzuteilen.

Die moderne westliche Kultur kultiviert systematisch das Misstrauen. Uns wird beigebracht, alles, was andere sagen, zu hinterfragen, bis in die Bereiche des Nichtbekannten, Verschlossenen und Unbewussten hinein. In der Kirche nimmt das zuweilen dann die Form einer Jagd nach Irrtümern und der Überprüfung jeder Aussage auf Häresien an. Ist dieser Bruder ein wahrer Jünger des Thomas von Aquin, oder vertritt er die Befreiungstheologie? Ist er einer von uns? Es ist leichter, zu entdecken, wo ein Mitbruder irrt und wo er ein Dogma der Kirche – oder eine meiner Ideologien – leugnet, als auf das kleine Körnchen Wahrheit zu achten, das er uns mitzuteilen versucht. Derartige Verdächtigungen werfen aber unsere Brüderlichkeit über den Haufen. Sie entstehen aus der Angst, und nur die Liebe kann diese Angst vertreiben.

Zuhören zu lernen ist eine Disziplin des Geistes. Benedict Ashley OP schreibt: „Es bedarf einer neuen Askese des Geistes, denn nichts ist schmerzhafter, als mitten in einem echten Streit über wichtige Fragen die Nächstenliebe zu wahren."[4]

---

[3] Encounter with Martin Buber, London 1972, 217.

[4] The Dominicans, Collegeville 1990, 236.

Meinen Bruder zu lieben, meint nicht einfach ein nettes, warmes Gefühl, sondern eine geistige Disziplin. Ich muss mich so weit selber zähmen, dass ich nicht alles von vornherein als Unsinn abtue, was ein Bruder sagt, noch bevor er es überhaupt geäußert hat. Das ist geistige Askese, die in der Öffnung des eigenen Bewusstseins für unerwartete Einsichten besteht. Dazu gehört, dass man lernen muss, still zu sein, nicht, weil ich darauf warte, dass der andere zu reden aufhört, sondern damit ich ihn hören kann. Ich muss defensive Einwände zurückhalten, darf ihn nicht stoppen, noch bevor er ein weiteres Wort sagt. Ich muss still sein und zuhören.

Das Gespräch schafft eine Gemeinschaft von Gleichberechtigten, deshalb müssen wir die Gemeinschaft der dominikanischen Familie dadurch aufbauen, dass wir uns die Zeit für das Gespräch mit den Schwestern und den Laien nehmen und entdecken, wie viel Freude darin liegt. Das Gespräch baut das große Haus von Dominikus und Katharina von Siena. Es „verlangt Gleichberechtigung unter seinen Teilnehmern. Es ist in der Tat einer der wichtigsten Wege, Gleichheit herzustellen. Seine Feinde sind Rhetorik, Disput, Jargon und Privatsprache oder aber die Enttäuschung, dass einem niemand zuhört und dass man nicht verstanden wird. Damit es wachsen kann, braucht es die Hilfe von Hebammen beiderlei Geschlechts. (…) Erst wenn die Menschen lernen, ein Gespräch zu führen, werden sie beginnen, gleich zu sein.“[5] Eine der Herausforderungen für uns Brüder besteht darin, uns von den Schwestern zu Predigern formen zu lassen. Tiefgreifende Formung verläuft immer gegenseitig.

---

[5] *Th. Zeldin,* An intimate History of Humanity, London 1994, 49 (deutsch vom Übers.). Deutsche Ausgabe: Eine intime Geschichte der Menschheit. Über die Kunst des Lebens, aus dem Englischen übersetzt von R. Böhnke und A. M. Brock, Stuttgart 1997.

Wir sind dort zu Hause und wir gehören dorthin, wo wir entdecken, dass wir stärker sind, als wir geglaubt haben, und schwächer, als wir zugeben wollten. Beides ist nicht widersprüchlich, es ist Zeichen, dass wir beginnen, dem starken und verletzlichen Christus immer ähnlicher zu werden.

Zuallererst werden wir zu Christen geformt. Unserer Tradition nach bedeutet das nicht so sehr eine fortschreitende Unterwerfung unter Gebote, die unsere unruhige Natur zähmen sollen, sondern ein Wachstum in der Tugend. Das Wachsen in der Tugend macht uns stark, mutig, frei und lässt uns auf unseren eigenen Füßen stehen. Wie Bischof Jean-Louis Brugues OP schreibt, ist Tugend eine Lehre in Menschlichkeit: „Sie ist der Übergang von der Virtualität zur Virtuosität."[6]

Ein Bruder zu werden bedeutet, dass wir voneinander unsere Stärke empfangen. Wir sind keine Solisten. Es ist eine Stärke, die uns frei macht, aber frei füreinander, nicht frei voneinander. In erster Linie werden wir stark, weil wir Vertrauen zueinander haben. Am Beginn unserer Tradition steht das unerschöpfliche Vertrauen des Dominikus in seine Brüder. Er vertraute seinen Brüdern, weil er Gott vertraute. Wie es bei Johann von Spanien OP heißt: „Er hatte ein solches Vertrauen in die Güte Gottes, dass er sogar unwissende Männer zur Predigt aussandte, indem er ihnen sagte: ‚Fürchtet euch nicht, der Herr wird mit euch sein und wird seine Kraft in euren Mund legen'."[7]

Das erste Ziel eures Ausbilders ist also, dieses Zutrauen und Vertrauen aufzubauen. Genau das ist aber auch die Verantwortung, die ihr füreinander habt, denn in der Regel wirken diejenigen, die gemeinsam in der Ausbildung stehen, am stärksten formend aufeinander. In eurer Gewalt liegt es, einen Bruder zu unterminieren, sein Vertrauen zu untergraben, euch

---

6 Les idées hereuses, Paris 1996, 24.

7 Kanonisationsprozess Bologna, 26.

über ihn lustig zu machen. Ebenso liegt es in eurer Gewalt, einander aufzubauen, einander zu stärken, einander zu Predigern von Gottes starkem Wort zu formen.

Unsere Konstitutionen sagen, dass „die Erstverantwortung für die eigene Ausbildung beim Kandidaten selber liegt" (LCO 156). Wir sollten daher nicht als Kinder behandelt werden, die unfähig sind, eigene Entscheidungen zu treffen. Wir werden Brüder, gleichberechtigte Mitglieder der Gemeinschaft, indem wir als reife Erwachsene behandelt werden. In den Tagen des Dominikus war nichts zu sehen von dem später üblichen monastischen *circator*, der überall herumschnüffelte und kontrollierte, ob auch jeder seinen Pflichten nachkam. Aber diese Verantwortung tragen wir nicht allein. Wenn wir Brüder sind, dann werden wir uns gegenseitig zur Freiheit des Denkens, der Rede, des Glaubens, des Übernehmens von Risiken, der Bewältigung von Angst verhelfen. Und wir werden es wagen, uns gegenseitig herauszufordern.

Wenn wir als Brüder wachsen, werden wir stark genug sein, unserer Schwachheit und Zerbrechlichkeit ins Gesicht zu schauen. Genau das hat ein Freund von mir die „Weisheit der Geschöpfe" genannt.[8] Sie besteht aus dem Wissen darum, dass wir geschaffen sind, dass unsere Existenz ein Geschenk ist, dass wir sterblich sind und zwischen Geburt und Tod leben. Wir wachen jeden Morgen auf und wissen, dass wir keine Götter sind. Wir stehen zwar auf unseren eigenen Füßen, aber gerade diese Füße sind ein Geschenk. Wir werden entdecken, dass wir nicht einer Gemeinschaft von Heiligen beigetreten sind, sondern einer Gruppe von Männern und Frauen, die schwach sind, unentschlossen und die ständig aus irgendwelchen Niederlagen wieder aufstehen müssen. Über den Stellenwert dieser Krisen in der Heranbildung eines Mitbruders habe ich an anderer Stelle geschrieben.[9] Die Menschen, die ein Novize vielleicht als Helden geliebt und bewundert hat,

---

[8] *R. Williams*, Open to Judgement, London 1994, 248.

[9] *T. Radcliffe*, Die Verheißung des Lebens, in diesem Band 181-226.

entpuppen sich später als auf tönernen Füßen stehend. So war das schon immer. Darin liegt einer der Gründe, warum wir Maria Magdalena als Patronin des Ordens verehren, die der Tradition nach eine schwache und sündige Frau war und die doch zur ersten Verkünderin des Evangeliums berufen wurde.

Vor über fünfhundert Jahren schrieb Savonarola einen Brief an einen Novizen, der sich über die Sünden der Brüder ärgerte. Savonarola warnt ihn vor Menschen, die in den Orden eintreten, weil sie hoffen, dadurch vom Fleck weg ins Paradies einzugehen. Solche Menschen bleiben nicht. „Sie wünschen, unter Heiligen zu leben, unter Ausschluss aller bösen und unvollkommenen Menschen. Und wenn sie das nicht erfüllt finden, dann lehnen sie ihre Berufung ab und machen sich wieder auf den Weg. (…) Aber wenn du das Böse fliehen willst, musst du diese Welt verlassen.“[10] Die Konfrontation mit der Zerbrechlichkeit ist oft einer der wunderbarsten Augenblicke im Reifen einer Berufung. Wenn wir das entdecken, sind wir fähig, die Gnade zu empfangen und zu geben, um die wir baten, als wir in den Orden eintraten. Wenn wir dazu fähig sind, sind wir auf dem Weg, ein Bruder und ein Prediger zu werden.

Eine der Befürchtungen, die uns daran hindert, dieser Gnade zu vertrauen, ist die Sorge, dass die Brüder, wenn sie sähen, wie wir wirklich sind, uns ihre Stimme bei der Professabstimmung nicht geben würden. Wir geraten vielleicht in die Versuchung, zu verbergen, wer wir sind, bis wir sicher und unangreifbar „drin“ sind, mit Profess und Weihe und Unverletzlichkeit. Das zu akzeptieren würde bedeuten, zu einem Betrug Ja und Amen zu sagen. Die Ausbildung würde dann zu einem Training in Verschlossenheit, zum Zerrbild eines Ordens, dessen Motto *Veritas* (Wahrheit) lautet. Wir müssen so weit an unsere Mitbrüder glauben, dass wir sie sehen lassen können, wer wir sind und was wir denken. Ohne diese Transparenz gibt es keine Brüderlichkeit. Das bedeutet nicht,

---

[10] Brief an Stefano di Codiponte, 22. Mai 1492.

dass wir im Refektorium aufstehen und laut unsere Sünden bekennen müssen, aber wir dürfen keine Maske aufsetzen, hinter der wir uns verstecken. Wir müssen es wagen, diese Verletzlichkeit anzunehmen, weil Christus es uns so vorgemacht hat. Es bereitet uns darauf vor, Prediger eines vertrauenswürdigen und ehrlichen Wortes zu werden.

Die Treue und die Liebe der Brüder

Zu guter Letzt gibt es noch eine Qualität von Brüderlichkeit, die schwer zu beschreiben ist und die ich Treue nenne – Charles Péguy zufolge „das schönste aller Worte". Im Zentrum unserer Predigt steht Gottes Treue. Gott hat uns sein Wort gegeben, und dieses Wort ist Fleisch geworden. Auf dieses Wort können wir vertrauen, und dieses Wort gibt der Geschichte der Menschheit Ziel und Richtung und lässt sie nicht zu einer Kette von zufälligen Ereignissen verkommen. Es ist das starke und verlässliche Wort dessen, der von sich sagte: „Ich bin der ‚Ich-bin-da'" (Ex 3,14). Wir müssen versuchen, diese Treue in unserem Leben zu verkörpern. Ein Ehepaar ist ein Sakrament der Treue Gottes, der sich uns in Christus unwiderruflich angetraut hat. Auch zu unserer Predigt des Evangeliums gehört, dass wir einander treu sind.

Was bedeutet das? Erstens bedeutet es die Treue unserer Weihe an den Orden. Gott hat uns sein fleischgewordenes Wort anvertraut, auch wenn es sinnlos zu Tode gebracht wurde. Wir haben Gott unser Wort gegeben, selbst wenn unser Versprechen mehr von uns zu verlangen scheint, als wir für möglich halten würden. Ich kann mich aus meiner Zeit als Provinzial an ein Gespräch mit einem alten Mitbruder erinnern, der zu mir kam, um mir zu sagen, dass er an Krebs sterben werde. Er war ein liebenswürdiger und guter Mensch gewesen, der in seinem Leben als Dominikaner schwere und unsichere Zeiten durchgemacht hatte. Er sagte zu mir: „Es schaut aus, als ob ich mein Ziel, im Orden zu sterben, jetzt erreichen würde." Dieses Ziel mag vielleicht nicht groß aussehen, aber es ist wesentlich. Er hatte sein Wort und sein Leben gegeben. Und er freute sich trotz allem darüber, dass er diese seine Gabe nicht zurückgezogen hatte.

Zweitens meint es, dass unsere gemeinsame Sendung vor meinen privaten Interessen kommt. Ich habe Talente, Vorzüge und Träume, aber ich habe mich selbst unserer gemeinsamen Predigt der Frohen Botschaft geschenkt. Diese gemeinsame Sendung verlangt von mir vielleicht, dass ich mir für das gemeinsame Wohl eine Zeit lang eine ungeliebte Last aufladen lasse, etwa Prokurator, Novizen- oder Studentenmeister oder Ordensmeister zu sein. Der Gemeinschaftsraum ist einem Bus vergleichbar; er ist angefüllt mit Menschen, die zusammensitzen, miteinander reden, denselben Raum teilen. Aber wenn die Linie, die der Bus fährt, von meiner eigenen Reiseroute abweicht, dann steige ich aus und gehe meinen eigenen Weg. Halte ich den Orden für einen derartigen Bus, in dem ich gerade so lange bleibe, wie er mich in die Richtung bringt, in die ich möchte?

Treue bringt auch mit sich, dass ich für meine Mitbrüder eintrete, denn ihr Ruf ist mein Ruf. Seit den ältesten Konstitutionen bis noch vor kurzem sollte der Novizenmeister seinen Novizen beibringen, immer „eine gute Meinung zu haben"[11]. Es geht darum, dem, was die Brüder sagen oder tun, immer die bestmöglichste Deutung zu geben. Wenn zum Beispiel ein Mitbruder regelmäßig sehr spät in der Nacht nach Hause kommt, dann sollen wir uns nicht die furchtbar schrecklichen Sünden ausmalen, die er begangen haben mag, sondern eher, wie viele Kranke er besucht hat. Savonarola schrieb an jenen vorurteilsbelasteten Novizen: „Wenn du etwas siehst, was dir nicht gefällt, dann denke, dass es in guter Absicht getan worden ist. Viele sind in sich selbst besser, als du dir vorstellen kannst." Das ist mehr als der Optimismus der Nicht-mehr-der-Welt-Verhafteten. Es gehört zu der Liebe, die die Welt

---

[11] *S. Tugwell*, Dominican Spirituality, a.a.O. 145.

durch die Augen Gottes sieht, sie als gut erkennt. Katharina von Siena schrieb einmal an ihren Ratgeber, den Dominikaner Raimund von Capua, und forderte ihn auf, ihrer Liebe zu ihm zu vertrauen, und dass, wenn wir jemand lieben, wir dem, was er tut, immer die beste Deutung geben sollen, im Vertrauen darauf, dass er immer unser Bestes sucht: „Über die allgemeine Liebe hinaus gibt es eine besondere Liebe, die sich in Vertrauen ausdrückt. Und sie drückt sich auf eine solche Weise aus, dass sie weder glauben noch sich vorstellen kann, dass der Geliebte etwas anderes für uns wollen könnte als unser Bestes."[12]

Wenn mein Mitbruder also als böse oder nicht rechtgläubig verurteilt ist, dann bedeutet Treue, dass ich alles tue, um ihm beizustehen und seinen Handlungen oder Anschauungen die bestmögliche Deutung zu geben. Auf der Grundlage dieser gegenseitigen Treue bestimmte „unverletzbar und auf ewig unveränderlich" das Vorwort der Konstitutionen von 1228, dass niemand außerhalb des Ordens gegen Entscheidungen Einspruch erheben kann, die innerhalb des Ordens gefällt worden sind. Von daher sollte es eigentlich unvorstellbar sein, dass ein Mitbruder einen anderen öffentlich anklagt oder sich mit ihm in der Öffentlichkeit streitet.

Diese Treue bringt es auch mit sich, dass ich mich nicht nur hinter meinen Mitbruder stelle, sondern auch ihm gegenüber. Wenn er mein Bruder ist, dann muss ich mich dafür interessieren, was er denkt, und es auch wagen, anderer Meinung zu sein. Ich darf das nicht einfach nur den Oberen überlassen, als fiele es nicht in meinen Verantwortungsbereich. Aber ich darf es nicht hinter seinem Rücken tun, sondern nur offen vor seinen Augen. Wir schrecken vielleicht davor zurück, weil wir Feindseligkeit und Ablehnung fürchten. Aber meiner Erfahrung nach hat es noch immer zu einem vertieften Verständnis und zu tieferer Freundschaft geführt, wenn man

---

12 Zit. nach *M. O'Driscoll,* Catherine of Siena. Passion for the Truth, Compassion for Humanity, New City 1993, 48.

jemandem klar macht, dass man aus Liebe zur Wahrheit und aus Liebe zu seinem Mitbruder spricht.

Das sind also einige der Elemente, die einen Bruder formen: Gespräch und Aufeinander-Hören, schwach und stark sein zu lernen, Wachsen in gegenseitiger Treue. Alle zusammen gehören sie zu dem, was das Fundamentalste ist, nämlich: die Liebe zu den Brüdern zu lernen. Wir Dominikaner – mit unserem robusten Umgang miteinander – zögern vielleicht mit dem Gebrauch eines solchen Wortes. Es klingt kitschig und sentimental. Trotzdem ist es der tiefste Grund unserer Brüderlichkeit. Dazu fordert uns der auf, der uns zuruft: „Das ist mein Gebot: Liebt einander so, wie ich euch geliebt habe" (Joh 16,12). Es ist das Grundgebot unseres Glaubens. Der Gehorsam diesem Gebot gegenüber formt uns zu Christen und zu Brüdern. Der hl. Dominikus sagte, er habe mehr aus dem Buch der Liebe gelernt als aus den Büchern der Menschen.[13] Das bedeutet, dass wir einander im Letzten als Geschenke Gottes sehen. Mein Bruder oder meine Schwester mögen mich stören, ich bin vielleicht total gegen ihre Ansichten, aber ich werde mich über sie freuen und ihre Güte wahrnehmen.

Zwischen Liebe und Berufung besteht ein fundamentaler Zusammenhang. Jesus blickte den reichen Jüngling an, und weil er ihn liebte, forderte er ihn auf, ihm nachzufolgen, genauso wie er Maria Magdalena anblickte und sie beim Namen rief. Stephan von Spanien erzählt uns, dass er nach der Beichte zu Dominikus ging und dieser ihn anblickte, als liebte er ihn.[14] Noch am selben Abend holte Dominikus ihn zu sich und kleidete ihn mit dem Habit ein. Liebe ist, nach dem Wort Eckharts, der Angelhaken, der den Fisch fängt und der ihn nicht mehr loslässt. Ich muss gestehen, dass ich in den Orden eintrat, ohne vorher einen einzigen Dominikaner gekannt zu

---

[13] Vgl. *Gerard von Frachet*, 82.

[14] Zeugnis Bruder Stephans von Spanien im Heiligsprechungsprozess des Dominikus.

haben, angezogen von den Idealen, über die ich gelesen hatte. Vielleicht kann auch das ein Segen sein!

An dieser Liebe ist nichts Sentimentales. Manchmal müssen wir an ihr arbeiten und darum ringen, über Vorurteile und Unterschiede hinwegzukommen. Daraus besteht die Arbeit, ein Bruder zu werden. Ich kann mich an einen Bruder erinnern, mit dem zusammenzuleben mir sehr schwer fiel. Alles, was ich sagte oder tat, schien ihn zu stören. Eines Abends entschlossen wir uns, zusammen in einen Pub zu gehen – eine sehr englische Lösung. Wir sprachen stundenlang miteinander, über unsere Lebensgeschichte und unsere Kämpfe. Zum erstenmal konnte ich durch seine Augen sehen und sah dabei mich, wie ich auf ihn wirken musste. Ich begann zu verstehen. Das war der Beginn von Freundschaft und Brüderlichkeit.

„Ich habe den Herrn gesehen"

Maria Magdalena geht zu ihren Brüdern und sagt: „Ich habe den Herrn gesehen" (Joh 20,18). Sie ist die erste Predigerin der Auferstehung. Sie ist eine Predigerin, weil sie in der Lage ist, den Herrn zu hören, wenn er ruft, und weil sie die Gute Nachricht von Christi Sieg über den Tod weiter trägt.

Zum Werdegang eines Predigers gehört daher mehr als das Erlernen einer bestimmten Menge an Information, damit man etwas zu sagen hat, und einiger Predigttechniken, damit man weiß, wie man es verkaufen muss. Es bedeutet, zu jemandem geformt zu werden, der den Herrn sprechen hört und ein Wort des Lebens zu sprechen vermag. Jesaja sagt: „Der Herr hat mich schon im Mutterleib berufen, als ich noch im Schoß meiner Mutter war, hat er meinen Namen genannt. Er machte meinen Mund zu einem scharfen Schwert, er verbarg mich im Schatten seiner Hand" (Jes 49,1b-2a). Von Beginn seines Lebens an wurde Jesaja zu einem Menschen geformt, der prophetische Worte sagen sollte.

Unser Orden sollte euch mehr bieten als ein Training in Theologie. Es geht um ein Leben, das euch zu Predigern formt. Durch unser Gemeinschaftsleben, das Gebet, die Erfahrungen in der Seelsorge, die Kämpfe und Niederlagen werden wir zu Aufmerksamkeit und Verkündigung in einer Weise befähigt, wie wir es nicht voraussehen können.

Einer meiner Vorgänger im Amt des Provinzials war ein Mitbruder namens Anthony Ross OP. Er war berühmt als Prediger, als Historiker, als Gefängnisreformer und sogar als Ringer! Eines Tages, kurz nach der Wahl zum Provinzial, erlitt er einen Schlaganfall und wurde praktisch aufs Schweigen zurückgeworfen. Er musste vom Provinzialat zurücktreten und erneut lernen zu sprechen. Die wenigen Worte, die er sagen konnte, hatten mehr Kraft als alles, was er vorher gesagt hatte. Die Menschen kamen zu ihm zur Beichte, um seine einfachen, heilenden Worte zu hören. Seine Predigten aus einem halben Dutzend Wörtern konnten das Leben von Menschen verändern. Es war, als ob das Leid und die Stille einen Prediger geformt hätten, der uns Leben spendende Worte schenken konnte wie niemand zuvor. Ich besuchte ihn, bevor ich zum Generalkapitel nach México flog, von dem ich zu meiner großen Überraschung nicht in meine Provinz zurückkehren sollte. Sein letztes Wort an mich war: „Mut!" So ein Wort ist das größte Geschenk, das wir einem Mitbruder machen können.

Ein Wort des Mitleids

Maria Magdalena verkündet den Jüngern: „Ich habe den Herrn gesehen!" (Joh 20,18) Das ist nicht nur die Feststellung einer Tatsache, sondern die Mitteilung einer Entdeckung. Sie hat ihren Verlust geteilt, ihre Verwirrung, ihre Trauer, und nun kann sie mit den Jüngern ihre Begegnung mit dem auferstandenen Herrn teilen. Sie kann mit ihnen die Gute Nachricht teilen, weil es für sie eine *gute* Nachricht ist.

Das Wort, das wir verkünden, ist ein Wort, das unsere Menschlichkeit mit uns geteilt hat und das kein „Hoherpriester“ ist, „der nicht mitfühlen könnte mit unserer Schwäche“, sondern einer, „der in allem wie wir in Versuchung geführt worden ist und nicht gesündigt hat“ (vgl. Hebr 4,15). Die Tätigkeit als Prediger wird von uns verlangen, dass wir uns in die verschiedensten Welten begeben, ob es nun die moderne Jugendkultur ist oder eine Insel in Mikronesien, die Welt der Drogenabhängigen oder die der Manager. Wir müssen eine Welt betreten, ihre Sprache lernen, lernen, durch die Augen ihrer Bewohner zu schauen, ihnen unter ihre Haut zu gehen, ihre Schwächen und ihre Hoffnungen zu verstehen. In gewisser Weise müssen wir wie sie werden. Dann können wir ihnen ein Wort sagen, das für sie eine Gute Nachricht ist und das sie herausfordert. Aber bevor wir das können, müssen wir den Puls ihrer Menschlichkeit fühlen.

Nach der Tradition der Kirche singen wir bei Tagesanbruch den Lobpreis Gottes. Auch wir sind wie die Wächter, die auf den Morgen warten, damit wir unsere Hoffnung mit anderen teilen können, die den Aufgang der Sonne nicht sehen können. Dass ich ihnen ein Wort „von der gütigen Liebe des Herzens unseres Gottes“ sagen kann, „der zu uns kommt wie der Aufgang aus der Höhe“, kommt daher, dass ich ihre dunkle Nacht kenne oder sogar selbst durchgemacht habe.

Oft können wir das gerade dank dessen tun, was wir sind und was wir erlebt haben. Maria Magdalena suchte nach dem Leichnam des Herrn mit einer Liebe, die sie in einem Leben gelernt hatte, das der Tradition zufolge durch Sünde und Fall charakterisiert war. Dieses Leben befähigte sie, nach dem Mann, den sie liebte, zu suchen und ihn wiederzuerkennen, als er sie beim Namen rief. Eines der wertvollsten Geschenke, die ihr dem Orden bringt, ist euer Leben – mit seinen Niederlagen, seinen Schwierigkeiten, seinen dunklen Momenten. Ich kann auf manche Sünde zurückschauen und sie heute als *felix culpa* (glückliche Schuld) einschätzen, weil sie mich darauf vorbereitet hat, ein Wort des Mitleids und der Hoffnung für andere zu sprechen, die den gleichen Fehlschlag erlitten haben. Ich kann mit ihnen den Sonnenaufgang teilen.

In anderen Bereichen brauchen wir eine Formation, eine Erziehung des Herzens und des Verstandes, die alles in uns niederreißt, was in uns hartherzig, besserwisserisch, arrogant und vorurteilserfüllt ist. Eine der nützlichsten Tätigkeiten in meinem eher ungewöhnlichen Noviziat war der regelmäßige Besuch bei Sexualstraftätern im örtlichen Gefängnis, bei den von unserer Gesellschaft vielleicht am tiefsten verachteten Menschen. Die Offenbarung bestand darin, dass sie sich von uns nicht groß unterschieden. Wir können zusammen auf das Evangelium hören. Daher sollte unsere Ausbildung unsere Verteidigungshaltung gegenüber denen abbauen, die anders und unattraktiv sind, gegenüber denen, die die Gesellschaft verachtet, den Bettlern, Prostituierten, Verbrechern, der Sorte Mensch also, mit denen das Wort Gottes seine Zeit verbracht hat. Wir lernen, die Geschenke anzunehmen, die sie uns geben können, wenn wir unsere Hände dafür offen halten.

Der ideale Prediger ist der, der allen alles ist (vgl. 1 Kor 9,22), der ganz und gar menschlich ist. Kein Dominikaner, den ich kenne, ist so, und zwangsläufig werden wir mit unseren Beschränkungen konfrontiert. Jahrelang ging ich jede Woche für eine Nacht in ein Obdachlosenasyl in Oxford, um Suppe zu kochen und mit den Obdachlosen zu sprechen. Ich muss gestehen, ich fand es furchtbar. Ich hasste den Gestank und war angewidert von den betrunkenen Gesprächen; ich wusste, dass meine Suppe nicht gerade ein Erfolg war, und wollte viel lieber zu Hause über meinen Büchern sitzen. Aber ich bedauere diese Stunden nicht. Vielleicht wurde durch sie die Mauer zwischen mir und den Brüdern und Schwestern von der Straße etwas niedriger.

Mitleiden bringt unser Leben in eine neue Form, an die wir vorher nicht gedacht haben. Als Dominikus Student in Palencia war, ließ er sich vom Mitleid für die Hungernden anrühren und verkaufte seine Bücher. Er blieb nur deshalb in Südfrankreich und gründete den Orden, weil er bewegt war von der Not der Menschen, die in einer zerstörerischen Häresie befangen waren. Sein ganzes Leben wurde geformt durch die Antwort auf Situationen, die er nicht vorhersehen konnte. Dieser begnadete Mann gab sich in die Gnade anderer, machte sich ihren Nöten gegenüber verwundbar. Das Lernen von Mitleid wird uns die strenge Kontrolle über unser Leben aus der Hand reißen.

Ein Wort des Lebens

„Ich habe den Herrn gesehen" (Joh 20,18). Das ist mehr als der Bericht über ein Ereignis. Maria Magdalena teilt ihren Brüdern den Triumph des Lebens über den Tod mit, des Lichtes über die Finsternis. Es ist ein Wort, das „schon am sehr frühen Morgen" den Sonnenaufgang bringt, dessen Zeugin sie wurde.

Katharina von Siena sagt zu Raimund von Capua, wir sollten eher „Täter als Nichttäter und Verhinderer" sein.[15] Als Prediger werden wir auch durch die gewöhnlichen Gespräche geformt, die wir mit anderen führen, durch die Worte, die wir in den Gemeinschaftsräumen oder auf den Gängen austauschen. Wir entdecken, dass wir in unserer Predigt ein Wort des Lebens mitteilen können, weil wir zu Brüdern geformt worden sind, die sich gegenseitig ein Wort schenken, das Hoffnung gibt, aufbaut und heilt. Wenn wir Menschen sind, die den anderen Worte „geben", die verletzen, unterminieren, beschmutzen und zerstören, können wir niemals Prediger sein, egal wie intelligent und wissend wir sind.

Ein polnisches Sprichwort sagt: *„Wystygl mistyk; wynik cynik"*, was bedeutet: „Ist die Mystik verflogen, bleibt ein

---

[15] Zit. nach *M. O'Driscoll*, Catherine of Siena, a. a. O., 48.

[16] Man verzeihe mir diesen kleinen Scherz und schlage einmal die Etymologie des Wortes „Zyniker" nach.

Zyniker übrig." Wir sind zwar die „Hunde des Herrn"; aber wir dürfen niemals Zyniker sein.[16]

Das Wort des Predigers ist fruchtbar. Es befruchtet. Als Maria Magdalena Jesus traf, hielt sie ihn für den Gärtner. Das war gar nicht einmal so falsch, denn Jesus ist der neue Adam im Garten des Lebens, in dem der Tod vernichtet ist und der tote Baum des Kreuzes Frucht bringt. Daher sind die schöpferisch tätigen Menschen für den Prediger die natürlichen Verbündeten in unserer Gesellschaft. Wer sind die Menschen, die um den Sinn der Erfahrung der Moderne ringen? Wer sind die Denker, die Philosophen, die Dichter und Künstler, die uns ein schöpferisches Wort für das Heute sagen können? Auch sie sollten helfen, uns zu Verkündern zu formen.

Ein Wort, das wir empfangen haben

Wie können wir dieses neue, mitleidende, schöpferische Wort finden? Ich habe zu Beginn dieses Briefes eingestanden, dass ich fürchtete, niemals predigen zu können, als ich in den Orden eintrat – eine Furcht, die ich oft noch immer spüre. Als Dominikaner ist es mir peinlich, zugeben zu müssen, dass, wenn ich gebeten werde zu predigen, meine erste Reaktion häufig die ist: „Aber ich habe doch gar nichts zu sagen." Doch das, was zu sagen ist, wird uns gegeben, wenn auch manchmal erst im letzten Augenblick. Um das Wort empfangen zu können, das uns gegeben wird, müssen wir die Kunst der Stille lernen. Durch Studium und Gebet lernen wir, still zu werden, aufmerksam, damit wir das vom Herrn empfangen können, was er uns mitteilen möchte: „Denn ich habe vom Herrn empfangen, was ich euch überliefert habe" (1 Kor 11,23).

Still zu werden ist der härteste Teil unserer Ausbildung. Pascal hat geschrieben: „Ich habe entdeckt, dass alles Unglück der Menschen nur einen Grund hat: dass sie unfähig sind, in Ruhe allein in ihrem Zimmer bleiben zu können."[17] Letztlich muss ein Prediger „die Freuden der Einsamkeit" lieben, weil wir in ihr Gottes Geschenke empfangen. Wir müssen uns selber auf unseren Stühlen festnageln, nicht so sehr, damit wir mehr Wissen meistern, sondern um gefasst und bereit zu sein, wenn die Erkenntnis unerwartet zu uns kommt wie ein Dieb in der Nacht. Schließlich werden wir eine tiefe Liebe zu dieser Stille entwickeln, die die innerste Mitte unseres Lebens als Dominikaner ist. Sie ist die Zeit der unverhofften Geschenke, ob im Gebet oder im Studium.

Das verlangt Disziplin. „Wahrhaftig, du bist ein verborgener Gott" (Jes 45,15). Um das Kommen Gottes zu spüren, brauchen wir ein geschärftes Gehör wie das eines Jägers. Meister Eckhart fragt: „Wo ist dieser Gott, den alle Geschöpfe suchen und von dem sie ihr Sein und ihr Leben haben? So wie ein Mann, der sich versteckt hält, sich entdecken lässt, wenn er sich räuspert, so ist Gott. Keiner ist zur Entdeckung Gottes fähig, wenn dieser sich nicht entdecken lässt." Aber Gott ist da, er räuspert sich diskret und gibt uns leise Hinweise auf sich, die wir hören können, wenn wir still werden. Später in eurem Leben als Dominikaner werdet ihr oft von den Bedürfnissen eurer Zeit überwältigt werden. Jetzt ist es an der Zeit, eine Gewohnheit der regelmäßigen Stille in der Gegenwart Gottes zu entwickeln, an der ihr euer ganzes Leben festhalten müsst. In ihr kann der wesentliche Unterschied zwischen einem schieren Überleben und einem Gedeihen als Dominikaner liegen.

Oft kommen Menschen mit neuem Enthusiasmus für die Verkündigung der Guten Nachricht Jesu Christi in den Orden. Ihr wollt vielleicht sofort hinaus auf die Straßen, wollt die Kanzel stürmen, wollt eure Entdeckung des Evangeliums mit anderen teilen. Es kann eine frustrierende Erfahrung für euch sein, dass ihr in den Predigerorden eingetreten seid und dann merkt, dass ihr Jahre eures Lebens einem langweiligen Stu-

---

[17] *B. Pascal*, Pensees, Ed. Brunschvicg, Frg. 139.

dium und der Lektüre trockener Bücher widmen müsst, die längst verstorbene Leute geschrieben haben. Wir sehnen uns vielleicht danach, das Evangelium auf der Straße zu verkünden oder in die Mission geschickt zu werden. Mag sein, dass wir jenen jungen Männern gleichen, über die Dostojewskij in *Die Brüder Karamasow* geschrieben hat, sie könnten nicht verstehen, „dass das Opfer des eigenen Lebens in den meisten Fällen vielleicht das leichteste aller Opfer darstellt und dass, zum Beispiel, fünf oder sechs Jahre des Lebens, des jugendlichen Eifers hartem und schwierigem Studium zu opfern, um dann Kräfte zu entfalten, die zehnmal mehr der Wahrheit dienen und dadurch das große Werk zu vollbringen, dem sie ihre Herzen weihen, dass ein solches Opfer oft jenseits der Reichweite vieler von ihnen liegt".

Es stimmt schon, dass wir von Anfang an Wege finden, die Gute Nachricht mit anderen zu teilen, aber die geduldig absolvierte Lehrzeit der Stille lässt sich nicht umgehen, wenn wir den anderen mehr bringen wollen als bloß unsere Begeisterung. Das Gedächtnis des Dominikus war eine „Art großer Speicher Gottes, überreich gefüllt mit Früchten jeglicher Art"[18]. Es ist zwar richtig, dass in Mt 10,19 steht, wir bräuchten uns nicht im Vorhinein Sorgen zu machen, was wir sagen sollen, aber der Dominikaner Humbert von Romans meinte schon damals im 13. Jahrhundert zu den Novizen, dieses Wort sei nur zu den Aposteln gesagt![19]

Ein von allen geteiltes Wort

Vor einem Jahr spazierte ich durch die Gassen von Ho-Chi-Minh-Stadt in Vietnam, als ich zu einem kleinen Platz kam, der von einer Statue des hl. Vinzenz Ferrer beherrscht wurde.

---

[18] *Jordan von Sachsen*, Libellus 7.

[19] Vgl. Traktat über die Ausbildung des Predigers, in: Early Dominicans. Selected Writings, hrsg. von S. Tugwell, New York 1982, 205.

Er stand auf seinem Sockel und sah aus wie der ideale Prediger, der einsame Rufer hoch über der Menge. Wir wünschen uns vielleicht, ein solcher Prediger zu sein, ein individueller Star, im Brennpunkt der Achtung und der Bewunderung stehend.

Allerdings ist das Wort, das wir verkünden, nicht so. Es ist nämlich ein Wort, das wir nicht nur in der Stille des Gebetes und des Studiums empfangen haben, sondern auch voneinander. Daher muss eine Gemeinschaft von Predigern eine Gemeinschaft sein, in der wir unsere tiefsten Überzeugungen teilen, so wie Maria Magdalena ihren Glauben mit ihren Brüdern geteilt hat. Im Generalrat des Ordens treffen wir uns jeden Mittwoch, um zusammen das Evangelium zu lesen. Unsere Predigten sind die Frucht einer gemeinsamen Betrachtung. Heutige Vorstellungen von „Urheberschaft" prägen uns ein Besitzdenken unseren eigenen Ideen gegenüber ein und lassen uns argwöhnen, dass jeder Mitbruder, der meine Ideen verwendet, einen Raub begeht. Doch es sind die Reichen, die fest an Privateigentum glauben. Wir teilen, was wir empfangen haben, und als Bettelmönche sollten wir uns nicht schämen, eine Idee von einem anderen zu erbitten.

Unsere Formung soll uns auch auf die gemeinsame Predigt im Rahmen einer gemeinsamen Sendung vorbereiten. Jesus sandte seine Jünger jeweils zu zweien aus. Es ist verführerisch, ein Apostolat für mich ganz allein zu fordern und es dann eifersüchtig vor meinen Brüdern zu verteidigen als meinen Verantwortungsbereich, meine Sorge, meine Ehre. Wenn ich das tue, werde ich in allen meinen Predigten über kurz oder lang nur mehr mich selber verkündigen. Humbert von Romans warnt uns vor den Menschen, „die glauben, die Predigt sei eine besonders großartige Aufgabe, und die ihre ganze Energie auf sie werfen, weil sie unbedingt wichtig erscheinen wollen"[20]. Wenn wir dieser Versuchung nachgeben, fangen wir irgendwann an zu glauben, dass wir selbst die Gute Nachricht sind, nach der jeder hungert. Am meisten Freude von allem

[20] Traktat über die Ausbildung des Predigers, a. a. O., 236.

Unterricht, den ich jemals gegeben habe, haben mir die Kurse in Dogmatik gemacht, die ich zusammen mit zwei anderen Mitbrüdern in Oxford gehalten habe. Wir bereiteten die Kurse gemeinsam vor und gingen auch in die Vorlesungen der anderen. Wir wollten die Studenten unterrichten, indem wir sie in unsere Diskussionen einbezogen. Der Gedanke, der dahinter stand, war, dass sie eine eigene Stimme entwickeln würden, wenn sie an unseren Gesprächen teilnahmen, anstatt nur passive Empfänger von Instruktionen zu sein.

Jeder Bruder spricht für die ganze Gemeinschaft. Das berühmteste Beispiel dafür findet sich in den frühen Tagen der Eroberung Amerikas: Als Antonio Montesinos OP im Jahre 1511 in Santo Domingo gegen die Ungerechtigkeiten predigte, die an den Indianern verübt wurden, wandten sich die Autoritäten der Stadt an seinen Prior, um ihn zu denunzieren. Aber der Prior antwortete, es sei die ganze Gemeinschaft, die spreche, wenn Fray Antonio predige.

Alles das spricht gegen den Individualismus, der für unsere gegenwärtige Zeit und auch für uns Dominikaner so typisch ist. Tatsächlich wird Individualismus oft sogar mit Stolz als das für einen Dominikaner typische Charakteristikum dargestellt. Es stimmt, dass wir in einer Tradition stehen, die die Freiheit und die einzigartige Begabung jedes einzelnen Bruders sehr hoch hält. Gott sei Dank ist es so! Im Orden gemeinsame Projekte zu planen, kann ein Albtraum sein. Doch wir sind Predigerbrüder, und unsere größten Mitbrüder arbeiteten normalerweise in der gemeinsamen Sendung, wenn sie auch häufig als Einzelgänger dargestellt werden: Fra Angelico war kein einsamer Künstler, sondern brachte anderen Brüdern seine Kunst bei, die hl. Katharina war umgeben von Brüdern und Schwestern, Bartolomé de Las Casas arbeitete zusammen mit seinen Mitbrüdern in Salamanca für die Rechte der Indios, Yves Congar und Marie-Dominique Chenu kamen als Mitglieder einer Gemeinschaft von Theologen zur Blüte. Selbst der hl. Thomas von Aquin brauchte eine Gruppe von Mitbrüdern, die seine Worte niederschrieben.

Daher muss uns unsere Ausbildung von den schwächenden Einflüssen unseres modernen Individualismus befreien und uns zu Predigerbrüdern formen. Indem wir das wagen, werden wir stärkere und echtere Individuen. In manchen Teilen der Welt, die von diesem Individualismus stärker infiziert sind, ist dies vielleicht die größte Herausforderung für eure Generation: neue Wege der gemeinsamen Verkündigung des Evangeliums zu finden und zu begehen. Ihr werdet es schaffen. Zur Zeit stehen viele junge Menschen im Orden in der Ausbildung, etwa ein Sechstel aller Brüder und in diesem Jahr (1999) über eintausend Novizinnen bei den Nonnen und Schwestern. Zusammen könnt ihr mehr leisten, als wir uns heute vorstellen können.

Schluss

1217, kurz nach der Gründung des Ordens, scheuchte der hl. Dominikus die Brüder auseinander, weil „aufgeschütteter Weizen verrottet“. Er schickte sie ohne Geld auf ihren Weg, wie die Apostel. Aber einer von ihnen, Johannes von Navarra, weigerte sich, ohne Geld in der Tasche nach Paris zu gehen. Sie stritten, und schließlich gab Dominikus klein bei und händigte ihm Geld aus. Über diesen Vorfall ärgerten sich manche der anderen Brüder, aber er bietet vielleicht ein gutes Bild für unsere Ausbildung. Ich propagiere hier nicht, dass eure Ausbilder euch jeden Wunsch erfüllen sollen, wohl aber, dass unsere Ausbildung sowohl anspruchsvoll als auch mitfühlend, sowohl idealistisch als auch realistisch sein soll. Dominikus fordert Johannes zum Vertrauen auf, nicht zu einem arroganten Selbstvertrauen, sondern zu einem Vertrauen auf den Herrn, der für ihn auf dieser Reise sorgen würde, und auf seinen Mitbruder, der ihn ausschickt. Aber als er sieht, dass Johannes noch nicht so weit ist, hat er Mitleid mit ihm.

Ich bete darum, dass eure Ausbildung euch helfen möge, im Vertrauen und in der Freude des hl. Dominikus zu wachsen. Der Orden braucht mutige und freudige junge Männer und Frauen, die uns helfen, den Orden an neuen Orten zu gründen, ihn an anderen wiederzugründen und neue Wege zu entdecken, das Evangelium zu predigen. Manchmal wird euer Vertrauen vielleicht erschüttert, wie bei Bruder Johannes. Zweifel werden euch anwandeln, ob ihr die Kraft habt, die Reise fortzusetzen, oder ob sie es überhaupt wert ist, unternommen zu werden. Mögen solche dunklen und unsicheren Zeiten Teil eures Wachstums als Christen, Prediger, Brüder und Schwestern werden. Mögt ihr, wenn ihr euch verlassen und gefährdet fühlt, eine Stimme hören, die, ganz nahe, zu euch sagt: „Wen suchst du?“

ZUR FREIHEIT DER THEOLOGIE

Grußwort an das Kolloquium zum 35jährigen Bestehen der Zeitschrift „Concilium“

Aufrichtigen Dank für die Ehre, einige wenige Worte an dieses Kolloquium richten zu dürfen. Mit großer Freude denke ich an meine Teilnahme am Kongress zum 25. Jubiläum 1989 in Löwen zurück. Seine Förmlichkeit und seine Zwanglosigkeit beeindruckten mich gleichermaßen. In den formellen Sitzungen gab es eine genauso eindrucksvolle Rangordnung wie bei einer Synode der Kirche. Der offensichtlichste Unterschied war die Platzierung in der Rangordnung beim Kongress durch die Farbe des Knopfes an seinem Revers, wohingegen bei der Synode die Farbe des Hutes auf seinem Kopf entscheidet! Außerhalb der formellen Zusammenkünfte jedoch beeindruckten mich die Freundschaftlichkeit, die Qualität des Feierns, wirkungsvoll unterstützt durch gutes belgisches Bier, dass sogar berühmte Theologen recht untheologische Lieder sangen.

Da ich kein berühmter Theologe bin, nehme ich daher an, dass ich eingeladen worden bin, um den Dominikanerorden zu vertreten, der von Anfang an mit *Concilium* verbunden ist. Pater Kolvenbach, der Generalobere der Jesuiten, hat mich gebeten, hier auch die Gesellschaft Jesu zu vertreten. Stirbt der Generalobere der Jesuiten, obliegt dem Ordensmeister der Dominikaner, seinem Begräbnis vorzustehen. Dies ist nun das erste Mal, dass sich ein Jesuitengeneral zu seinen Lebzeiten durch einen Dominikaner vertreten lässt.

Da sage einer, dass die Tage der Ökumene vorüber seien! Drei der Gründertheologen der Zeitschrift waren Jesuit oder Dominikaner, Karl Rahner, Yves Congar und Edward Schillebeeckx. Dem ersten Vorstand gehörten sechs Dominikaner und zwei Jesuiten an. So stehe ich denn hier, um die fortdauernde Unterstützung unserer beiden Orden für *Concilium* zu demonstrieren. Übrigens stammte der erste Artikel im ersten Heft aus der Feder von Congar über „L'Eglise comme peuple de Dieu" („Die Kirche als Volk Gottes"), und der dritte „L'Eglise et ‚Humanité" („Kirche und ‚Menschlichkeit'") von Schillebeeckx. Dazwischen befand sich ein Beitrag von Joseph Ratzinger über die Kollegialität von Bischöfen. Zwei dieser Theologen sind inzwischen Kardinäle geworden, und gespannt warten wir auf die Beförderung des Dritten!

Ich möchte die Gelegenheit nutzen, Ihnen für Ihren Dienst als Theologen für Kirche und Gesellschaft zu danken, und nachdrücklich meiner Überzeugung Ausdruck verleihen, dass wir niemals zuvor in den noch nicht lange zurückliegenden Jahrhunderten Theologen so dringend nötig hatten wie gerade heute. Die Zeitschrift *Concilium* wurde gegründet, um Tradition und Geist des Zweiten Vatikanischen Konzils lebendig zu halten. Vielleicht ist Ihre Rolle jetzt sogar noch wichtiger als vor 35 Jahren. Wir brauchen *Gaudium* und *Spes* jetzt. Lassen Sie mich in kurzen Worten sagen, warum. Verzeihen Sie die übermäßig große Vereinfachung meiner Worte.

Ich möchte behaupten, dass die fundamentalste Krise, der unsere Welt gegenübersteht, die Sinnkrise ist, was sowohl ein Sinndefizit meint als auch den Wettbewerb miteinander rivalisierender Sinne. In beiden Fällen haben Theologen und eine Zeitschrift wie *Concilium* eine alles überragende Rolle zu spielen.

Bei der Gründung von *Concilium* war die Welt zwischen zwei Supermächten aufgeteilt im Wettbewerb um die Vorherrschaft in der Welt: zwei Visionen vom Sinn und Los menschlichen Lebens. In den letzten Jahren haben wir eine tiefgreifende Umwandlung der Welt in ein einziges globales System durchlebt. Globalisierung ist ein kompliziertes Phänomen, für dessen Analyse mir die Zeit fehlt. Es schafft sowohl Gemeinschaft als auch Ausschluss, Kommunikation und Schweigen, Reichtum und Armut. Seine radikalste Konsequenz ist die einer Sinnkrise. Auf der einen Seite erleben wir den Triumph einer Konsumkultur, die als inhaltslos und steril empfunden wird. Die Welt von Coca Cola und McDonald's gewährt kein Sinnangebot für unser Leben als Menschen. Auf der anderen Seite erleben wir als Reaktion auf die Sterilität des westlichen Konsumismus eine als Re-Sakralisierung der Welt bezeichnete Bewegung. Wo immer ich mich hinbegebe, sehe ich das Wiederaufleben alter religiöser Traditionen, die Mittelpunkte von Identität und Sinn werden: Westliches Christentum und Orthodoxie, Judaismus und Islam, Hinduismus und Konfuzianismus verleihen unserem Planeten das grundlegende Muster. Der Fall der Berliner Mauer bedeutete nicht das Ende der Geschichte, sondern das Wiederauftauchen alter und vergessener Erinnerungen.

Als ich kürzlich von Albanien zurückflog, rezitierte der Mann vor mir den ganzen Weg nach Rom aus dem Koran, während der Mann neben mir ein Buch über die Einnahme von Konstantinopel im Jahre 1453 las. In einer derartigen Gesellschaft, die sowohl von der Sinnleere als auch vom Konkurrenzkampf um die Sinnangebote geprägt ist, brauchen wir in stärkerem Maße Theologen, mehr als Ökonomen.

Am vergangenen Sonntag feierten wir das Pfingstfest. Wir beteten um das Kommen des Heiligen Geistes, *„Veni dator munerum“* – *„Komm, du Geber aller Gaben“*. Das Herzstück im Leben des Theologen ist die Feier und Erforschung der Gabe. Vorgegeben ist der Sinn, den wir suchen. Dies bringt den Theologen sofort in ein Spannungsverhältnis mit den vorherrschenden Werten westlicher Kultur, die sich auf den Markt gründet, auf dem alles gekauft und verkauft wird. Wie soll der Theologe über Gnade und Gabe nachsinnen, wenn die ganze Umgebung seines oder ihres Lebens zu einer anderen Sicht der Dinge zwingt? Ich nehme an, dass die meisten Theologen der westlichen Welt an Universitäten tätig sind. Aber selbst die moderne Universität unterliegt den Imperativen der globalen Geschäftskultur durch Produktion, Vermarktung und Wettbewerb. Jedes Jahr werden Menge und Umfang ihrer Produkte gewogen und gemessen. Wollen sie ihre Stelle nicht verlieren, dann müssen sie sich der Fließbandproduktion anschließen.

Also benötigen wir Theologen, die ein gewisses Leben führen. Ich würde sagen, dass Prüfstein und Erfüllung dieses Lebens die Freude ist. Es ist die Freude auf die Begegnung mit dem, der den Sinn unseres Daseins ausmacht. Als mich die Nachricht erreichte, ein paar Worte an Sie zu richten, habe ich viel darüber nachgedacht, was ich Ihnen wirklich sagen möchte. Und es ist dies: Diese Freude ist die Erfüllung unseres theologischen Wirkens. Thomas von Aquin – und als Dominikaner muss ich ihn wenigstens einmal erwähnen – schrieb in der *Summa contra Gentiles*: „Selbst eine armselige oder brüchige Kenntnis von den höchsten Dingen bereitet größte Freude"[1], *iucundissimum est.* In einer an Sinnkrise leidenden Welt ist es unsere Aufgabe, unsere Freude in der Gabe zum Ausdruck zu bringen. Unser geschätzter Mitbruder Edward Schillebeeckx OP schrieb ein Buch mit dem Titel „Sonoi un teologo felice" – „Ich bin ein glücklicher Theologe". Hier handelt es sich mitnichten um einen zufällig glücklichen Theologen. Diese Glückseligkeit ist Herzstück der Berufung des Theologen. Sie ist Teil unserer Antwort auf den Hunger nach Sinn in unserer Gesellschaft.

Das Erreichen dieser Glückseligkeit fällt nicht leicht. Sie ist die Frucht des Glaubens und harter Arbeit bei der Suche nach Wahrheit, dem Ringen um Verständnis, der Anspannung unseres Geistes. Und dies in einer Gesellschaft, die oftmals das Vertrauen in die Möglichkeit von Wahrheit verloren hat. Aber Frucht und Prüfstein des theologischen Lebens ist diese Freude: *Gaudium et spes.* Wie können Theologen denn in dieser Gesellschaft ein frohes Leben führen?

Es ist aber gerade diese Freude, die Sie als Theologinnen und Theologen dort einbringen können, wo Religionen, möglicherweise von Gewalt und Hass erfüllt, aufeinandertreffen. Pierre Claverie OP, der Bischof von Oran in Algerien, war ein Dominikaner, der ermordet wurde, weil er an einem Ort lebte, wo miteinander rivalisierende Sinnvorstellungen aufein-

---

[1] *Thomas von Aquin,* Summa contra Gentiles, I,8.

anderprallen. Er schrieb: „Die Kirche erfüllt ihre Berufung und Mission, wenn sie anwesend ist an den Bruchstellen, die Leib und Einheit der Menschheit kreuzigt. Jesus ist tot, hin- und hergerissen zwischen Himmel und Erde, die Arme ausgebreitet, die Kinder Gottes zu sammeln, zerstreut durch die Sünde, die sie trennt, isoliert, die Einen gegen den Anderen aufbringt, ja selbst gegen Gott. Er hat sich in diesen aus der Sünde entstandenen Bruchlinien niedergelassen. In Algerien befinden wir uns auf einer dieser seismischen Linien, die die Welt durchqueren und spalten: zwischen Islam und Abendland, Nord und Süd, Reichen und Armen. Wir sind hier am rechten Platz, denn an diesem Ort lässt sich das Licht der Auferstehung erahnen."[2] In dieser neuen Welt, geprägt durch das Wiederaufleben der Religion, benötigen wir Theologen, die auf diesen seismischen Linien, die die Orte der Gewalt in unserer Welt sind, anwesend sein können. Gewiss ist es die Aufgabe des Theologen, diese Orte zu verwandeln, damit sie zu Orten freudiger Begegnung anstelle von Gewalt, gegenseitiger Anerkennung anstelle von Hass werden. Wenn wir *Gaudium et spes* bringen sollen, dann müssen wir an diesen Orten von *„luctus et angor" – „Kummer und Schmerz"* anwesend sein.

Ich möchte abschließend behaupten, dass den Theologen auch im Leben innerhalb der Kirche eine absolut zentrale Rolle gebührt. Manchmal mag Sie das Gefühl beschleichen, sich am Rande zu befinden. Dem ist aber nicht so. Dies hat seinen Grund darin, dass unsere Gemeinschaft wie die der globalen Gesellschaft an ihren Spannungen und Spaltungen leidet, den „Linien der Zerrissenheit, diesen seismischen Linien, die die Welt durchqueren". Diese Bruchlinien sind die Punkte, an denen verschiedene Vorstellungen unseres Glaubens und unserer Kirche aufeinanderprallen. Auch hier sind Theologen diejenigen, die diese Orte zu Plätzen freudiger Begegnung anstelle von Zusammenstößen machen können.

---

[2] *P. Claverie*, Lettres et Messages d'Algerie, Paris 1996.

Letztendlich ist die Grundlage der Einheit der Kirche Gottes eigene Einheit, die unser Fassungsvermögen übersteigt. In diesen spannungsgeladenen Zeiten ist die Versuchung groß, den theologischen Fundamentalismus triumphieren zu lassen sowohl innerhalb als auch außerhalb der Kirche. Da beanspruchen im Widerstreit stehende Gruppen, Gott zu besitzen, haben Gott in ihren eigenen theologischen Systemen eingeschlossen. Doch die Theologie hält uns zusammen, weil sie über diese Arroganz hinausgeht; in den Worten des Thomas von Aquin sei daran erinnert, dass „wir Gott wahrlich nur dann kennen, wenn wir glauben, dass Gott über allem steht, was uns möglich ist, über ihn zu wissen“[3]. Der Theologe heilt die Wunden der Kirche, indem er uns von der Engstirnigkeit der Theologie befreit. Dann erst werden wir frei sein für die Freude, Gott in der anderen Person zu begegnen, dem *Deus Humanissimus*, um unseren Mitbruder Edward Schillebeeckx noch einmal zu zitieren.[*]

So möge Gott Sie mit Mut für Ihre theologische Berufung segnen. Mögen Sie Vertrauen und die Freiheit von Herz und Geist haben, um dieses Leben als Theologinnen und Theologen zu führen und diesen Dienst zu leisten. Mögen Sie glückliche Theologen sein!

---

[3] *Thomas von Aquin,* Summa contra Gentiles, I,8.

[*] Vgl. *Ph. Kennedy,* Deus Humanissimus. The Knowability of God in the Theology of Edward Schillebeeckx (Ökumenische Beihefte Bd. 22), Fribourg/Schweiz 1993 (Anm. d. Hrsg.).

AUTORITÄT IN EINEM MULTIKULTURELLEN EUROPA

Ich möchte über „die Autorität der Kirche in einem multikulturellen Europa" im Zusammenhang mit Abschnitt 29 des „Instrumentum laboris"* referieren. Ich spreche in meinem eigenen Namen.

Beim Prozess gegen jene, die den Tod Hitlers im Juli 1944 planten, sagte der Richter: „Nur eine Sache haben wir Nationalsozialisten mit Ihnen, die Sie Christen sind, gemeinsam: beide fordern wir den ganzen Menschen." Das Christentum erhebt einen Ausschließlichkeitsanspruch für Christus. Er ist der Anfang und das Ende. Unserer Gesellschaft jedoch erscheint dieser absolute Anspruch totalitär und suspekt.

In diesem Jahrhundert ist Europa durch Ideologien gekreuzigt worden, die Ausschließlichkeitsansprüche gestellt haben: Kommunismus, Faschismus, Nazismus. Eine multikulturelle Gesellschaft weist derartige Ansprüche zurück. Die Menschen, einschließlich der Christen, finden Erfüllung durch eine Vielfalt von Quellen: ihr Familienleben, Politik, ihre nationale oder ethnische Identität, ihren Fußballverein, sogar ihre Religion. Selbst viele der Kirche sich verpflichtet fühlende Katholiken begegnen jedem ausschließlichen Anspruch mit Misstrauen. Zum Beispiel akzeptieren einige Katholiken die Soziallehre der Kirche, nehmen aber jede Einmischung in ihr Privatleben übel. Andere akzeptieren die Autorität der Kirche hinsichtlich des Sexualverhaltens, werden aber in Verlegenheit gebracht, wenn sie den Kapitalismus kritisiert. In einer multikulturellen Gesellschaft suchen wir uns unsere Werte aus den Regalen des Supermarktes. Wie können wir da einen ausschließlichen Anspruch für Christus erheben?

---

* Vorbereitendes Arbeitspapier zur Bischofssynode (Anm. d. Hrsg.).

Die Autoritätskrise, die wir innerhalb der Kirche erleben, ist jedoch lediglich ein Symptom einer weiterreichenden Autoritätskrise in unserer gesamten europäischen Kultur. In grober Vereinfachung: Man empfindet jede äußere Autorität, die mir sagt, was ich glauben oder tun sollte, als suspekt. Sich dem Wort eines anderen Menschen unterzuordnen, könnte ja den Verlust meiner Freiheit und Selbständigkeit bedeuten. Dies ist ein Verdacht, der selbst viele Christen in Europa verfolgt. Auf diese Furcht können wir jedoch nicht so reagieren, dass wir die Autorität der Kirche noch stärker geltend machen. Die Menschen könnten entweder Widerstand leisten oder keine Notiz nehmen. Und wie Thomas von Aquin, eine große Autorität, feststellte, ist der Ruf nach Autorität das schwächste Argument.

Was sollten wir also tun? Bei der Vorbereitung dieser Ansprache wurde klar, dass mir die Formulierung der Fragestellung leichter fällt als die der Antwort. Aber die Geschichte vom Emmausgang (Lk 24,13-35) bietet uns einige Anhaltspunkte, weil sie uns erzählt, wie eine Autoritätskrise überwunden wird:

Die Jünger fliehen aus Jerusalem. Sie haben das Zeugnis der Frauen gehört, aber sie sind davon nicht überzeugt. Wie so oft hörten die Männer nicht auf die Frauen! „Einige von uns gingen dann zum Grab und fanden alles so, wie die Frauen gesagt hatten; ihn selbst aber sahen sie nicht“ (Lk 24,24). Die Frauen verkündeten ihren Glauben – jedoch ohne Wirkung. Das ist manchmal unsere Erfahrung in Europa. Wir verkünden in fester Überzeugung unseren Glauben, wie es uns obliegt. Aber unser Zeugnis hat oftmals keine Autorität. „Ihn (…) sahen wir nicht“ (Lk 24,24).

Jesus beginnt mit dem Versuch, ihnen die Dinge verständlich zu machen: „Und er legte ihnen dar, ausgehend von Mose und allen Propheten, was in der gesamten Schrift über ihn geschrieben steht“ (Lk 24,27). Angesichts ihrer Blindheit legt er ihnen die Schrift aus. Er kämpft um ihren Geist. Er versucht, ihnen ihre Erfahrungen verständlich zu machen.

Hier erkennen wir die *Autorität der Vernunft.* Dies ist ein erster Schritt: „Brannte uns nicht das Herz in der Brust, als er unterwegs mit uns redete?" (Lk 24, 32) Wir in der Kirche müssen den Geist der Männer und Frauen ansprechen, ihnen in den Evangelien die Bedeutung ihrer Erfahrungen aufzeigen. Wir müssen an die Vernunft appellieren. Das aber reicht nicht aus, denn wie uns die Enzyklika „Fides et Ratio" aufgezeigt hat, ist unsere Gesellschaft gleichfalls von einer Vertrauenskrise in die Vernunft gezeichnet. Also muss noch mehr getan werden.

Jesus wandert an der Seite der flüchtenden Jünger. Jerusalem zu verlassen ist für Lukas ein Akt der Verzweiflung. Wie viele in der heutigen Kirche sind sie enttäuscht, ernüchtert. Jesus hält sie weder auf noch versperrt er ihren Weg. Er wandert mit ihnen, nimmt ihre Gastfreundschaft an, kehrt in ihr Haus ein, isst ihr Brot. Damit endet ihre Reise abseits vom Glauben.

Um überzeugende Autorität zu gewinnen, müssen wir an den Wanderungen der Menschen teilnehmen, ihre Ängste erspüren, uns von ihren Enttäuschungen, Fragen, Misserfolgen und Zweifeln anrühren lassen. Oftmals sprechen wir über Menschen: über Frauen, die Armen und die Einwanderer, die Geschiedenen, Abtreibenden, über Gefangene, Aidskranke, Homosexuelle und Drogensüchtige. Unser Eintreten für Christus wird aber keine wirkliche Autorität besitzen, es sei denn, wir geben *ihrer* Erfahrung Autorität, kehren in ihren Wohnungen ein, empfangen ihre Gastfreundschaft, erlernen ihre Sprache, essen ihr Brot, nehmen von dem, was sie anzubieten haben. Dies ist gefährlich. Menschen werden uns missverstehen und uns beschuldigen, mit den falschen Menschen zu verkehren. Aber dafür gibt es einen guten Präzedenzfall.

Schließlich werden den Jüngern die Augen geöffnet, da sie ihn beim Brotbrechen sehen. Unsere Worte werden Autorität besitzen, wenn man verspürt, dass sie die Außenseiter willkommen heißen und dass sie Menschen für das Reich Gottes gewinnen. Einer unserer dominikanischen Brüder, der in der

Kriegszone Kolumbiens lebt, erlangte Autorität bei allen Konfliktparteien. Er lud alle ein, jeden Samstag zur Pfarrgemeinde zu kommen: Terroristen, Armeeangehörige, Paramilitärs und Zivilisten. Sie konnten essen, trinken und Fußball spielen, solange sie ihre Waffen draußen ließen. Er hatte Autorität, weil er sie zusammenbrachte.

Der Höhepunkt der Geschichte der Emmausjünger aber ist die Rückkehr der Jünger nach Jerusalem, um das zu verkünden, was sie gesehen haben. Die Autoritätskrise wird nicht durch die Unterwerfung der Jünger, sondern durch deren Verkündigung des Gesehenen gelöst. Sie selbst werden zu Autoritäten. Es ist ein Wort, das sowohl Autorität *über* uns ausübt als auch uns diese verleiht.

In der Tat müssen wir genau wie die Frauen vertrauensvoll unseren Glauben verkünden. Der Autoritätskrise können wir nicht beikommen, indem wir lediglich immer heftiger unseren Glauben bekräftigen, ihn einhämmern. Für viele Menschen wird dies nur eine Bestätigung ihrer Furcht vor der Natur der Autorität der Kirche sein, die nämlich als niederdrückend und zerstörerisch für ihre eigene Freiheit empfunden wird. Wir müssen zeigen, dass sich das von uns verkündete Wort nicht über und gegen uns stellt. Es ist unserem Sein viel näher als jedes Wort, das wir sprechen könnten. Es hat uns geschaffen und dringt in die dunkelsten Stellen des menschlichen Herzens ein und bietet uns allen ein Zuhause. So werden wir alle mit Autorität vom absoluten Anspruch Christi sprechen können und zeigen, dass er uns wirkliche Freiheit bietet.

DER THRON GOTTES

Es ist für mich eine große Ehre, dass ich gebeten wurde, in dieser internationalen Äbtekonferenz der Benediktiner in San Anselmo (Rom) zu sprechen. Ich möchte etwas über die Rolle der Klöster im neuen Jahrtausend sagen. Ich fühle mich so wenig dafür geeignet, darüber zu sprechen, dass ich mich frage, ob ich die Einladung überhaupt hätte annehmen sollen. Ich tat es lediglich als Akt der Dankbarkeit gegenüber dem hl. Benedikt und denen, die seiner Regel folgen. Zehn Jahre lang wurde ich von Benediktinern in den Abteien von Worth und Downside mehr oder weniger erzogen, und an jene Jahre hege ich die glücklichsten Erinnerungen. Vor allem entsinne ich mich der Menschlichkeit der Mönche, die mir halfen, an einen Gott zu glauben, der gut und barmherzig war, wenn auch sehr englisch! Wahrscheinlich verdanke ich meine religiöse Berufung meinem Großonkel Dom John Lane Fox OSB, einem Benediktinermönch, dessen Lebendigkeit und Begeisterung für Gott ein großes Geschenk für mich darstellte. Schließlich möchte ich Gott noch danken für den guten Benediktiner und Freund Kardinal Basil Hume OSB.

Benediktinerabteien sind mir immer Oasen auf der Pilgerfahrt meines Lebens gewesen, an denen ich ausruhen konnte und gestärkt wurde, bevor ich die Reise fortsetzte. Meine Diakonatsexerzitien absolvierte ich in Buckfast Abbey, meine Exerzitien vor der Priesterweihe in Bec-Hellouin in der Normandie. Ich verbrachte manche Urlaube in La Pierre qui Vire und Einsiedeln und feierte das Osterfest im ungarischen Pannonhalma, besuchte Subiaco, Montecassino, Monte Oliveto und zahllose weitere Abteien.

Überall dort, wo ich hinging, sah ich eine Vielzahl von Menschen die Klöster besuchen. Warum sind sie dort? Einige sind zweifelsohne Touristen, die gekommen sind, um sich den Nachmittag zu vertreiben, vielleicht in der Hoffnung, einen Mönch zu sehen – wie einen Affen im Zoo. Fast erwartet man Hinweisschilder mit der Aufschrift „Mönche füttern verboten". Andere kommen wegen der Schönheit der Architektur oder der Liturgie. Viele kommen in der Hoffnung auf eine Begegnung mit Gott, auf einen flüchtigen Blick in das Geheimnis. Wir reden über „Säkularisation" und leben doch in einer Zeit, die von tiefer religiöser Suche geprägt ist. Es gibt einen Hunger nach dem Transzendenten. Die Menschen suchen es in östlichen Religionen, in New-Age-Sekten, im Exotischen und Esoterischen. Oftmals hegen sie Argwohn gegen die Kirche und jeglichen institutionalisierten Glauben, mit Ausnahme der klösterlichen Gemeinschaften. Immer noch vertrauen wir darauf, dass wir in den Klöstern für einen kurzen Augenblick des Geheimnisses Gottes ansichtig werden und einen Hinweis auf das Transzendente entdecken können.

Tatsächlich ist es Aufgabe des Klosters, diese Fremden willkommen zu heißen. Die Regel des hl. Benedikt besagt, ein Fremder solle begrüßt werden wie Christus. Mit Ehrfurcht soll man ihn empfangen, ihm die Füße waschen und ihn speisen. Solches habe ich immer wieder erlebt. Ich erinnere mich noch an meinen Besuch in St. Ottilien, als P. Viktor Dammertz OSB Abt war (heute Bischof von Augsburg; Anm. der Hrsg.). Ich war damals ein armer, schmutziger, per Anhalter reisender englischer Dominikanerstudent. Da wurde ich aufgenommen von diesen sehr sauberen deutschen Benediktinern, gewaschen, geschrubbt und mit einem Haarschnitt versehen. Als ich sie wieder verließ, um meinen Weg fortzusetzen, sah ich beinahe anständig aus.

Warum werden Menschen derart von Klöstern angezogen? Über die Gründe dafür möchte ich gerne heute mit euch nachdenken. Ihr könntet meine Gedanken für vollkommen verrückt halten und als Beweis dafür nehmen, dass ein Dominikaner nichts vom Leben eines Benediktinermönchs versteht. Wenn dem so ist, verzeiht mir bitte. Ich möchte die Behauptung aufstellen, dass eure Klöster Gott nicht durch euer Reden oder Tun sichtbar machen, sondern vielleicht deswegen, weil es inmitten des Klosterlebens einen Raum gibt, eine Leere, in der Gott sich zeigen kann. Ich möchte die These aufstellen, dass die Regel des hl. Benedikt eurem Leben eine Art hohle Mitte bietet, in der Gott leben und für Augenblicke geschaut werden kann.

Die Herrlichkeit Gottes zeigt sich immer in einem leeren Raum. Als die Israeliten aus der Wüste herauskamen, begleitete Gott sie, indem er zwischen den Schwingen der Cherubim saß, über dem Sitz der Gnade. Diese Leere war der Thron seiner Herrlichkeit. Es war nur ein kleiner Zwischenraum, eine Hand breit. Gott bedarf keines großen Raumes, um seinen Ruhm zu zeigen. Am Aventin, keine zweihundert Meter von San Anselmo (Sitz des Abtpräses des Benediktinerordens, Anm. der Hrsg.) entfernt, liegt die Basilika Santa Sabina (Sitz des Ordensmeisters der Dominikaner, Anm. der Hrsg.). Auf ihrer Tür befindet sich die erste uns bekannte Kreuzesdarstellung. Man sieht dort einen Thron der Herrlichkeit, der sich ebenfalls als Leere, als Abwesenheit darstellt: ein Mensch stirbt, während er nach dem Gott schreit, der ihn verlassen zu haben scheint. Der höchste Ehrenthron ist ein leeres Grab, in dem sich kein Leichnam befindet.

Ich hoffe, dass die Benediktinerklöster Orte bleiben, an denen die Herrlichkeit Gottes aufstrahlt, Throne des göttlichen Geheimnisses. Dies geschieht aufgrund dessen, was ihr nicht seid und was ihr nicht tut. In den letzten Jahren haben Astronomen den Himmel nach neuen Planeten abgesucht. Bis vor kurzem noch war es ihnen nicht möglich, Planeten direkt zu sehen. Sie konnten sie aber durch eine Wackelbewegung in der Umlaufbahn ihres Sterns ausfindig machen. Vielleicht verhält es sich ähnlich bei denen, die der Benediktregel folgen. Die wohldurchdachte Umlaufbahn eures Lebens enthüllt die Anwesenheit des verborgenen Sterns, der nicht direkt sichtbar ist. „Wahrhaftig, du bist ein verborgener Gott, Israels Gott ist der Retter“ (Jes 45,15).

Ferner möchte ich euch nahe legen, dass die unsichtbare Mitte eures Lebens durch eure Art zu leben offenbar wird. Die Herrlichkeit Gottes zeigt sich in einer Leere, in einem leeren Raum in eurem Leben. Ich möchte drei Aspekte mönchischen Lebens anführen, die diese Leere eröffnen und Gott Raum geben: Zunächst einmal dient euer Leben keinem bestimmten Zweck. Zweitens führt es nirgendwohin. Und drittens schließlich ist es ein Leben in Demut. Jeder dieser drei Aspekte mönchischen Lebens schafft in uns Raum für Gott. Ich möchte deutlich machen, dass es in allen Fällen die Feier der Liturgie ist, die dieser Leere einen Sinn verleiht. Das mehrmalige tägliche Singen des Officiums zeigt, dass diese Leere angefüllt ist mit der Herrlichkeit Gottes.

Da sein

Das Augenfälligste, was sich über euch Mönche sagen lässt, ist die Tatsache, dass ihr nichts Bestimmtes tut. Ihr betreibt Landwirtschaft, seid aber keine Bauern. Ihr gebt Unterricht, seid aber keine Lehrer. Ihr könnt sogar Krankenhäuser oder Missionsstationen unterhalten, seid aber nicht in erster Linie Ärzte oder Missionare. Ihr seid Mönche, die der Benediktregel folgen. Ihr tut nichts Bestimmtes. Mönche sind normalerweise vielbeschäftigte Menschen und nur selten müßig, aber Geschäftigkeit ist nicht Sinn und Zweck ihres Lebens. Kardinal Hume schrieb einmal, dass „wir (Benediktiner) uns nicht als Träger einer bestimmten Aufgabe oder Funktion in der Kirche verstehen. Wir beabsichtigen nicht, den Lauf der Geschichte zu verändern. Wir sind einfach nur da, beinahe wie zufällig, zumindest vom menschlichen Standpunkt aus gesehen. Und glücklicherweise hören wir nicht damit auf, einfach da zu sein“[1]. Gerade dieses Fehlen eines klaren Zwecks enthüllt Gott als den geheimen, verborgenen Zweck unseres Lebens. Gott ist verborgen als der unsichtbare Mittelpunkt unseres Lebens, wenn wir nicht versuchen, eine andere Rechtfertigung für unser Dasein zu geben. Der Sinn christlichen

---

[1] *B. Hume*, In Praise of Benedict. A. D. 480-1980, Ampleforth 1996, 23.

Lebens besteht nur darin, mit Gott zu sein. Jesus sagt zu seinen Jüngern: „Bleibt in meiner Liebe" (Joh 15,9b). Mönche sind dazu berufen, in seiner Liebe zu bleiben.

Unsere Welt ist ein Marktplatz. Ein jeder kämpft um Aufmerksamkeit und versucht andere davon zu überzeugen, seine Ware sei notwendig, um das Leben wirklich zu genießen. Ununterbrochen redet man uns Dinge ein, die wir bräuchten, um glücklich zu sein: eine Mikrowelle, einen Computer, einen Urlaub in der Karibik, eine neue Seife. Daher ist es verlockend für die Religion, auf den Marktplatz zu gehen und zusammen mit den anderen Konkurrenten zu schreien. Man braucht Religion, um glücklich, erfolgreich, ja sogar reich zu sein. Einer der Gründe für die explosionsartige Ausbreitung von Sekten in Lateinamerika liegt darin, dass sie Reichtum versprechen. Und so steht auch das Christentum da und erklärt, es sei bedeutsam für dein Leben. Diese Woche Yoga, nächste Woche Aromatherapie. Können wir die Menschen davon überzeugen, es mit dem Christentum zu versuchen? Ich erinnere mich an eine Toilette in einem Oxforder Pub. An der Decke stand in einer Ecke ein Graffito, in winzigen Buchstaben geschrieben. Es lautete: „Wenn du schon so weit nach oben geschaut hast, musst du nach etwas suchen. Warum versuchst du es nicht mal mit der römisch-katholischen Kirche?"

Wir brauchen Christen dort draußen, die zusammen mit den übrigen schreien, die sich ins rege Treiben des Marktplatzes stürzen und versuchen, die Blicke der Menschen auf sich zu ziehen. Genau da sollten zum Beispiel Dominikaner und Franziskaner zu finden sein. Aber die Klöster verkörpern eine tiefe Wahrheit. Letztlich beten wir Gott nicht deswegen an, weil er von Bedeutung für uns ist, sondern einfach, weil er ist. Die Stimme aus dem brennenden Dornbusch verkündete: „Ich bin der ‚Ich-bin-da'" (Ex 3,14). Was zählt, ist nicht, dass Gott für uns bedeutsam ist, sondern dass wir in Gott die Enthüllung aller Bedeutsamkeit finden, den Leitstern unseres Lebens. Ich glaube, dass darin das Geheimnis von Kardinal Humes einzigartigem Einfluss lag. Er versuchte erst gar nicht, Religion zu vermarkten und zu zeigen, dass der katholische Glaube als geheime Zutat für ein erfolgreiches Leben fungiere. Er war einfach nur ein Mönch, der seine Gebete sprach. Im tiefsten Innern wissen die Menschen, dass ein Gott, der erst den Beweis seiner Nützlichkeit antreten muss, es nicht wert ist, angebetet zu werden. Ein Gott, der Bedeutung haben muss, ist überhaupt gar kein Gott. Das Leben eines Mönchs legt Zeugnis ab für die Bedeutungslosigkeit Gottes, da alles nur durch die Beziehung zu Gott Bedeutung gewinnt. Das Leben der Mönche bezeugt dies, indem sie nichts Bestimmtes tun, außer mit Gott zu sein. Euer Leben besitzt in seiner Mitte eine leere Stelle, genauso wie der Raum zwischen den Flügeln der Cherubim. Hier vermögen wir Gottes Herrlichkeit für einen kurzen Moment zu schauen.

Vielleicht ist es Aufgabe des Abtes, derjenige zu sein, der offensichtlich nichts Bestimmtes tut. Andere Mönche mögen ganz davon in Anspruch genommen sein, als Finanzverwalter oder Krankenpfleger zu arbeiten oder Verantwortung für die Landwirtschaft, die Druckerei oder die Schule zu übernehmen. Aber ich darf vielleicht so kühn sein, zu behaupten, dass die Person des Abtes den Hüter tiefsten mönchischen Wesens darstellt, das darin besteht, nichts Bestimmtes zu tun, nur ein Mönch zu sein. Es gab einen englischen Dominikaner namens Bede Jarret OP, der viele Jahre lang Provinzial war, ein berühmter Prediger und produktiver Buchautor. Niemals jedoch schien er irgendetwas zu tun. Wenn man ihn besuchen kam, so wurde mir berichtet, tat er normalerweise nichts. Wenn man ihn fragte, was er denn tue, soll er üblicherweise geantwortet haben: „Ich warte darauf zu sehen, ob jemand kommt.“ Er vervollkommnete die Kunst, viel zu tun, während er nach außen hin wenig zu tun schien. Die meisten von uns, mich selber eingeschlossen, tun genau das Gegenteil; wir stellen sicher, dass wir immer außerordentlich beschäftigt aussehen!

Wenn Menschen in Scharen in die Klöster strömen, sich die Mönche anschauen und verweilen, um der Vesper zu lauschen, wie können sie dann darauf kommen, dass dieses Nichts eine Offenbarung Gottes darstellt? Warum denken sie nicht einfach, Mönche seien entweder faul oder ohne Ehrgeiz, konkurrenzunfähige Versager im Kampf ums Dasein? Wie können sie für einen kurzen Augenblick erkennen, dass es Gott ist, der die Mitte eures Lebens bildet? Ich vermute, dass dies durch das Hören eures Gesangs geschieht. Die Macht zu diesem Ruf liegt in der Schönheit eures Gotteslobes. Ein Leben, dem kein besonderer Zweck innewohnt, erscheint tatsächlich als Rätsel oder Frage. „Warum und wozu sind diese Mönche hier? Was ist ihr Zweck?“ Es ist die Schönheit eures Gotteslobes, die deutlich macht, warum ihr hier seid. Als Junge in Downside Abbey war ich, offen gestanden, nicht gerade sehr religiös. Ich rauchte im Klassenzimmer, und des Nachts stahl ich mich heimlich in Kneipen davon. Beinahe wäre ich der Schule verwiesen worden, da ich während meiner Einsegnung ein berühmt-berüchtigtes Buch, „Lady Chatterley's Liebhaber“, gelesen hatte. Wenn es etwas gab, das mich dennoch in meinem Glauben fest verankert hielt, dann war es die Schönheit, die ich dort fand: die Schönheit des gesungenen Officiums, die Leuchtkraft der Morgendämmerung in der Abteikirche, wenn die Mönche ihre Messe beendeten, das Strahlen der Stille. Es war die Schönheit, die mich nicht mehr losließ.

Es ist sicherlich kein Zufall, dass der große Theologe der Schönheit, Hans Urs von Balthasar, seine früheste Erziehung in Engelberg (Schweiz) erfuhr, einer Schule der Benediktiner, die berühmt war für ihre musikalische Tradition. Balthasar spricht von der „Selbstverständlichkeit“ der Schönheit, „der ihr innewohnenden Autorität“.[2] Man kann mit den Forderun-

[2] *A. Nichols*, The Word has been abroad, Edinburgh 1988, 1. Vgl. z. B. *H. Urs von Balthasar*, Herrlichkeit. Eine theologische Ästhetik, Bd. 1: Schau der Gestalt, Einsiedeln 1961, 34: „Das Schöne führt eine Evidenz mit sich, die unmittelbar ein-leuchtet.“ (Anm. d. Hrsg.).

gen der Schönheit weder hadern noch sie abweisen. Und dies ist wahrscheinlich die am meisten Widerhall findende Erscheinungsform der Macht Gottes in unserer Zeit, in der Kunst zu einer Art Religion geworden ist. Wenige Menschen besuchen noch sonntags eine Kirche, aber Millionen gehen in Konzerte, Kunstgalerien und Museen. In der Schönheit können wir für einen kurzen Moment die Herrlichkeit der Weisheit Gottes erblicken, die tanzte, als sie die Welt erschuf, „schöner als die Sonne" (Weish 7,29a). In der Septuaginta sah Gott, dass die Welt, als er sie erschuf, *kala* – schön sei. Güte ruft uns in der Gestalt der Schönheit. Wenn Menschen auf die Schönheit des Gesangs hören, dann können sie wirklich erwägen, warum die Mönche dort sind und was die geheime Mitte ihres Lebens ausmacht, nämlich das Lob der Herrlichkeit. Es war typisch für Basil Hume OSB, dass er, wenn er über dasjenige sprach, was ihm im tiefsten Innern seines Herzens ein Bedürfnis war, immer wieder Ausdrücke aus dem Bereich der Schönheit verwendete: „Welch eine Erfahrung bedeutete es für mich, wenn ich dasjenige, was unter den schönsten Dingen das Allerschönste darstellt, erkennen könnte. Das wäre die höchste Glückserfahrung und vollkommene Erfüllung. Das Schönste unter allen Dingen nenne ich Gott."[3]

Und wenn Schönheit wirklich die Offenbarung des Guten und Wahren darstellt, wie es Thomas von Aquin glaubte, dann ist es vielleicht ein Teil der Berufung der Kirche, ein Ort der Offenbarung wahrer Schönheit zu sein. Vieles an moderner Musik, auch in der Kirche, klingt so trivial, dass es nur als Abklatsch der Schönheit daherkommt. Es ist Kitsch, der einmal als die „Pornographie der Bedeutungslosigkeit"[4] beschrieben worden ist. Das liegt vielleicht darin begründet, dass wir

---

3 *B. Hume*, To be a Pilgrim, Slough 1984, 39.

4 *G. Steiner*, Von realer Gegenwart. Hat unser Sprechen Inhalt? Mit einem Nachwort von Botho Strauß (Edition Akzente). Aus dem Englischen von Jörg Trobitius, München/Wien 1990, 193 (Original: Real Presences, London 1989, 145).

in die Falle tappen, Schönheit nach utilitaristischen Gesichtspunkten zu betrachten, als nützlich zur Unterhaltung von Menschen, anstatt zu erkennen, dass das, was wahrhaft schön ist, das Gute offenbart.

Ich hoffe, es wird euch nicht zu bizarr anmuten, wenn ich sage, dass klösterliches Leben meiner Überzeugung nach in sich selbst schön ist. Ich war beim Lesen der benediktinischen Ordensregel fasziniert von dem, was zu Beginn steht: „Sie wird eine Regel genannt, weil sie das Leben derjenigen regelt, die ihr gehorchen." Die *regula* regelt. Das alles klingt für einen Dominikaner auf den ersten Blick zu sehr kontrolliert. Aus meiner Erfahrung heraus kann ich sagen, dass es sehr schwer ist, Brüder zu maßregeln! Aber vielleicht steht *regula* gar nicht für Kontrolle, so wie auch Takt und Rhythmus, die Form und Gestalt haben, leben. Vielleicht steht sie vielmehr für die Ordnung in der Musik. Für Augustinus bedeutete tugendhaftes Leben, dass man musikalisch und in Harmonie leben sollte. Seinen Nächsten zu lieben stand dafür, „die musikalische Ordnung aufrechtzuerhalten"[5], wie er sagte. Würde ist anmutig und das begnadete Leben ist schön.

So ist es wiederum der Liturgiegesang, der uns den Sinn unseres Lebens erschließt. Thomas von Aquin hat einmal gesagt, dass Schönheit in der Musik im Wesentlichen mit *temperantia* verbunden ist. Nichts soll jemals übertrieben werden. Musik muss immer den rechten Pulsschlag und Takt halten und weder zu schnell noch zu langsam erklingen. Aber was die Regel anzubieten scheint, ist vor allem ein wohlüberlegtes Leben, geprägt durch keinerlei Übermaß, obgleich ich auch nicht weiß, ob Mönche wirklich jünger und schöner bleiben als andere Menschen. Die Regel lässt es zu, dass in der Vergangenheit die Mönche überhaupt keinen Alkohol zu sich nahmen, aber da man Mönche nicht davon überzeugen kann, nicht zu trinken, soll es wenigstens in Maßen stattfinden. Nichts im Übermaß!

---

[5] *Aurelius Augustinus*, De Musica VI, xiv 46.

Ich erinnere mich meines Großonkels bei den Benediktinern, der eine große Vorliebe für Wein hegte, von dem er der sicheren Überzeugung war, er sei notwendig für seine Gesundheit. Da er fast hundert Jahre alt wurde, mag er vielleicht recht damit gehabt haben. Er überredete meinen Vater und einige meiner Onkels, ihn anständig mit rotem Bordeaux zu versorgen, was man vermutlich als gemäßigt und, im Einklang mit der Regel, als *hemina* ansehen könnte (Kapitel 40). Immer wenn er die Flaschen zurück ins Kloster schmuggelte, fragten sich die Mönche, was wohl der Grund für die klirrenden Geräusche in seiner Tasche sei. Ausgeklügelte Erklärungen hatte er mit Hilfe seiner Neffen bereits im Vorhinein ausgeheckt!

Wenn wir Mönche singen hören, werden wir der Musik gewahr, die euer Leben darstellt, indem es dem Rhythmus und Pulsschlag der Regel des hl. Benedikt folgt. Die Herrlichkeit Gottes thront auf dem Lobpreis Israels.

Unterwegs ins Nirgendwo

Das Leben der Mönche stellt Außenstehende nicht nur deswegen vor ein Rätsel, weil ihr nichts Bestimmtes tut, sondern auch, weil euer Leben nirgendwohin führt. Wie es für alle Mitglieder von Ordensgemeinschaften gilt, erhält euer Leben seine Form und seinen Inhalt nicht dadurch, dass ihr eine Karriereleiter emporklettert. Wir sind nur Brüder und Schwestern, Ordensbrüder, Mönche und Nonnen. Niemals können wir danach streben, mehr zu sein. Ein erfolgreicher Soldat oder Akademiker steigt immer weiter nach oben. Seinem Leben wird ein nach außen hin sichtbarer Wert gegeben, da er zum Professor bzw. General befördert wird. Bei uns verhält es sich nicht so. Die einzige Leiter in der Regel des hl. Benedikt ist die der Demut. Ich bin mir sicher, dass Mönche wie Ordensbrüder von Zeit zu Zeit den geheimen Wunsch nach Beförderung hegen und von der Ehre träumen, einmal Kellermeister oder gar Abt zu sein! Sicherlich schaut so mancher

Mönch in den Spiegel und stellt sich vor, wie er denn mit einem Brustkreuz oder sogar einer Mitra aussähe, und zieht in der Luft den Segen nach, wenn gerade keiner zusieht – so hofft er zumindest! Aber wir sind uns alle darüber im Klaren, dass es nicht der kirchliche Aufstieg ist, der unserem Leben Gestalt verleiht, sondern der Weg hin zum Reich Gottes. Benedikt sagt, dass die Regel uns gegeben wurde, um unserer himmlischen Wohnung entgegenzueilen.

Ich erinnere mich an einen äußerst beliebten Abt, der jedes Jahr zu uns nach Hause kam, um das Weihnachtsfest mit unserer Familie zu verbringen. Er war in jeglicher Hinsicht bewundernswert, mit Ausnahme seines leichten Hanges dazu, sein Amt als Abt allzu ernst zu nehmen, ganz anders sicherlich als jeder der hier Anwesenden. Er erwartete, dass ihn die gesamte Familie am Bahnhof abholte, wobei alle sechs Kinder an Gleis vier vor ihm eine Kniebeuge machen und seinen Ring küssen mussten. Diese Ehrbezeugung war so tief in unserer Familie verwurzelt, dass von einer meiner Kusinen das Gerücht geht, sie habe des öfteren eine Kniebeuge gemacht, bevor sie in einem Kino ihren Platz einnahm. Jedes Mal, wenn der Abt auf einen Besuch vorbeikam, entbrannte der jährliche Streit um die Feier der hl. Messe. Er behauptete steif und fest, ihm stünden als Abt von Amts wegen vier Kerzenhalter zu, wohingegen mein Vater immer darauf bestand, dass in seinem Haus jeder Priester die gleiche Anzahl an Kerzenhaltern bekäme!

Für die weitaus meisten Menschen in unserer Gesellschaft ergibt das keinen Sinn, da ihr Leben geprägt ist von Konkurrenzkampf um Erfolg, von Aufstieg oder Untergang. Und so stellt unser Leben ein Rätsel, ein Fragezeichen dar. Es führt offensichtlich nirgendwohin. Man wird Mönch oder Ordensbruder und braucht nichts weiter zu sein. Als ich zum Ordensmeister gewählt wurde, erinnere ich mich an einen sehr bekannten Journalisten, der über mich einen Artikel im NCR* schrieb. Dieser schloss mit der Bemerkung, dass ich

---

* NCR = *National Catholic Reporter*: englische Zeitung (Anm. d. Hrsg.).

am Ende meiner Amtszeit als Ordensmeister gerade mal 55 Jahre alt wäre. „Was soll Radcliffe danach tun?“, fragte er. Als ich das las, war ich beunruhigt. Es schien, als ob mir der Sinn meines Lebens genommen und gewaltsam in andere Bahnen gelenkt würde. Was würde Radcliffe danach tun? Gemeint war mit der Frage natürlich, dass meinem Leben durch eine erneute „Beförderung“ ein neuer Sinn gegeben würde. Aber warum sollte ich etwas anderes tun, als Bruder zu sein? Unser Leben erhält seinen Sinn gerade aufgrund des Fehlens einer Beförderung, wodurch die Herrlichkeit Gottes offenbart werden kann.

Noch einmal möchte ich die Behauptung aufstellen, dass gerade das Singen des Officiums die oben aufgestellte These mit Sinn erfüllt. Zu Beginn dieses Jahres habe ich die Kathedrale in Monreale auf Sizilien besucht, neben der alten Benediktinerabtei. Mir stand nur wenig freie Zeit zur Verfügung, aber man hatte mir gesagt, dass ein jeder, der nach Palermo reist und nicht Monreale einen Besuch abstattet, als Mensch kommt und als Schwein wieder geht! Es war eine erstaunliche Erfahrung. Der gesamte Innenraum besteht aus einem blendenden Puzzle von Mosaiksteinchen, die von der Schöpfungs- und Heilsgeschichte künden. Darin liegt die wahre Geschichte der Menschheit, nicht im Kampf um den Aufstieg in die Spitze der Gesellschaft. Sie ist eine Offenbarung des Verlaufs der wahren Zeit. Die wahre Geschichte besteht nicht in persönlichem Erfolg, in Aufstieg und Konkurrenzdenken; vielmehr ist es die Geschichte der Menschheit auf ihrem Weg zum Reiche Gottes, die wir jedes Jahr im liturgischen Kreislauf vom Advent bis hin zu Pfingsten feiern, und die ihren Höhepunkt im Grün der Zeit im Jahreskreis findet, unserer Zeit.

Das ist die wahre Zeit, die Zeit, welche all die kleinen Begebenheiten und Dramen unseres Lebens umfasst. Das ist die Zeit, die all die kleinen Dramen unseres Lebens sammelt, die kleinen Siege und Niederlagen, und die ihnen Sinn verleiht. Die klösterliche Feier des liturgischen Kalenders sollte eine

Enthüllung der wahren Zeit darstellen, der einzig wichtigen Geschichte. Die unterschiedlichen Zeiten im Jahr – die Zeit im Jahreskreis, Advent, Weihnachten, die Fastenzeit und Ostern – sollten unterschiedlich empfunden werden, mit verschiedenen Melodien, anderen Farben, so wie sich der Frühling vom Sommer und der Sommer vom Herbst unterscheidet. Sie müssen so unverwechselbar daherkommen, dass sie sich erfolgreich dagegen zur Wehr setzen, von anderen Rhythmen, wie dem Geschäftsjahr, dem akademischen Jahr oder den Jahren, die wir beim Älterwerden zählen, übertönt zu werden. Einer unserer Mitbrüder, Kim en Joong OP, der koreanische Maler und Dominikaner, hat wundervolle Messgewänder entworfen, die geradezu mit den Farben der Jahreszeiten explodieren.

Die moderne Liturgie vermag dies oft nicht zu vermitteln. Wenn wir zur Vesper gehen, könnte es jede beliebige Jahreszeit sein. In unserer Kommunität in Oxford hingegen, wo ich zwanzig Jahre meines Lebens verbrachte, wurden für jede Zeit des Jahres eigene Antiphonen komponiert. Sie klingen in mir weiter, wenn ich auf Reisen bin. Für mich steht die Adventszeit für bestimmte Hymnen-Melodien, Antiphonen zum Benedictus und zum Magnificat. An den großen O-Antiphonen werden wir gewahr, dass Weihnachten näher rückt. Die Karwoche ist die Zeit für die Klagegesänge des Jeremia. Wir müssen den Rhythmus des liturgischen Jahres als tiefsten Rhythmus unseres eigenen Lebens verinnerlichen. Die klösterliche Liturgie gemahnt uns daran, dass wir unterwegs sind zum Reich Gottes.

Ein abschließender Kommentar noch zu der längeren Geschichte unseres Lebens. Menschen haben durch alle Zeiten hindurch versucht, ihrem Leben einen Sinn zu geben, indem sie Geschichten erzählten. Die Rabbiner behaupten, dass Gott Adam erschuf, um ihm Geschichten erzählen zu können. Diese Geschichte aber, die sich von der Erschaffung der Welt bis hin zum Gottesreich erstreckt, ist schon seltsam, da sie uns nicht erzählt, was morgen oder in hundert Jahren geschehen wird. Sie hilft uns nicht, irgendetwas vorherzusagen. Wir glauben an das Kommen des Reiches Gottes, haben aber keine Vorstellung davon, ob wir im nächsten Jahrhundert im Krieg oder im Frieden leben, ob wir reicher oder ärmer werden, oder ob sich die Geschichte der Menschheit fortschrittlich oder in wachsender Barbarei entwickeln wird. Im Verlauf des 20. Jahrhunderts hat die Menschheit unter den Verführungen der großen, langen Erzählungen gelitten, die alles erklären und den Lauf der Geschichte vorhersagen: unter dem Nationalsozialismus, dem Kommunismus und vielleicht sogar dem Kapitalismus. Abermillionen von Menschen sind Kriegen und Konzentrationslagern zum Opfer gefallen, weil wir diesen großen Erzählungen verfallen waren, die uns sagen, wohin wir gehen. Daher keimt nun, zu Beginn dieses neuen Jahrtausends, ein gewisses Misstrauen gegen die großen Erzählungen der Menschheitsgeschichte auf. Sie haben einfach zu viele Menschen auf dem Gewissen. Die Tendenz geht eher dahin, im Hier und Jetzt zu leben und das Gestern und Morgen zu vergessen. Wir sind bescheidener geworden im Hinblick auf das, was wir zu wissen imstande sind.

In dieser Situation stellt sich die Geschichte, die das Christentum vorbringt, als faszinierend dar. Wir kennen das Ende bereits; wir glauben an das Versprechen des endgültigen Sieges Gottes und an sein kommendes Königreich. Darin liegt unsere Weisheit. Allerdings ist uns kein besonderes Wissen über das, was morgen passieren wird, gegeben. Unsere *story* besitzt keine Ideologie, nach der sich die menschliche Geschichte richten muss. Wir wissen auch nicht mehr als andere sonst. Unsere christliche Geschichte erzählt von der unbegrenzten Freiheit des Menschen, sich für das Gute oder das Böse zu entscheiden, und von Gottes unbegrenzter Schöpferkraft, die das Gute schließlich zum Sieg führt. Die Geschichte handelt von der Freiheit des Menschen, zu wählen, und von Gott, der immerfort Gutes aus dem Bösen hervorbringt. Die Geschichte Israels stellt das auserwählte Volk dar, das zwar permanent die falschen Entscheidungen trifft, aber von Gott in schöpferischer Weise fruchtbar gemacht wird. Das Ganze findet seinen Höhepunkt in der Kreuzigung und Auferstehung Jesu. Wir bringen uns fortwährend in schwierige, ja aussichtslose Situationen, und Gott hält immer neue Auswege für uns bereit.

Genau dies müssen wir heutzutage verkündigen, aber wie soll das geschehen? Zum wiederholten Male möchte ich nahe legen, dass die klösterliche Liturgie diese Aufgabe in besonderer Weise erfüllt. Augustinus erschien die Geschichte der Menschheit wie ein Notentext, der für alle Missklänge und Disharmonien Platz hat, aber am Ende zu einer Auflösung führt, in der alles am rechten Ort steht. In seinem wunderbaren Werk *De Musica* schrieb er, dass „Missklang aufgelöst werden kann, ohne ausgelöscht zu werden"[6]. Die Erlösungs- und Heilsgeschichte stellt sich dar als eine große Symphonie, die all unsere Fehler und Misstöne umarmt und in welcher die Schönheit den Sieg davonträgt.

Dies findet seinen überragenden Ausdruck im klösterlichen Liturgiegesang durch das Jahr. Ihr singt das Jahr; ihr singt die wahre Zeit; ihr singt die Geschichte der Menschheit, in der ein jeder von uns eine freie Rolle spielt und die zum Sieg des Reiches Gottes führt. Es ist die Geschichte von der Freiheit des Menschen und von Gottes freier Erlösung. Aus eurem Gesang kann die Menschheit Hoffnung schöpfen. Für Augustinus findet diese Melodie ihren Mittelpunkt und ihre Auflösung in der heiligen Eucharistie. In den Worten Catherine Pickstocks: „Die höchste Musik in der gefallenen Welt, die Musik der Erlösung (...) ist nichts anderes als das immer wiederkehrende Opfer durch Christus selbst, das die Musik bildet zur ewig-wiederholten Eucharistie."[7] Das ist die Musik, die Platz für all unsere Fehler hat, für jegliche Missklänge und Disharmonien, und die endgültige Schönheit bie-

---

[6] Zit. nach *C. Pickstock*, Music. Soul, and city and cosmos after Augustine, in: *J. Millbank u. a.* (Ed.), Radical Orthodoxy, London 1999, 276 Anm. 131.

[7] Ebd., 265.

tet. Hier werden Untreue, Verrat, Lüge und alles, was die Freundschaft zu Gott und den Menschen zerstört, aufgehoben und in eine Geste der Liebe und des Gebens verwandelt.

So führt also das Leben der Mönche nirgendwohin. Es besitzt keine sichtbare Gestalt, abgesehen davon, dass man ins Kloster eintritt, dort lebt und stirbt. Es ist dies eine Geschichte, deren Höhepunkt uns entgeht. Wie beim Markusevangelium fehlt auch unserer Geschichte das Ende. Es fehlt etwas: „Was kein Auge gesehen und kein Ohr gehört hat, was keinem Menschen in den Sinn gekommen ist: das Große, das Gott denen bereitet hat, die ihn lieben" (1 Kor 2,9b). Jenes Ende wird nur angedeutet im Singen der Heilsgeschichte, in der all unsere Mühen, das Gute wie das Böse zu wählen und zu tun, erkannt werden, umarmt, verwandelt und aufgenommen in den Gesang unserer Verheißung.

Der innere Freiraum

Abschließend kommen wir zum Wesentlichsten im Ordensleben, etwas, das besonders schön und nur sehr schwer zu beschreiben ist: die Demut. Es ist dasjenige, was für die Menschen, die eure Klöster besuchen, am wenigsten direkt sichtbar ist und doch die Grundlage von allem darstellt. Es ist, wie Kardinal Hume OSB sagt, „etwas sehr Schönes, aber der Versuch, demütig zu werden, ist wirklich sehr schmerzvoll"[8]. Die Demut existiert für Gott als leerer Raum, in dem er wohnen kann und seine Herrlichkeit sichtbar macht. Letztlich ist es die Demut, die unsere Gemeinschaften zum Throne Gottes werden lässt.

Wir heutige Menschen stehen vor der Schwierigkeit, die rechten Worte zu finden, wenn wir über Demut sprechen. Unsere Gesellschaft lädt uns geradezu dazu ein, uns gegenteilig zu verhalten, nämlich mit Forschheit und einem überbor-

---

[8] *B. Hume*, In Praise of Benedict, a. a. O., 67.

denden Selbstvertrauen. Ein erfolgreicher Mensch drängt sich aggressiv nach vorne. Wenn wir in der siebten Stufe der Demut lesen, wir müssten mit dem Propheten zu sagen lernen, „ich bin ein Wurm und kein Mensch", dann schrecken wir zurück. Geschieht das aufgrund unseres Stolzes? Oder liegt es daran, dass wir unserer selbst so unsicher sind, unserem Wert so wenig vertrauen? Vielleicht getrauen wir uns nicht zu sagen, wir seien Würmer, weil uns die Angst davor, es könnte wahr sein, nicht loslässt.

Wie sollen wir Gemeinschaften aufbauen, die zu lebendigen Zeichen für die Schönheit der Demut werden? Wie können wir die tiefe Anziehungskraft der Demut in einer von Aggression geprägten Welt deutlich machen? Ihr allein könnt darauf eine Antwort geben. Benedikt war der Meister der Demut, und ich bin mir nicht sicher, ob sie immer die augenfälligste Tugend vieler Dominikaner gewesen ist! Aber lasst mich eine kurze Überlegung mit euch anstellen. Wenn wir an Demut denken, mag sie uns als eine sehr persönliche und private Sache vorkommen. Ich betrachte mich selbst und erkenne, wie wertlos ich bin, ich schaue in mich hinein, auf meine wurmgleichen Eigenschaften. Das ist, milde ausgedrückt, eine trostlose Aussicht. Möglicherweise lädt uns Benedikt dazu ein, etwas weitaus Befreienderes zu tun, nämlich eine Gemeinschaft zu gründen, in der wir aller Rivalität, Konkurrenz und dem Kampf um die Vorherrschaft enthoben sind. Dies ist eine neue Art von Gemeinschaft, die durch gegenseitigen Respekt und gegenseitigen Gehorsam geprägt ist. Dies ist eine Gemeinschaft, bei der niemand im Mittelpunkt steht, in der aber der leere Raum vorhanden ist, die Leere, die angefüllt ist mit der Herrlichkeit Gottes. Das legt eine tiefgehende Herausforderung an das moderne Selbstbild nahe, welche das eigene Ich als vereinzelt und mit sich selbst beschäftigt sieht, als den Mittelpunkt der Welt, den Nabel, von dem alles ringsherum angezogen wird. Im Zentrum dieser Identität steht das Ich-Bewusstsein: „Ich denke, also bin ich." Das Ordensleben lädt uns dazu ein, diese Mitte aufzugeben und uns der Anziehungskraft der Gnade zu ergeben. Es lädt uns dazu ein, ohne eine Mitte zu leben. Wieder finden wir Gott in einem Vakuum verborgen, in einer Leere, diesmal aber inmitten der Gemeinschaft, in dem leeren Raum, der für Gott bereitgehalten wird. Wir müssen dem Wort eine Wohnstatt bereiten, auf dass es komme und unter uns wohne, einen Raum, in dem Gott sein kann. Solange wir um die Mitte streiten, kann es für Gott keinen Platz geben. Daher bedeutet Demut nicht, sich selbst zu verachten und zu denken, man sei schlecht. Sie bedeutet vielmehr, das Herz unserer Gemeinschaft frei zu machen, um Platz dafür zu schaffen, dass das Wort sein Zelt aufschlagen kann.

Welche Rolle spielt der Abt dabei? Ich habe Bedenken, das zu erläutern, da wir bei den Dominikanern nur ein einziges Mal einen solchen hatten, einen gewissen Matthäus, und, nachdem es im Desaster geendet hatte, keinen neuen mehr haben wollten. Aber vielleicht haben alle religiösen Vorgesetzten die Aufgabe, sicherzustellen, dass ein Raum vorhanden ist, in dessen Mitte Gott wohnen kann. Und wieder glaube ich, dass diese Schönheit in der Liturgie offenbar wird. Gott thront auf dem Lobpreis Israels. Wenn Menschen erleben, wie Mönche das Lob Gottes singen, können sie für kurze Zeit der Freiheit und der Schönheit der Demut ansichtig werden. Im Mittelalter glaubte man, gute, harmonische Musik ginge Hand in Hand mit dem Aufbau einer harmonischen Gemeinschaft.[9] Musik vermag die Seele und die Gemeinschaft zu heilen. Wir können nicht gemeinsam singen, wenn ein jeder danach strebt, lauter zu singen und im Rampenlicht zu stehen. In ähnlicher Weise bin ich davon überzeugt, dass, wenn wir mehrstimmig zusammen singen, unsere eigene Stimme zu singen lernen und unseren Platz im Gesamtklang finden, wir zu wahren Brüdern werden und anderen Menschen zeigen können, was es ausmacht, ohne Konkurrenzdenken und Rivalität zusammenzuleben. Daher wird der Abt der-

---

[9] Vgl. *C. Pickstock*, Music, a. a. O., 262.

jenige sein, der sich weigert, vorzupreschen und den Gesang zu dominieren, sozusagen die Stimmen der anderen Mönche zu übertönen, die Aufmerksamkeit an sich zu reißen und den Pavarotti des Klosters zu geben. Er wird vielmehr dem Zusammenklang die Leitung übergeben. Man kann erkennen, wie eine Gemeinschaft zusammenlebt, wenn man sie singen hört. Und man kann auf den ersten Blick sehen, wie unterschiedlich wir Benediktiner und Dominikaner doch hinsichtlich der Art unseres Gesangs sind!

Man erreicht den Gipfel der Demut, wenn man entdeckt, dass man nicht nur nicht den Mittelpunkt der Welt darstellt, sondern dass man selbst sogar nicht einmal sein eigener Mittelpunkt ist. Es gibt nicht nur eine Leere inmitten der Gemeinschaft, in welcher Gott wohnt, sondern auch eine Leere in der Mitte meiner selbst, wo Gott sein Zelt aufschlagen kann. Ich bin ein Geschöpf, dem Gott in jedem Augenblick Leben verleiht. In den Mosaiken von Monreale sehen wir, wie Gott Adam erschafft. Gott gibt Adam Atem und erhält ihn am Leben. Im Innersten meines Daseins bin ich nicht allein. Gott ist da, um mir in jedem Augenblick Leben einzuhauchen, mir Leben zu verleihen. In meiner Mitte gibt es kein einsames Selbst, kein kartesianisches Ich, sondern einen Raum, der angefüllt ist mit Gott.

Vielleicht besteht darin die letztendliche Berufung eines Mönchs, die Schönheit dieses hohlen Raumes zu zeigen und sowohl einzeln als auch in der Gemeinschaft Tempel zu sein, in denen die Herrlichkeit Gottes wohnen kann. Ihr werdet nicht überrascht sein, dass ich glaube, dies zeige sich im Singen des Gotteslobes. Und hier gehe ich jetzt wirklich über das hinaus, über das ich befähigt bin zu sprechen, und werde nur deshalb einen Versuch wagen, weil das Thema mich so fasziniert. Wenn ihr der Meinung seid, ich erzählte Unsinn, habt ihr möglicherweise damit recht!

Alles von einem Künstler Geschaffene ist ein Widerhall des ersten Schöpfungsaktes. In der Kunst erhalten wir den intimsten Einblick in das, was es heißt, Gott habe die Welt aus dem Nichts erschaffen. Ihre Ursprünglichkeit verweist zurück auf den Ursprung all dessen, was ist. Jedes Gedicht, jedes Gemälde, jede Skulptur und jedes Lied geben uns einen Hinweis darauf, was es für Gott heißt, zu erschaffen. George Steiner hat einmal geschrieben, dass tief „in jedem ‚Kunst-Akt' (...) der Traum vom absoluten Sprung aus dem Nichts [liegt], von der Erfindung einer Ausdrucksform, die so neu wäre, so einzigartig für ihren Urheber, dass sie die vorherige Welt buchstäblich hinter sich lassen würde"[10].

In der christlichen Tradition gilt dies vor allem für die Musik. Augustinus hat gesagt, dass wir in der Musik – in der Klang aus Stille hervortritt – erkennen können, was es für die Welt bedeutet, im Nichts begründet, abhängig zu sein, und was es für uns als Geschöpfe bedeutet. „Das Wechselspiel von Klang und Stille in der Musik sieht Augustinus als Ausdruck des Wechsels zwischen dem Sein und dem Übergang in das Nicht-Sein, der dafür stehen muss, dass die Welt aus Nichts erschaffen wurde."[11] In der Musik hören wir, um erneut Steiner zu zitieren, „eine immer wieder erneuerte Spur des ursprünglichen, niemals ganz zugänglichen Moments der Schöpfung"[12], das unzugängliche erste *fiat*.[13] Das ist das Echo des Urknalls oder, wie es Tavener formuliert hat, das Vorecho der göttlichen Stille.

Im Zentrum klösterlichen Lebens steht die Demut. Nicht, wie zu vermuten ist, die zehrende, drückende Demut derjenigen, die sich selbst hassen. Es ist vielmehr die Demut jener, die wissen, dass sie Geschöpfe sind und dass ihr Leben ein Geschenk darstellt. Und daher ist es vollkommen richtig, dass der Mittelpunkt eures Lebens im Singen bestehen sollte, denn im Singen zeigen wir, wie Gott alles ins Leben gerufen hat. Ihr singt Gottes Wort, durch das alles geschaffen ist. Hier vermögen wir eine Schönheit zu erkennen, die mehr als nur

---

[10] *G. Steiner,* Von realer Gegenwart, a. a. O., 264 f (Original: 202).
[11] *C. Pickstock,* Music, a. a. O., 247.
[12] *G. Steiner,* Von realer Gegenwart, a. a. O., 275 (Original: 210).
[13] Vgl. ebd., 264 (Original: 202).

gefällig ist. Es ist die Schönheit, mit der wir feiern, dass wir geschaffen sind und immer wieder neu geschaffen werden. Inmitten unseres erschaffenen Ichs hat Gott sich seine Wohnung und seinen Thron bereitet.

Zum Schluss möchte ich noch folgendes sagen: Ich habe aufgezeigt, dass die Herrlichkeit Gottes immer eines Raumes, einer Leere bedarf, wenn sie sich zeigen soll: die Leere zwischen den Flügeln der Cherubim im Tempel; das leere Grab; Jesus, wie er in Emmaus entschwindet. Ich habe euch nahegelegt, dass, wenn ihr solche leeren Räume in eurem Leben zulasst, indem ihr Menschen seid, die ohne bestimmten Grund einfach da sind, deren Leben nirgendwohin führt und die ihrer Kreatürlichkeit mit Ehrfurcht entgegentreten, eure Gemeinschaften zu Thronen von Gottes Herrlichkeit werden.

Was wir in Klöstern für einen Moment lang zu erfahren hoffen, ist mehr, als wir sagen können. Die Herrlichkeit Gottes entzieht sich unseren Worten. Das Geheimnis zerbricht unsere kleinen Weltanschauungen. Mit Thomas von Aquin erkennen wir, dass alles, was wir sagen, nur Stroh ist. Soll das etwa heißen, dass wir nur schweigen können? Nein, denn Klöster sind nicht nur Orte der Stille, sondern auch des Gesangs. Wir müssen Wege zu singen finden, die bis an die Grenzen unserer Sprache, bis an den Rand unseres Verständnisses vorstoßen. Das ist es, was Augustinus ein Jubellied nennt und was wir im Jubiläumsjahr 2000 lernen können zu singen.

Ihr fragt, was vor Jubel singen bedeute. Es bedeutet, erkennen zu können, dass Worte nicht ausreichen, um das auszudrücken, was wir in unseren Herzen singen. Bei der Ernte oder im Weinberg, immer dann, wenn Menschen hart arbeiten müssen, beginnen sie mit Liedern, deren Worte ihrer Freude Ausdruck verleihen. Wenn aber ihre Freude überfließt und Worte nicht mehr ausreichen, dann geben sie diesen Zusammenhang auf und überlassen sich dem reinen Klang ihres Gesangs. Was ist dieser Jubel, dieser überströmende Gesang? Es ist die Melodie, die unsere Herzen vor lauter

Gefühlen bersten lässt, für die Worte keinen Ausdruck finden können. Und wem gebührt dies Jubellied wohl am ehesten? Zweifellos Gott, der unaussprechlich ist (vgl. Ps 32; Koh 1,8).

NACHWEISE

Der Sendung geweiht – Brief an den Orden. Englisches Original: Vowed to Mission, in: International Dominican Informations (I.D.I.) 319 (April 1994). Übersetzung: International Dominican Informations (I.D.I.)

Jurassic Park und das Letzte Abendmahl – Ansprache am Tag der Offenen Tür der katholischen Wochenzeitung *The Tablet* in London, Juni 1994. Englisches Original: Jurassic Parc and The Last Supper, in: *The Tablet* vom 18. Juni 1994. Übersetzung: Michael Lauble, Billerbeck.

Dialog und Communio – Ansprache im Rahmen der Bischofssynode über das Ordensleben in Rom, November 1994. Englisches Original: Dialogue and Communion, in: *Timothy Radcliffe,* Sing a New Song. The Christian Vocation, Dublin 1999, 248-250. Übersetzung: Michael Lauble, Billerbeck.

Die Quelle der Hoffnung. Studium und Verkündigung der Guten Nachricht – Brief an den Orden. Englisches Original: The Wellspring of Hope. Study and the Annunciation of the Good News, in: I.D.I. 337 (Januar 1996). Übersetzung: I.D.I.

Berufung zum Ordensleben. Die gewohnten Kennzeichen von Identität hinter sich lassen – Ansprache vor der US-amerikanischen Superiorenvereinigung der Männerorden in Arlington, VA, August 1996. Englisches Original: Religious Vocations. Leaving behind the Usual Sign of Identity, in: *Timothy Radcliffe,* Sing a New Song. The Christian Vocation, Dublin 1999, 191-209. Übersetzung: Michael Lauble, Billerbeck.

Wahrheit und Konflikt. Menschliche Gemeinschaften neu aufbauen – Gekürzte Fassung einer Ansprache an das Department of Religious Studies an der Yale University. Englisches Original: Truth and Conflict. Rebuild Human Communities, in: *Priest and People*, Dezember 1996. Übersetzung: Michael Lauble, Billerbeck.

Dominikanische Freiheit und Verantwortung. Zur Spiritualität der Leitung – Brief an den Orden. Englisches Original: Freedom and

Responsibility. Towards a Spirituality of Government, in: I.D.I. 353 (Juli/August 1997). Übersetzung: Wolfram Hoyer OP, Wien/Ibadan.

Die Verheißung des Lebens – Brief an den Orden. Englisches Original: The Promise of Life, in: I.D.I. 361 (April 1998). Übersetzung: Wolfram Hoyer OP, Wien/Ibadan.

Der Bär und die Nonne. Der Sinn des Ordenslebens heute – Ansprache auf der Konferenz der Ordensoberen Frankreichs, Oktober 1998. Französisches Original: L'Ours et la Moniale. Le Sens de la Vie Religieuse Aujourd'hui, in: *La Documentation Catholique* vom 7. März 1999 (Nr. 2199), 228-235. Übersetzung: Friedhelm Schulz-Robson, Düsseldorf.

Brief an die Brüder und Schwestern in der Grundausbildung – Brief an den Orden. Englisches Original: Letter to our brothers and sisters in Initial Formation, in: I.D.I. 373 (Mai 1999). Übersetzung: Wolfram Hoyer OP, Wien/Ibadan.

Zur Freiheit der Theologie. Grußwort an das Kolloquium zum 35jährigen Bestehen der Zeitschrift „Concilium" – Englisches Original: Greetings to the Colloquium to Celebrate 35 Years of „Concilium" (1999). Eine von Franz Schmalz besorgte deutsche Übersetzung des Textes unter dem Titel „Theologie – eine Aufgabe, die mit Freude erfüllt" erschien in: Conc(D) 36 (2000), 380-384. Übersetzung: Friedhelm Schulz-Robson, Düsseldorf.

Autorität in einem multikulturellen Europa – Ansprache im Rahmen der Bischofssynode über Europa in Rom, Oktober 1999. Englisches Original: Synod of Bishops. Special Assembly for Europe (unveröffentlicht). Übersetzung: Friedhelm Schulz-Robson, Düsseldorf.

Der Thron Gottes – Ansprache vor der internationalen Äbtekonferenz der Benediktiner in San Anselmo in Rom, September 2000. Englisches Original: The Throne of God (unveröffentlicht). Übersetzung: Christoph Staudinger, Düsseldorf.

ABKÜRZUNGEN

Act. Cap. Gen. OP	*Akten des Generalkapitels des Dominikanerordens,* zit. mit Orts- und Jahresangabe sowie Nummer.
LCO	*Liber Constitutionum et Ordinationum Fratrum Ordinis Praedicatorum* = Buch der Konstitutionen und Ordinationen des Ordens der Predigerbrüder.
LMO	*Liber Constitutionum et Ordinationum Monialium Ordinis Praedicatorum* = Buch der Konstitutionen und Ordinationen der Nonnen des Predigerordens.
OP	*Ordo Praedicatorum* = Predigerorden
S.th.	*Summa theologiae* des Thomas von Aquin.

GLOSSAR

Generalkapitel
Das Generalkapitel ist ein souveränes und das höchste verfassungsgebende Organ des Ordens, das alle drei Jahre an unterschiedlichen Orten zusammentritt. Es entscheidet über Veränderungen der Verfassung des Ordens, legt Richtlinien für die Aktivitäten innerhalb des Ordens fest und erteilt Anordnungen. Die Ergebnisse sind niedergelegt in den Akten des Generalkapitels. Die Besetzung des Kapitels wechselt: Es gibt das Generalkapitel der Diffinitoren (seitens der Provinzen und Vikariate gewählte Delegierte). Darauf folgt das Generalkapitel der Provinziale, auf dem alle Provinziale (und unter bestimmten Bedingungen Vikare) des Ordens vertreten sind. Schließlich folgt das Wahlkapitel, d. i. das Generalkapitel der Provinziale und Diffinitoren (und je nach Größe der Provinz auch Socii der Diffinitoren). Es hat die gleiche Funktion wie die anderen beiden Varianten der Generalkapitel. Darüber hinaus wird der Ordensmeister gewählt.

Provinzkapitel
Das Provinzkapitel ist ein souveränes Organ, welches alle vier Jahre zusammentritt. Es diskutiert Angelegenheiten des mitbrüderlichen Zusammenlebens, des Apostolates und der Administration. Es entscheidet über Veränderungen des Provinzstatuts, legt die Richtlinien für die Aktivitäten innerhalb der Ordensprovinz fest und erteilt Anordnungen. Die Ergebnisse werden in den Akten des Provinzkapitels niedergelegt. Kapitelsteilnehmer sind die Prioren der Konvente und eine bestimmte Anzahl von gewählten Delegierten aus den Konventen bzw. aus zuvor benannten Wahlgruppen. Das Provinzkapitel wählt den Provinzial sowie die Mitglieder des Diffinitoriums. Die Diffinitoren setzen für eine begrenzte Zeit das Plenum des Provinzkapitels als Kleingruppe fort und verabschieden die Akten des Provinzkapitels. Neben dem Diffinitorium werden die Mitglieder des Provinzkonsils gewählt.

Konventskapitel
Das Konventskapitel ist ein souveränes Organ, welches regelmäßig zusammentritt. Es legt die Richtlinien für das gemeinsame Leben und die Aktivitäten innerhalb des Konventes fest. Außerdem wählt

das Kapitel den Prior des Konventes und bestätigt auf Vorschlag des Priors bestimmte Ämter innerhalb des Hauses. Alles, was die Gemeinschaft betrifft, soll auf dem Kapitel erörtert werden; gegebenenfalls wird darüber abgestimmt. Bestimmte Materien sind konventskonsilspflichtig und/oder konventskapitelpflichtig.

Generalkonsil
Das Generalkonsil besteht im Wesentlichen aus allen Assistenten des Ordensmeisters, der diesem Konsil vorsteht. Es handelt sich um ein beratendes Gremium.

Provinzkonsil
Das Provinzkonsil besteht aus den gewählten Diffinitoren, den vom Provinzkapitel gewählten Mitgliedern für dieses Konsil und Mitgliedern, die qua Amt dem Konsil angehören. Das Provinzkonsil ist ein beratendes Gremium, dem der Provinzial vorsteht. Bestimmte Materien sind provinzkonsilspflichtig und bedürfen der Bestätigung durch das Gremium.

Konventskonsil
Das Konventskonsil besteht aus gewählten Mitgliedern des Konventes und entscheidet primär über finanzielle Angelegenheiten. Bestimmte Materien sind konventskonsilspflichtig und bedürfen der Bestätigung durch das Gremium. Das Konventskonsil stimmt u. a. ab über die Zulassung der Novizen zur einfachen Profess oder über die Zulassung der Mitbrüder mit einfacher Profess zur feierlichen Profess.

Ordensmeister
Als auf dem Generalkapitel gewählter Oberer des Ordens ist der Ordensmeister der Nachfolger des hl. Dominikus. Seine Amtszeit dauert neun Jahre, und der Ordensmeister kann einmal in Folge wiedergewählt werden. Dem Ordensmeister obliegt die Visitation der Mitbrüder des Ordens.

Provinzial
Der Provinzial ist der auf dem Provinzkapitel gewählte Obere der Provinz und hat stellvertretend für den Ordensmeister die Amtsgewalt über die Mitbrüder der Provinz inne. Seine Amtszeit dauert vier Jahre, und der Provinzial kann einmal in Folge wiedergewählt werden. Dem Provinzial obliegt die Visitation der Mitbrüder seiner Provinz.

Prior
Der Prior ist der auf dem Konventskapitel gewählte Obere des Konventes. Er leitet den Konvent und hat sich um die Anliegen des Konventes und der in ihm lebenden Mitbrüder zu bemühen. Seine Amtszeit dauert drei Jahre, und der Prior kann einmal in Folge wiedergewählt werden.

Superior
Dieser Sammelbegriff steht für alle höheren Oberen und wird je nach Zusammenhang gebraucht.

Supprior
Der Supprior ist der Stellvertreter des Priors und nimmt im Falle seiner Abwesenheit die Stellung des Hausoberen ein. In der Zeit nach dem Ablauf der Amtszeit des Priors ist er der Hausobere („Supprior in capite"). Als dieser leitet er auch das Wahlverfahren für die Neuwahl des Priors. Das Amt erlischt einen Monat nach Beginn der Amtszeit des neuen Priors.

Vikar (Provinzvikar, Generalvikar, Vikar des Priors)
Der Begriff bezeichnet entweder den Oberen eines Provinz- oder Generalvikariates, das auf Grund seiner Größe keine eigenständige Provinz darstellen kann, oder den Oberen einer Gemeinschaft, die aufgrund ihrer Größe keinen Konvent bildet und deshalb keinen Prior wählen kann. Er wird je nach Status der Gemeinschaft vom Provinzial oder vom Prior desjenigen Konventes für drei Jahre eingesetzt, dem diese Gemeinschaft zugeordnet ist.

Syndicus
Der Syndicus ist Verwalter der Finanzen. Der Syndicus conventus ist der Prokurist des Konventes, der Syndicus provinciae verwaltet die Kasse der Provinz, und der Syndicus generalis ist verantwortlich für die Buchführung der Curia generalitia. Als Verwalter der Kasse ist der Syndicus Ausführender von Beschlüssen. Ihm steht es nicht zu, über finanzielle Aktivitäten zu entscheiden. Er wird vom Haus-, Provinz- oder Ordensoberen nach Bestätigung durch das zuständige Konsil eingesetzt.

Assistenten des Ordensmeisters
Die Assistenten des Ordensmeisters sind dessen Vertreter für bestimmte Aktivitäten oder Regionen. Mit ihrem Rat unterstützen sie den Ordensmeister in der Leitung des Ordens.

Rekreation
Der Begriff kommt aus dem Lateinischen (*recreatio*, dt. Neuschöpfung) und bezeichnet das gesellige Zusammensein, welches erholenden Charakter haben soll, aber auch dem geistigen und geistlichen Austausch dienen soll. Die Konvente entscheiden selbst über Art und Weise ihrer Rekreation.

Refektorium
Der Begriff bezeichnet den Speiseraum der Gemeinschaft.

Chorgebet
Der klösterlichen Lebensweise entsprechend pflegen die Dominikaner das Chorgebet. Gemeinsam sollten die Laudes (Morgengebet) und die Vesper (Abendgebet) gebetet werden. Wenn es die konkrete pastorale Situation zulässt, können auch die Sext (Mittagsgebet), die Komplet (Nachtgebet) sowie die Lesehore in Gemeinschaft gebetet werden.

Konvent
Der Konvent ist der kleinste Baustein der dominikanischen Verfassungsstruktur. Es handelt sich um eine Gemeinschaft von mindestens sechs Mitbrüdern, die ihren Prior gewählt haben. Der Provinzial darf nur aus einem wichtigen Grund in die strukturelle und finanzielle Autonomie der Konvente eingreifen.

Haus
Wenn die Zahl der Mitbrüder nicht ausreicht, um einen Konvent zu bilden, spricht man von einem Haus. Es gibt einen Oberen, der Vikar genannt wird und entweder vom Provinzial oder vom Prior eingesetzt wird, an dessen Konvent das Haus angeschlossen ist. Das Haus kann auch eigenständig bestehen, wenn dies vom Provinzkapitel zugelassen wird.

Provinz
Die Provinz ist die Gemeinschaft von Konventen, in der Regel innerhalb eines Landes oder eines Teiles eines Landes. Manchmal umgreift eine Provinz auch mehrere Länder. Die Leitung hat der Provinzial.

Cooperator
Mitbrüder, die sich nicht zum Priester oder Diakon weihen lassen möchten und andere Aufgaben übernommen haben, für die sie zuvor

eine spezielle Ausbildung gemacht haben, werden Cooperatoren genannt.

Pater
Umgangssprachliche Bezeichnung für einen Ordenspriester.

Frater
Der Begriff bezeichnet formal alle Mitbrüder einer Ordensgemeinschaft. Bei den Dominikanern ist es in vielen Ländern usus, mit diesem Titel einen Cooperator oder einen Mitbruder in Ausbildung, der noch nicht Priester ist, zu bezeichnen.

Kassation
Unter bestimmten Umständen kann ein Provinzial oder auch der Ordensmeister eine erfolgte Wahl ablehnen, d. h. kassieren. Dies darf er nur aus einem schwerwiegenden Grund tun. In diesem Fall muss der Konvent oder die Provinz einen erneuten Wahlgang durchführen.

Promotor
Der Begriff Promotor bezeichnet einen Mitbruder, der eine bestimmte Aufgabe für die Gemeinschaft zu fördern übernommen hat, sei es auf Provinz- oder auf Ordensebene.

Konstitutionen
Eigentlich „Liber Constitutionum et Ordinationum", ist dies das Buch der Verfassung, der Satzungen und Anordnungen. Vorangestellt sind die Fundamentalkonstitutionen, die Grundlegendes zur dominikanischen Existenz formulieren. Die Konstitutionen werden regelmäßig auf den Generalkapiteln überarbeitet und aktualisiert.

Akten
Sowohl das General- als auch das Provinzkapitel verabschiedet und publiziert Akten über seine Tätigkeiten, Entscheidungen, Empfehlungen und Anordnungen.

Curia generalitia
Der Begriff bezeichnet die Kurie des Ordensmeisters. Mitglieder der Curia generalitia sind die Assistenten, Promotoren und weitere Mitbrüder.

Postulat
Das Postulat ist die erste Zeit eines Ordensinteressenten im Orden. Der Postulant ist Gast, lebt aber bereits mit der Gemeinschaft mit.

Einkleidung
Zumeist mit dem Beginn des Noviziates erhält der Novize sein Ordensgewand, den Habit.

Noviziat
Nach der Zeit des Postulats und der Zulassung beginnt der Kandidat sein einjähriges Noviziat im sogenannten Noviziatskonvent. Der Novize wird u.a. eingeführt in das Ordensleben sowie in die Geschichte und Spiritualität des Ordens. Begleitet wird er dabei vom Novizenmeister.

Profess
Am Ende des Noviziates und nach Zulassung durch das Konventskapitel und -konsil legt der Novize seine einfachen Gelübde ab, in der Regel für drei Jahre. Diese einfache Profess kann dreimal um jeweils ein Jahr verlängert werden, wenn der Kandidat oder die Gemeinschaft dies für sinnvoll und geboten erachten. Nach der einfachen Profess legt der Kandidat – wiederum nach Zulassung durch Konventskapitel und -konsil – seine feierliche Profess ab. Die Professformel lautet: „Ich, fr. N.N. mache Profess und verspreche Gehorsam Gott, der allerseligsten Jungfrau Maria, dem hl. Dominikus und dir, fr. N.N., dem Provinzial der Provinz N.N., anstelle des Meisters des Ordens der Predigerbrüder und seiner Nachfolger; gemäß der Regel des hl. Augustinus und den Satzungen der Predigerbrüder werde ich dir und deinen Nachfolgern gehorsam sein für … Jahre / bis zum Tod."

Abstimmung
Über die Aufnahme in den Orden entscheidet nicht nur der Kandidat, sondern auch die Gemeinschaft. Deshalb stimmen Konventskapitel und -konsil über die Zulassung zur einfachen oder feierlichen Profess bzw. zur Verlängerung der einfachen Profess. Im Anschluss daran entscheidet der Provinzial endgültig über Zulassung. Der Provinzial kann sich über ein negatives Votum eines der beiden oder gar beider Gremien nicht hinwegsetzen.